刘江涛 姚文杰 著

隧道与地下工程
凿岩台车施工工法
爆破设计图册

长江出版社

CHANGJIANG PRESS

前 言 | PREFACE

加快发展新质生产力，是推进中国式现代化的重大战略举措，对我国经济社会发展将产生深远影响。尤其是在基础设施建设领域，随着国内装备制造产业技术的革新，已然朝着数字化、网络化、智能化方向发展。技术革命性突破、生产要素创新性配置、产业深度转型升级成为驱动新质生产力的三大要素，智能建造技术已达到世界一流水平。

随着国内施工技术和智能建造的升级迭代，盾构和全断面掘进机逐渐在高速铁路、公路、水利水电等重点隧道及地下工程领域特定地质条件下应用，但是大部分隧道及地下工程仍采用钻爆法进行隧道机械化配套施工，作业面钻孔、装药爆破是其中的关键工序。随着国内装备制造技术的发展，国产化凿岩台车技术逐渐成熟，进口设备大幅降价，凿岩台车钻孔正逐渐替代人工钻孔，并逐步向机械化、少人化、无人化方向演变，凿岩台车钻孔正逐渐替代人工钻孔成为隧道钻爆施工的主要施工方法。钻爆开挖的循环时间、爆破进尺、成形质量直接关系到隧道施工的效率和质量，隧道渗漏水、衬砌背后空洞、厚度不足等大多数的缺陷均与开挖质量直接相关。

为了更好地适应隧道及地下工程机械施工的发展趋势，提高工艺工法水平，确保隧道钻爆法开挖安全高效推进，解决凿岩台车在应用过程中存在的相关问题，本书作者通过大量样本数据分析、现场实践、国内外专业著作查阅，总结编写了《隧道与地下工程凿岩台车施工工法爆破设计图册》。

本书是对隧道及地下工程类钻爆开挖凿岩台车应用施工方法、工艺等方面研究成果和工程经验的系统总结，针对各类大、中、小型隧道全面地介绍了隧道钻爆设计，包含炮孔平面布置图、掏槽孔设计图、延时网路图、装药参数表及综合经济参数表。全书共分为7篇，第1篇介绍了单洞单线普通铁路隧道、单洞双线普通铁路隧道、国铁一级单洞单线铁路隧道、国铁一级单洞双线无砟隧道的爆破设计；第2篇介绍了铁路动车与高铁隧道爆破设计，包括动车250时速单洞单线和单洞双线铁路隧道、动车辅助通道、单洞单线和单洞双线高铁隧道、高铁隧道CD工法、高铁隧道双侧壁工法、高铁辅助通道的爆破设计；第3篇介绍了一级公路隧道、高速公路两车道及三车道隧道、高速公路CD工法隧道、高速公路双侧壁工法隧道、高速公路双连拱隧道、高速公路辅助隧道的爆破设计；第4篇介绍了地铁辅助通道、地铁正洞隧道、地铁车站暗挖标准站隧道、地铁换乘车站的爆破设计；第5篇介绍了地下硐室爆破设计，包括施工运输通道、辅助通道、地下硐室的爆破设计；第6篇介绍了水工隧洞爆破设计，包括输水隧洞、辅助隧洞、地下厂房的爆破设计；第7篇介绍了水下铁路隧道、水下高速公路隧道、水下地铁隧道的爆破设计。

　　本书数据翔实，图文并茂，是本书作者对自身丰富隧道爆破管理经验的归纳和总结，可为不同工况、不同工法的隧道爆破设计作业提供有益参考和借鉴，更是一线技术人员、作业人员的作业指导手册，具有广泛的应用价值。感谢策划、图片设计及美术编辑姚语童和图文数据审核李光莹在本书编写过程中的付出！此外，在编写过程中学习和借鉴了国内外专家、专著的一些成果，在此一并表示感谢！

　　由于作者水平有限，书中难免存在疏漏和不足之处，敬请各位专家和读者不吝批评指正！

作　者
2025 年 2 月

目 录 | CONTENTS

第1篇　普通铁路隧道爆破设计

第1章　单洞单线普通铁路隧道爆破设计 ⋯⋯⋯⋯⋯⋯⋯⋯ 002

第2章　单洞双线普通铁路隧道爆破设计 ⋯⋯⋯⋯⋯⋯⋯⋯ 007

第3章　国铁一级单洞单线铁路隧道爆破设计 ⋯⋯⋯⋯⋯⋯ 018

第4章　国铁一级单洞双线无砟铁路隧道爆破设计 ⋯⋯⋯⋯ 025

第2篇　铁路动车与高铁隧道爆破设计

第1章　动车250时速单洞单线铁路隧道爆破设计 ⋯⋯⋯⋯ 032

第2章　动车250时速单洞双线铁路隧道爆破设计 ⋯⋯⋯⋯ 037

第3章　动车辅助通道爆破设计 ⋯⋯⋯⋯⋯⋯⋯⋯⋯⋯⋯⋯ 042

第4章　单洞单线高铁隧道爆破设计 ⋯⋯⋯⋯⋯⋯⋯⋯⋯⋯ 046

第5章　单洞双线高铁隧道爆破设计 ⋯⋯⋯⋯⋯⋯⋯⋯⋯⋯ 053

第6章　高铁隧道CD工法爆破设计 ⋯⋯⋯⋯⋯⋯⋯⋯⋯⋯ 059

第7章　高铁隧道双侧壁工法爆破设计 ⋯⋯⋯⋯⋯⋯⋯⋯⋯ 064

第8章　高铁辅助通道爆破设计 ⋯⋯⋯⋯⋯⋯⋯⋯⋯⋯⋯⋯ 069

第 3 篇　高速公路隧道爆破设计

第 1 章　一级公路隧道爆破设计 ⸻⸻⸻⸻⸻⸻⸻⸻ 077

第 2 章　高速公路两车道隧道爆破设计 ⸻⸻⸻⸻⸻ 082

第 3 章　高速公路三车道隧道爆破设计 ⸻⸻⸻⸻⸻ 087

第 4 章　高速公路 CD 工法隧道爆破设计 ⸻⸻⸻⸻ 093

第 5 章　高速公路双侧壁工法隧道爆破设计 ⸻⸻⸻ 098

第 6 章　高速公路双连拱隧道爆破设计 ⸻⸻⸻⸻⸻ 104

第 7 章　高速公路辅助隧道爆破设计 ⸻⸻⸻⸻⸻⸻ 122

第 4 篇　地铁隧道爆破设计

第 1 章　地铁辅助通道爆破设计 ⸻⸻⸻⸻⸻⸻⸻⸻ 130

第 2 章　地铁正洞隧道爆破设计 ⸻⸻⸻⸻⸻⸻⸻⸻ 135

第 3 章　地铁车站暗挖标准站隧道爆破设计 ⸻⸻⸻ 142

第 4 章　地铁换乘车站爆破设计 ⸻⸻⸻⸻⸻⸻⸻⸻ 150

第 5 篇　地下硐室爆破设计

第 1 章　施工运输通道爆破设计 ⸻⸻⸻⸻⸻⸻⸻⸻ 161

第 2 章　辅助通道爆破设计 ⸻⸻⸻⸻⸻⸻⸻⸻⸻⸻ 170

第 3 章　地下硐室爆破设计 ⸻⸻⸻⸻⸻⸻⸻⸻⸻⸻ 178

第6篇　水工隧洞爆破设计

第1章　输水隧洞爆破设计 —————————— 186

第2章　辅助隧洞爆破设计 —————————— 197

第3章　地下厂房爆破设计 —————————— 201

第7篇　穿江越海隧道爆破设计

第1章　水下铁路隧道爆破设计 —————————— 208

第2章　水下高速公路隧道爆破设计 —————————— 217

第3章　水下地铁隧道爆破设计 —————————— 227

参考文献 —————————— 230

第1篇

普通铁路隧道爆破设计

01

第1章　单洞单线普通铁路隧道爆破设计

单洞单线普通铁路爆破设计特点

普速铁路（简称"普铁"）是指设计速度低、无法为火车提供高速行驶安全环境的铁路系统。国铁型普速铁路是指基础设施设计速度小于 160km/h 的国家铁路系统。经升级改造提速后仍未全面达到 200km/h 的速度级别，依旧以运行普速列车为主的铁路等都属于普速铁路范围。普速铁路网是中国国家铁路路网的重要组成部分，由中国国家铁路集团有限公司和国家铁路局经营。21 世纪以前，除了广深铁路，中国铁路全部是普速铁路，主要原因是受当时落后的经济和科技实力制约，没有足够先进的桥梁与隧道施工技术和机车制造技术。新中国成立初期的铁路重点建设区域是内陆区域和中西部地区，改革开放后逐渐加快了东部地区铁路的兴建步伐，几条纵横铁路干线形成，并扩大了地方铁路支线的延伸。除了环渤海铁路、京沪铁路、京广铁路和京九铁路华北段外，多数铁路是在连绵不断的山脉丘陵中曲折修建，铁路线的山区段占了很大比例，绝大多数干线铁路的初始设计速度是 120km/h，在很多山岭重丘段，列车限速不足 100km/h。单线铁路的行车速度还会更加受到限制。

中国的普速铁路以单线铁路和非电气化铁路为主。单线单洞隧道断面一般小于 70m²。由于隧道断面小，凿岩台车爆破开挖一般采用两臂凿岩台车或采用双曲臂凿岩台车，爆破施工一般采用全断面法或台阶法。Ⅱ、Ⅲ级围岩原则上采用全断面法施工，Ⅲ、Ⅳ、Ⅴ级围岩原则上采用台阶法施工；因为单线单洞隧道断面小，所以Ⅴ级围岩一般不选择使用凿岩台车施工。单线隧道爆破开挖大多采用楔形掏槽模式，开挖进尺根据隧道断面决定，也可以采用直眼掏槽模式。

采用全断面爆破开挖，设计进尺为 2~3.5m，采用台阶法施工，设计进尺为 1.2~2.6m。

隧道的爆破设计要根据隧道断面地质的变化采用动态调整爆破设计。

单洞单线普通铁路隧道Ⅲ级围岩爆破设计见图 1.1–1。

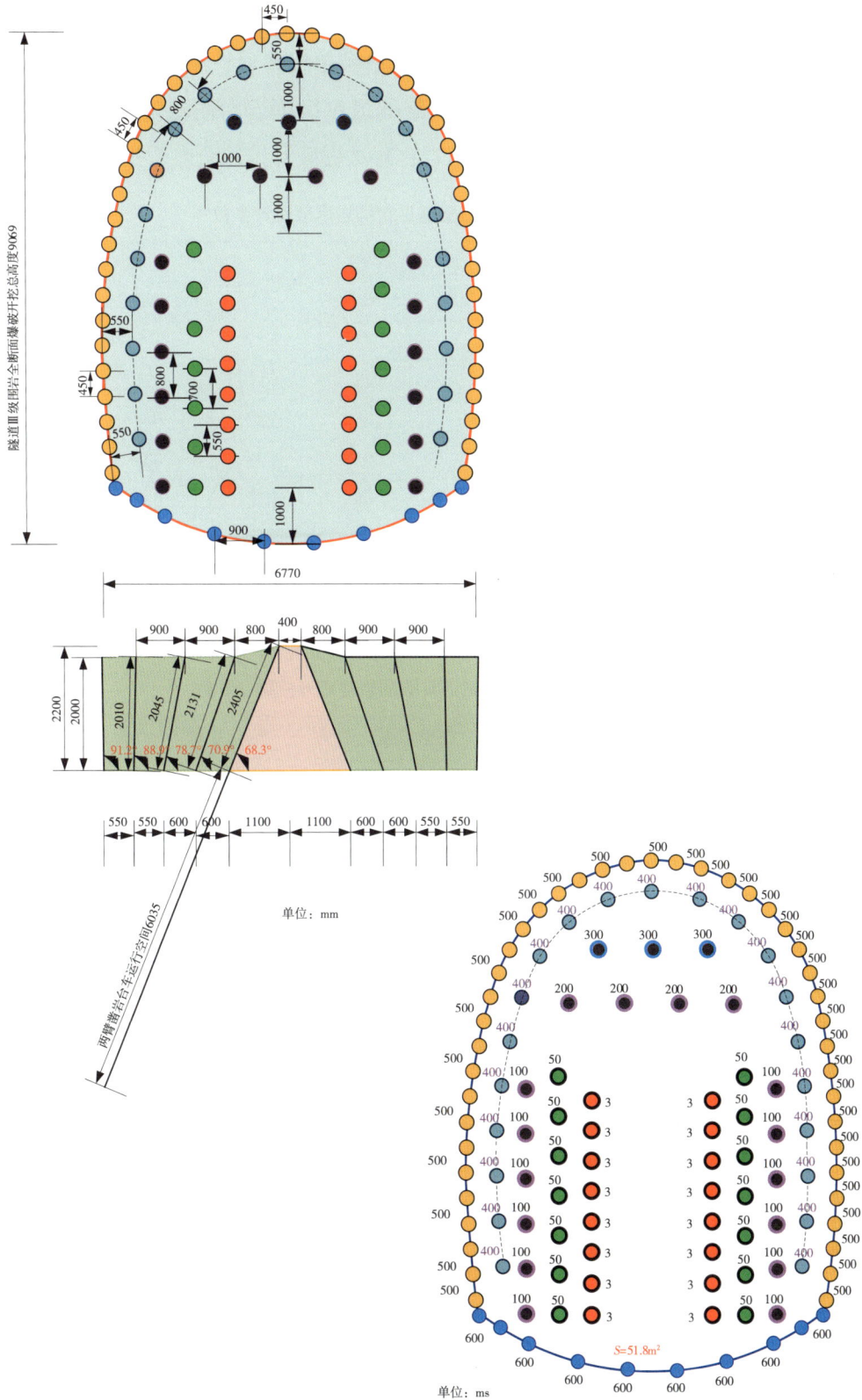

图 1.1-1　单洞单线普通铁路隧道Ⅲ级围岩爆破设计

　　单洞单线普通铁路隧道Ⅲ级围岩爆破设计参数见表1.1-1。单洞单线普通铁路隧道Ⅲ级围岩爆破开挖综合参数见表1.1-2。单洞单线普通铁路隧道Ⅳ级围岩台阶法爆破设计见图1.1-2。单洞单线普通铁路隧道Ⅳ级围岩台阶法爆破设计参数见表1.1-3。单洞单线普通铁路隧道Ⅳ级围岩台阶法爆破开挖综合参数见表1.1-4。

表 1.1-1　　　　　　　　单洞单线普通铁路隧道Ⅲ级围岩爆破设计参数

序号	炮孔名称	孔数/个	延时/ms	孔深/m	装药结构	装药量/kg 单孔	段装药
1	掏槽孔	16	3	2.41	连续	1.5	24.0
2		14	50	2.13	连续	1.3	18.2
3		12	100	2.05	连续	0.9	10.8
4	辅助孔	4	200	2.05	连续	0.9	3.6
5		3	300	2.05	连续	0.6	1.8
6	二圈孔	21	400	2.10	连续	0.6	12.6
7	周边孔	43	500	2.05	间隔	0.4	17.2
8	底板孔	10	600	2.10	连续	1.2	12.0

表 1.1-2　　　　　　　　单洞单线普通铁路隧道Ⅲ级围岩爆破开挖综合参数

爆破断面面积/m²	总装药量/kg	雷管总数/个	单段最大药量/kg	炮孔总数/个	设计爆破进尺/m
51.8	100.2	90	24	123	2.0
总延时/ms	炮孔密度/(个/m³)	雷管单耗/(个/m³)	炸药单耗/(kg/m³)	导爆索量/m	周边孔线装药量/(kg/m)
600	1.18	0.86	0.97	100	0.2

　　注：图册所用雷管为工业电子雷管。

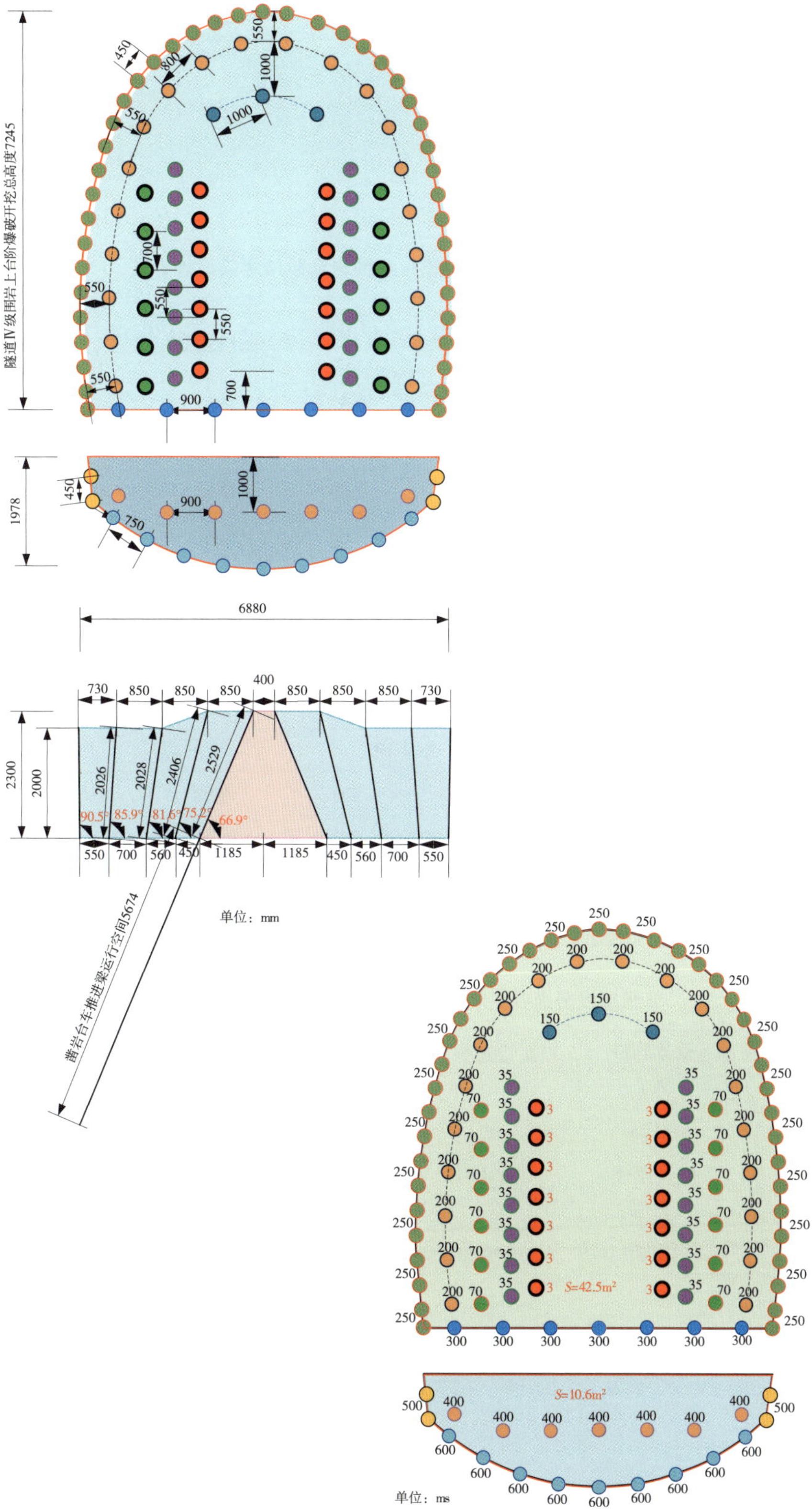

单位：mm

单位：ms

图 1.1-2　单洞单线普通铁路隧道Ⅳ级围岩台阶法爆破设计

表 1.1-3　　　　　　　　单洞单线普通铁路隧道Ⅳ级围岩台阶法爆破设计参数

序号	炮孔名称	孔数 /个	延时 /ms	孔深 /m	装药结构	装药量 /kg 单孔	装药量 /kg 段装药
1	掏槽孔	14	3	2.53	连续	1.5	21.0
2	掏槽孔	16	35	2.41	连续	1.2	19.2
3	掏槽孔	12	70	2.03	连续	0.9	10.8
4	辅助孔	3	150	2.03	连续	0.6	1.8
5	二圈孔	20	200	2.03	连续	0.4	8.0
6	周边孔	41	250	2.02	间隔	0.35	14.35
7	底板孔	7	300	2.10	连续	0.6	4.2
小计		113	单耗	0.93	断面面积 /m²	42.5	79.35
下台阶							
8	抬炮孔	7	400	2.0	连续	0.6	4.2
9	周边孔	4	500	2.0	间隔	0.4	1.6
10	底板孔	9	600	2.0	连续	0.6	5.4
小计		20	单耗	0.53	断面面积 /m²	10.6m²	11.2

表 1.1-4　　　　　　　　单洞单线普通铁路隧道Ⅳ级围岩台阶法爆破开挖综合参数

爆破断面面积 /m²	总装药量 /kg	雷管总数 /个	单段最大药量 /kg	炮孔总数 /个	设计爆破进尺 /m
53.1	90.55	100	21.0	133	2.0
总延时 /ms	炮孔密度 /（个 /m³）	雷管单耗 /（个 /m³）	炸药单耗 /（kg/m³）	导爆索量 /m	周边孔线装药量 /（kg/m）
600	1.27	0.95	0.86	130	0.18

第 2 章　单洞双线普通铁路隧道爆破设计

单洞双线普通铁路隧道爆破设计特点

单洞双线普通铁路隧道地形地质条件多变，山区地质构造复杂，可能遇到多种不同的岩石类型和地质构造，如岩溶、滑坡体等。这就要求在爆破开挖前进行详细的地质勘察，根据不同的地质情况及时调整爆破方案，采用相应的特殊爆破技术和处理措施。单洞双线普通铁路隧道大多位于山区，交通不便，施工场地狭窄，爆破器材的运输和存放，以及大型施工设备的进场和作业面临诸多困难。需要合理规划施工场地和运输路线，优化爆破施工流程，提高施工效率。

凿岩台车在单洞双线普通铁路隧道爆破设计有以下特点。

（1）设备选型要慎重。普铁铁路隧道一般位置比较偏僻，地质条件复杂，设备选型不仅要考虑主洞隧道的爆破开挖需求，还要考虑一些特殊小硐室施工的便利性，因此在设备选型上尽可能选择两臂凿岩台车或者双曲臂凿岩台车，有利于多种隧道断面的爆破施工。此外，要根据凿岩台车的型号和特点有针对性地设计爆破方案。

（2）铁路隧道对隧道的平顺性和几何尺寸要求极为严格。爆破开挖时需要更精准地控制炮眼位置、角度和装药量，以确保隧道开挖轮廓符合设计要求。

（3）为避免爆破振动对周边环境和已施工结构造成不利影响，需要采用更先进的微差爆破技术，进行精准的爆破参数设计，严格控制爆破振动速度，确保其在规定的范围内。

（4）根据凿岩台车推进梁的尺寸合理设计掏槽方式，提高进尺，加快施工进度，节约施工成本。

单洞双线普通铁路隧道Ⅲ级围岩爆破设计见图 1.2-1。

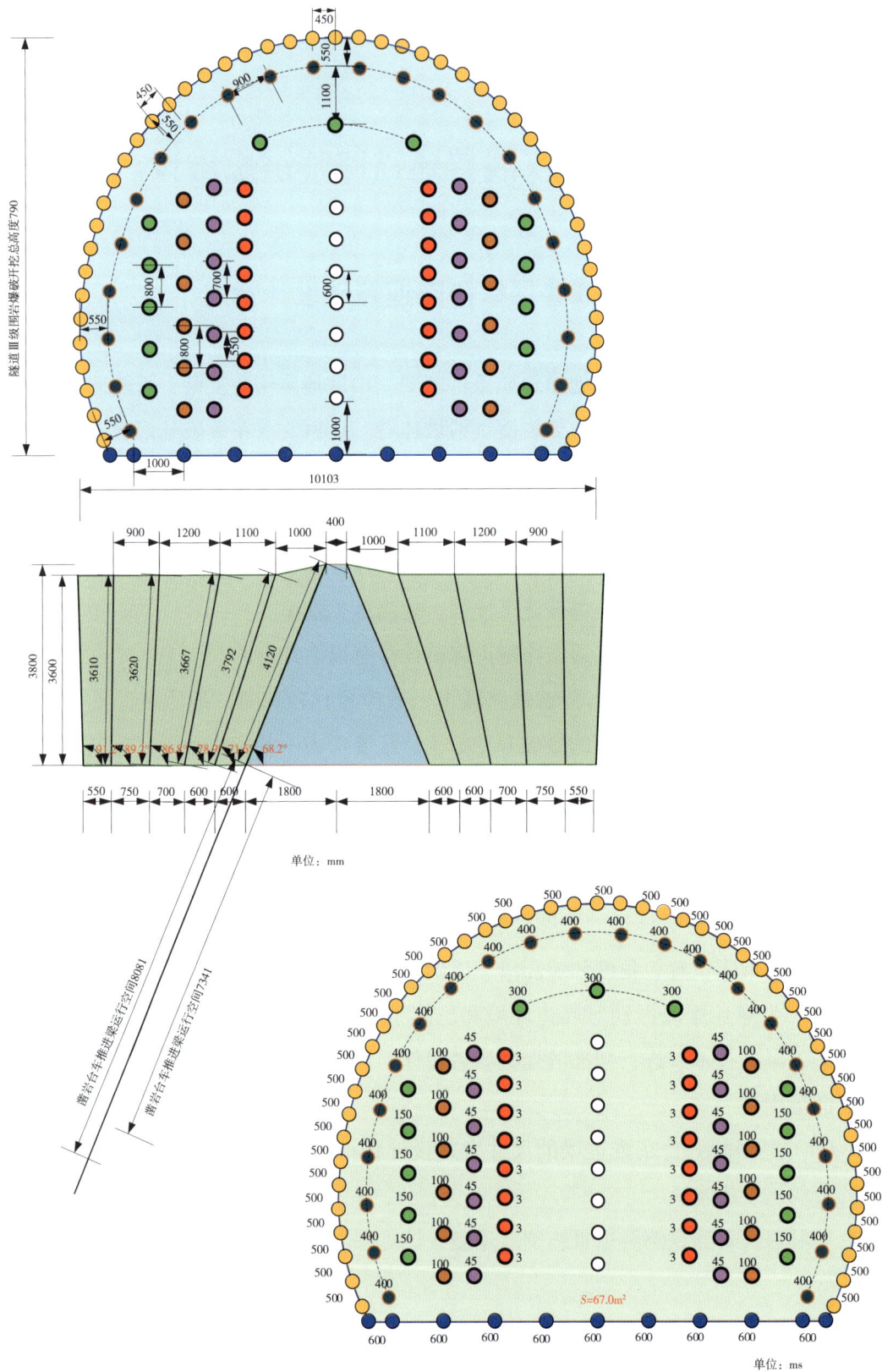

单位：mm

单位：ms

图 1.2-1 单洞双线普通铁路隧道Ⅲ级围岩爆破设计

　　单洞双线普通铁路隧道Ⅲ级围岩爆破设计参数见表 1.2-1。单洞双线普通铁路隧道Ⅲ级围岩爆破开挖综合参数见表 1.2-2。单洞双线普通铁路隧道Ⅳ级围岩台阶法爆破设计见图 1.2-2。单洞双线普通铁路隧道Ⅳ级围岩台阶法爆破设计参数见表 1.2-3。单洞双线普通铁路隧道Ⅳ级围岩台阶法爆破开挖综合参数见表 1.2-4。单洞双线普通铁路隧道Ⅴ级围岩三台阶法爆破设计见图 1.2-3。单洞双线普通铁路隧道Ⅴ级围岩三台阶法爆破设计参数见表 1.2-5。单洞双线普通铁路隧道Ⅴ级围岩三台阶法爆破开挖综合参数见表 1.2-6。单洞双线普通铁路隧道斜井Ⅲ级围岩全断面法爆破设计见图 1.2-4。单洞双线普通铁路隧道斜井Ⅲ级围岩全断面法爆破设计参数见表 1.2-7。单洞双线普通铁路隧道斜井Ⅲ级围岩全断面法爆破开挖综合参数见表 1.2-8。单洞双线普通铁路隧道斜井Ⅳ、Ⅴ级围岩台阶法爆破设计见图 1.2-5。单洞双线普通铁路隧道斜井Ⅳ、Ⅴ级围岩台阶法爆破设计参数见表 1.2-9。单洞双线普通铁路隧道斜井Ⅳ、Ⅴ级围岩台阶法爆破开挖综合参数见表 1.2-10。

表 1.2-1　　　　　　　　单洞双线普通铁路隧道Ⅲ级围岩爆破设计参数

序号	炮孔名称	孔数/个	延时/ms	孔深/m	装药结构	装药量 /kg	
						单孔	段装药
1	掏槽孔	16	3	4.12	连续	3.6	57.6
2		14	45	3.79	连续	2.7	37.8
3		12	100	3.66	连续	2.4	28.8
4	辅助孔	10	150	3.62	连续	1.8	18.0
5		3	300	3.61	连续	1.8	5.4
6	二圈孔	22	400	3.61	连续	0.7	15.4
7	周边孔	47	500	3.60	间隔	0.6	28.2
8	底板孔	11	600	3.65	连续	2.1	23.1
9	解炮孔	8		3.80	空孔		

表 1.2-2　　　　　　　　单洞双线普通铁路隧道Ⅲ级围岩爆破开挖综合参数

爆破断面面积/m²	总装药量/kg	雷管总数/个	单段最大药量/kg	炮孔总数/个	设计爆破进尺/m
67.0	214.3	110	57.6	143	3.6
总延时/ms	炮孔密度/（个/m³）	雷管单耗/（个/m³）	炸药单耗/（kg/m³）	导爆索量/m	周边孔线装药量/（kg/m）
600	0.59	0.46	0.88	200	0.21

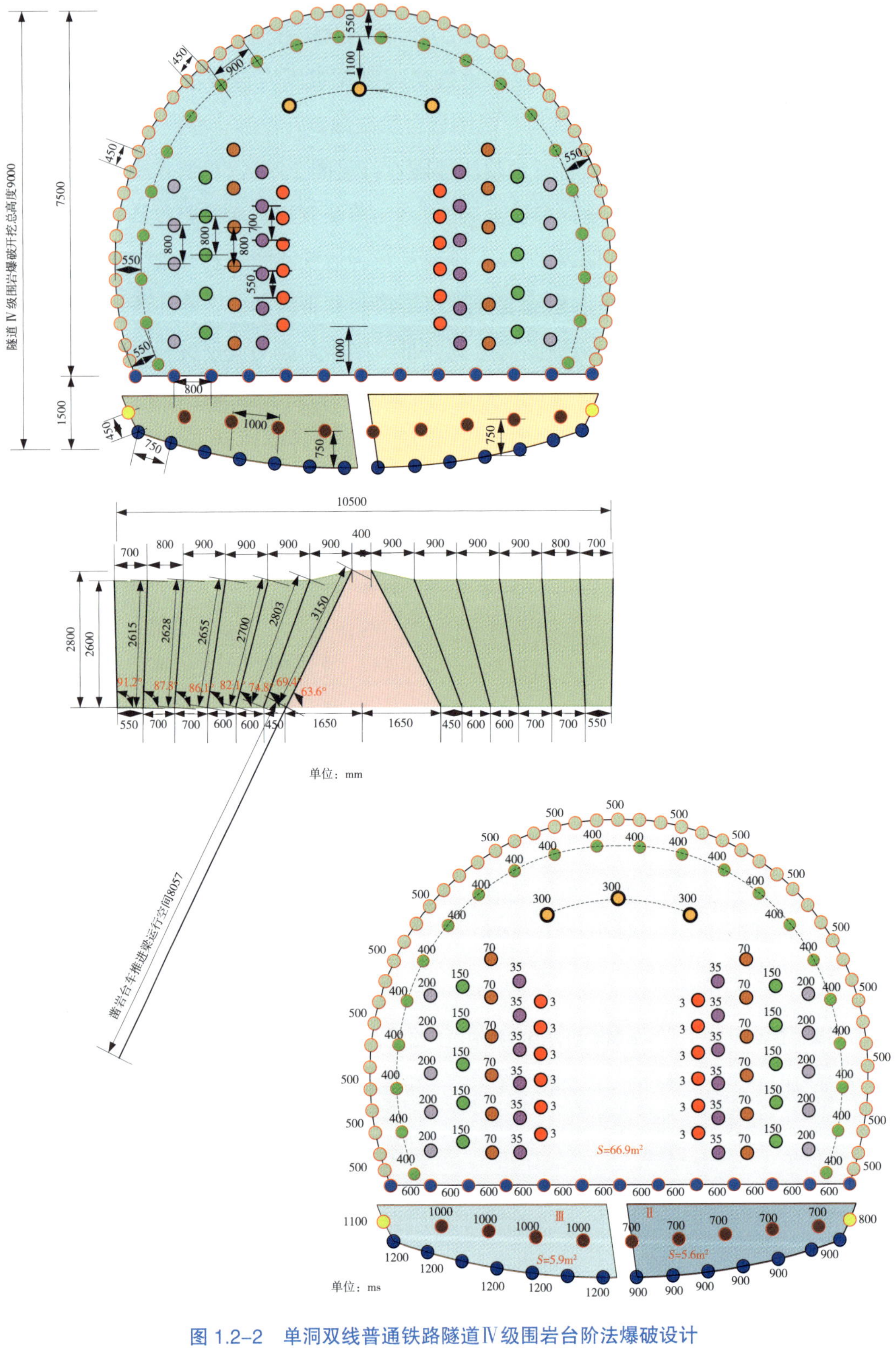

图 1.2-2　单洞双线普通铁路隧道Ⅳ级围岩台阶法爆破设计

表 1.2-3　　　　　　　单洞双线普通铁路隧道Ⅳ级围岩台阶法爆破设计参数

序号	炮孔名称	孔数/个	延时/ms	孔深/m	装药结构	装药量/kg	
						单孔	段装药
上台阶							
1	掏槽孔	12	3	3.15	连续	1.8	21.6
2		12	35	2.81	连续	1.5	18.0
3		12	70	2.70	连续	1.2	14.4
4	辅助孔	10	150	2.65	连续	1.2	12.0
5		10	200	2.63	连续	0.9	9.0
6		3	300	2.62	连续	0.9	2.7
7	二圈孔	22	400	2.62	连续	0.6	13.2
8	周边孔	47	500	2.62	间隔	0.5	23.5
9	底板孔	13	600	2.70	连续	0.9	11.7
小计		141	单耗	0.72	断面面积/m²	66.9	126.1
下台阶Ⅱ部							
10	抬炮孔	5	700	3.0	连续	0.9	4.5
11	周边孔	1	800	3.0	间隔	0.4	0.4
12	底板孔	7	900	3.0	连续	0.6	4.2
小计		13	单耗	0.54	断面面积/m²	5.6	9.1
下台阶Ⅲ部							
13	抬炮孔	4	1000	3.0	连续	0.9	3.6
14	周边孔	1	1100	3.0	间隔	0.4	0.4
15	底板孔	7	1200	3.0	连续	0.6	4.2
小计		12	单耗	0.46	断面面积/m²	5.9	8.2

表 1.2-4　　　　　　　单洞双线普通铁路隧道Ⅳ级围岩台阶法爆破开挖综合参数

爆破断面面积/m²	总装药量/kg	雷管总数/个	单段最大药量/kg	炮孔总数/个	设计爆破进尺/m
78.4	143.4	120	21.6	166	2.6
总延时/ms	炮孔密度/(个/m³)	雷管单耗/(个/m³)	炸药单耗/(kg/m³)	导爆索量/m	周边孔线装药量/(kg/m)
1200	0.58	0.79	0.61	160	0.2

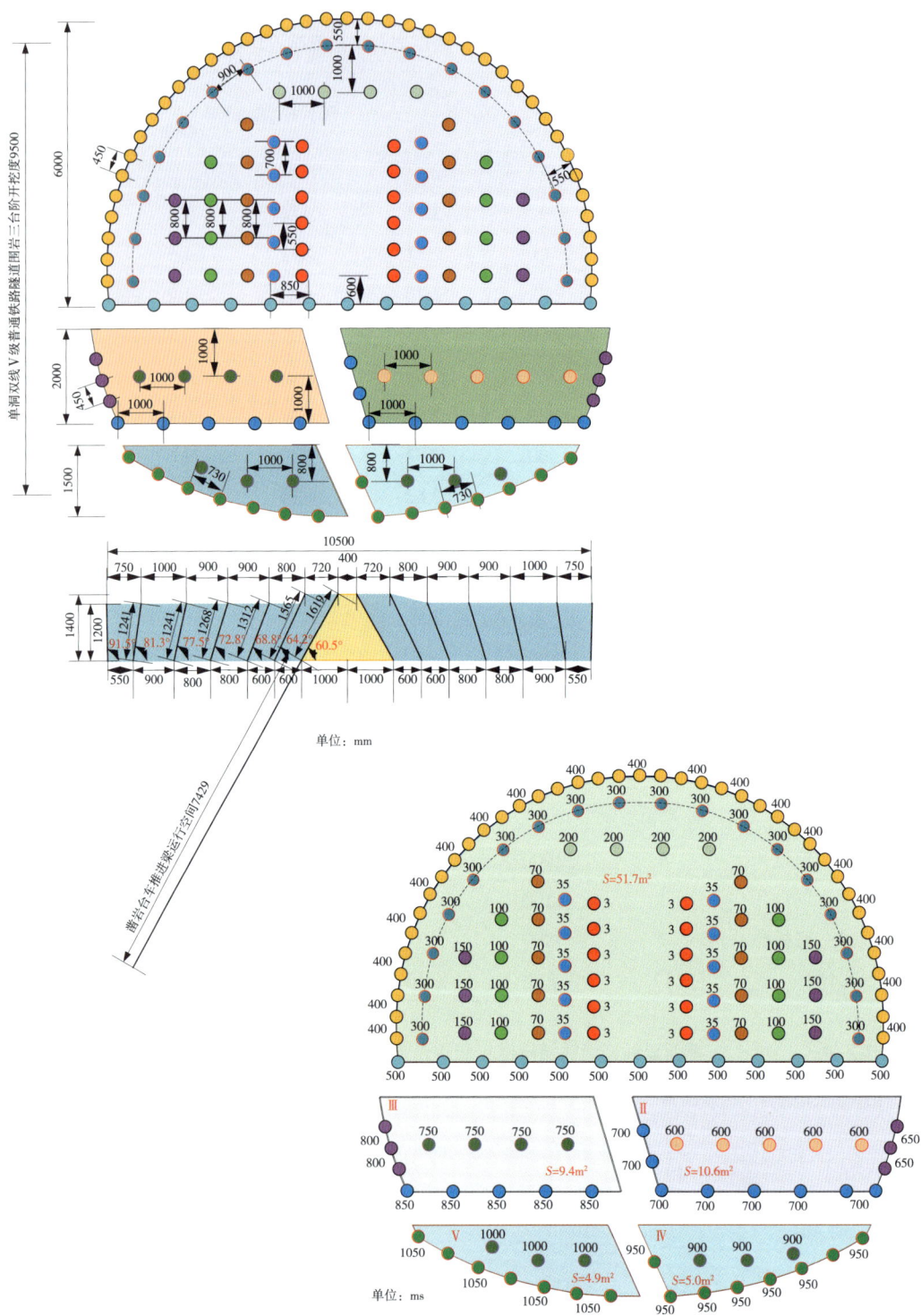

单位：mm

单位：ms

图 1.2-3　单洞双线普通铁路隧道 V 级围岩三台阶法爆破设计

表 1.2-5　　　　　　单洞双线普通铁路隧道 V 级围岩三台阶法爆破设计参数

序号	炮孔名称	孔数 / 个	延时 /ms	孔深 /m	装药结构	装药量 /kg	
						单孔	段装药
上台阶							
1	掏槽孔	12	3	1.62	连续	0.90	10.8
2		10	35	1.57	连续	0.60	6.0
3		10	70	1.32	连续	0.60	6.0
4	辅助孔	8	100	1.27	连续	0.45	3.6
5		6	150	1.24	连续	0.45	2.7
6		4	200	1.24	连续	0.45	1.8
7	二圈孔	18	300	1.22	连续	0.15	2.7
8	周边孔	39	400	1.22	间隔	0.15	5.85
9	底板孔	13	500	1.30	连续	0.60	7.8
断面面积 /m²	51.7	120		单耗	0.76		47.25
中台阶							
10	抬炮孔 II	5	600	2.0	连续	0.6	3.0
11	周边孔 II	3	650	2.0	间隔	0.4	1.2
12	底板孔 II	8	700	2.1	连续	0.6	4.8
13	抬炮孔 III	4	750	2.0	连续	0.6	2.4
14	周边孔 III	3	800	2.0	间隔	0.4	1.2
15	底板孔 III	5	850	2.1	连续	0.6	3.0
断面面积 /m²	20.0	28		单耗	0.27		19.8
下台阶							
16	抬炮孔 IV	4	900	2.0	连续	0.6	2.4
17	底板孔 IV	8	950	2.1	连续	0.6	4.8
18	抬炮孔 V	3	1000	2.0	连续	0.6	1.8
19	底板孔 V	7	1050	2.1	连续	0.6	4.2
断面面积 m²	9.9	22		单耗	0.45		13.2

表 1.2-6　　　　　　单洞双线普通铁路隧道 V 级围岩三台阶法爆破开挖综合参数

爆破断面面积 /m²	总装药量 /kg	雷管总数 /个	单段最大药量 /kg	炮孔总数 /个	设计爆破进尺 /m
91.6	80.25	170	10.8	170	1.2
总延时 /ms	炮孔密度 / (个 /m³)	雷管单耗 / (个 /m³)	炸药单耗 / (kg/m³)	导爆索量 /m	周边孔线装药量 / (kg/m)
1050	1.15	1.15	0.57	0	0.2

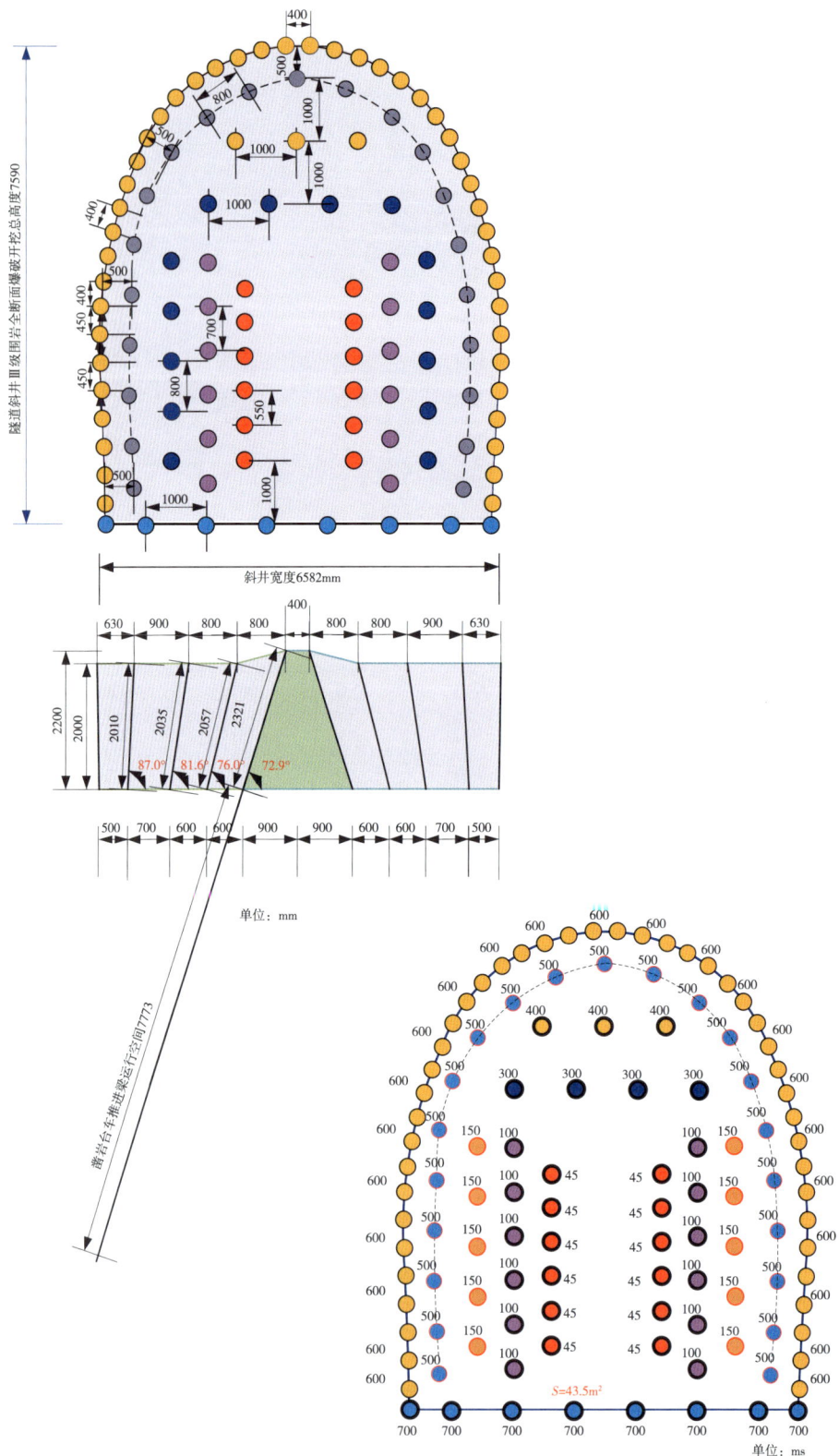

图 1.2-4　单洞双线普通铁路隧道斜井Ⅲ级围岩全断面法爆破设计

表 1.2-7　　　　　单洞双线普通铁路隧道斜井Ⅲ级围岩全断面法爆破设计参数

序号	炮孔名称	孔数/个	延时/ms	孔深/m	装药结构	装药量 /kg	
						单孔	段装药
1	掏槽孔	12	45	2.32	连续	1.5	18.0
2		12	100	2.06	连续	1.2	14.4
3		10	150	2.04	连续	0.9	9.0
4	辅助孔	4	300	2.05	连续	0.6	2.4
5		3	400	2.05	连续	0.6	1.8
6	二圈孔	21	500	2.10	连续	0.5	10.5
7	周边孔	44	600	2.05	间隔	0.3	13.2
8	底板孔	8	700	2.10	连续	0.9	7.2

表 1.2-8　　　　　单洞双线普通铁路隧道斜井Ⅲ级围岩全断面法爆破开挖综合参数

爆破断面面积/m²	总装药量/kg	雷管总数/个	单段最大药量/kg	炮孔总数/个	设计爆破进尺/m
43.5	76.5	80	18	114	2.0
总延时 /ms	炮孔密度/（个/m³）	雷管单耗/（个/m³）	炸药单耗/（kg/m³）	导爆索量/m	周边孔线装药量/（kg/m）
700	1.31	0.92	0.88	100	0.15

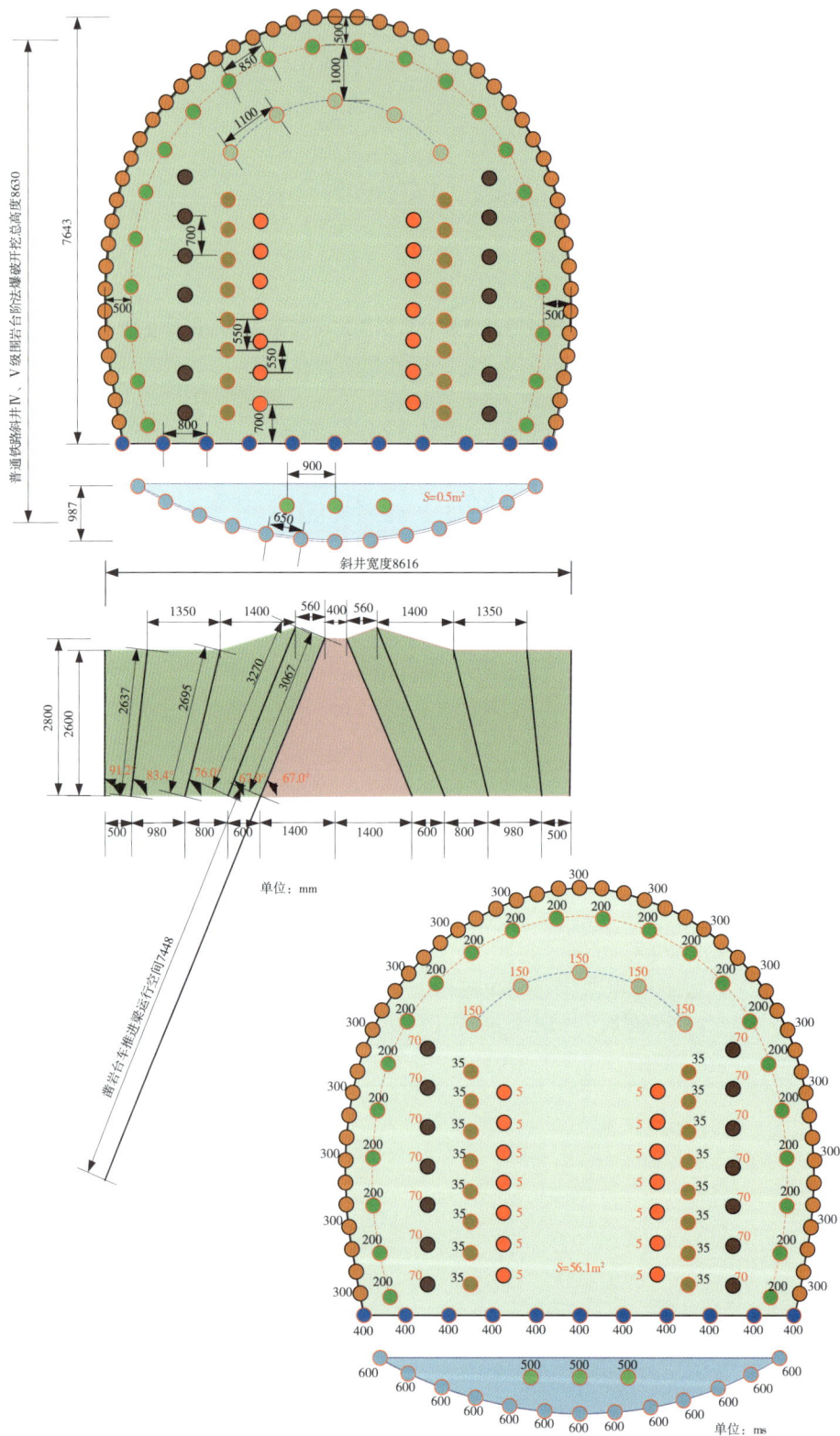

图 1.2-5　单洞双线普通铁路隧道斜井Ⅳ、Ⅴ级围岩台阶法爆破设计

表 1.2-9　　　　　单洞双线普通铁路隧道斜井Ⅳ、Ⅴ级围岩台阶法爆破设计参数

序号	炮孔名称	孔数 /个	延时 /ms	孔深 /m	装药结构	装药量 /kg 单孔	装药量 /kg 段装药
上台阶							
1	掏槽孔	14	3	3.07	连续	1.8	25.2
2	掏槽孔	16	35	3.27	连续	2.1	33.6
3	掏槽孔	14	70	2.70	连续	0.9	12.6
4	辅助孔	5	150	2.65	连续	0.9	4.5
5	二圈孔	22	200	2.62	连续	0.6	13.2
6	周边孔	49	300	2.62	间隔	0.4	19.6
7	底板孔	11	400	2.70	连续	0.6	6.6
小计		131	单耗	0.79	断面面积 /m²	56.1	115.3
下台阶							
8	抬炮孔	3	500	2.6	连续	0.3	0.9
9	底板孔	13	600	2.6	连续	0.3	3.9
小计		16	单耗	3.6	断面面积 /m²	0.5	4.8

表 1.2-10　　　　　单洞双线普通铁路隧道斜井Ⅳ、Ⅴ级围岩台阶法爆破开挖综合参数

爆破断面面积 /m²	总装药量 /kg	雷管总数 /个	单段最大药量 /kg	炮孔总数 /个	设计爆破进尺 /m
56.6	120.1	110	33.6	147	2.6
总延时 /ms	炮孔密度 /（个 /m³）	雷管单耗 /（个 /m³）	炸药单耗 /（kg/m³）	导爆索量 /m	周边孔线装药量 /（kg/m）
600	0.99	0.75	0.82	150	0.15

第3章　国铁一级单洞单线铁路隧道爆破设计

国铁一级铁路隧道凿岩台车爆破设计特点

一级铁路的线路标准较高，要求隧道的断面尺寸和形状符合严格的设计标准，以满足列车安全、高速运行的要求。一级铁路的桥隧比通常较高，往往出现隧道群。在爆破开挖过程中，一级铁路往往穿越多种复杂的地质条件，如坚硬岩石、软岩、破碎带、断层等。针对不同的地质情况，需要制定相应的爆破方案和参数。在坚硬岩石地段，要选择合适的炸药类型和起爆方式，以提高爆破效率；在软岩和破碎带地段，要控制爆破振动，防止围岩过度扰动和坍塌。

国铁一级客货共线铁路大部分线路采用单线单洞的设计，尤其是隧道爆破开挖主要以单洞单线为主。这种铁路隧道施工断面较小，原则上选择两臂凿岩台车或双曲臂凿岩台车进行施工。在这种小断面的施工中，受到凿岩台车推进梁长度的限制，凿岩台车爆破进尺设计值小于3.0m；如果采用直眼掏槽模式，爆破进尺可以在3.6~4.0m甚至大于4.0m。

为了今后线路提速升级改造，部分隧道采用单洞双线的设计，有利于凿岩台车进行4.0m进尺的爆破施工。

国铁一级单洞单线铁路隧道Ⅲ级围岩爆破设计见图1.3-1。国铁一级单洞单线铁路隧道Ⅲ级围岩爆破设计参数见表1.3-1。国铁一级单洞单线铁路隧道Ⅲ级围岩爆破开挖综合参数见表1.3-2。国铁一级单洞单线铁路隧道Ⅳ级围岩台阶法爆破设计见图1.3-2。国铁一级单洞单线铁路隧道Ⅳ级围岩台阶法爆破设计参数见表1.3-3。国铁一级单洞单线铁路隧道Ⅳ级围岩台阶法爆破开挖综合参数见表1.3-4。国铁一级单洞单线铁路隧道Ⅴ级围岩三台阶法爆破设计见图1.3-3。国铁一级单洞单线铁路隧道Ⅴ级围岩三台阶法爆破设计参数见表1.3-5。国铁一级单洞单线铁路隧道Ⅴ级围岩三台阶法爆破开挖综合参数见表1.3-6。

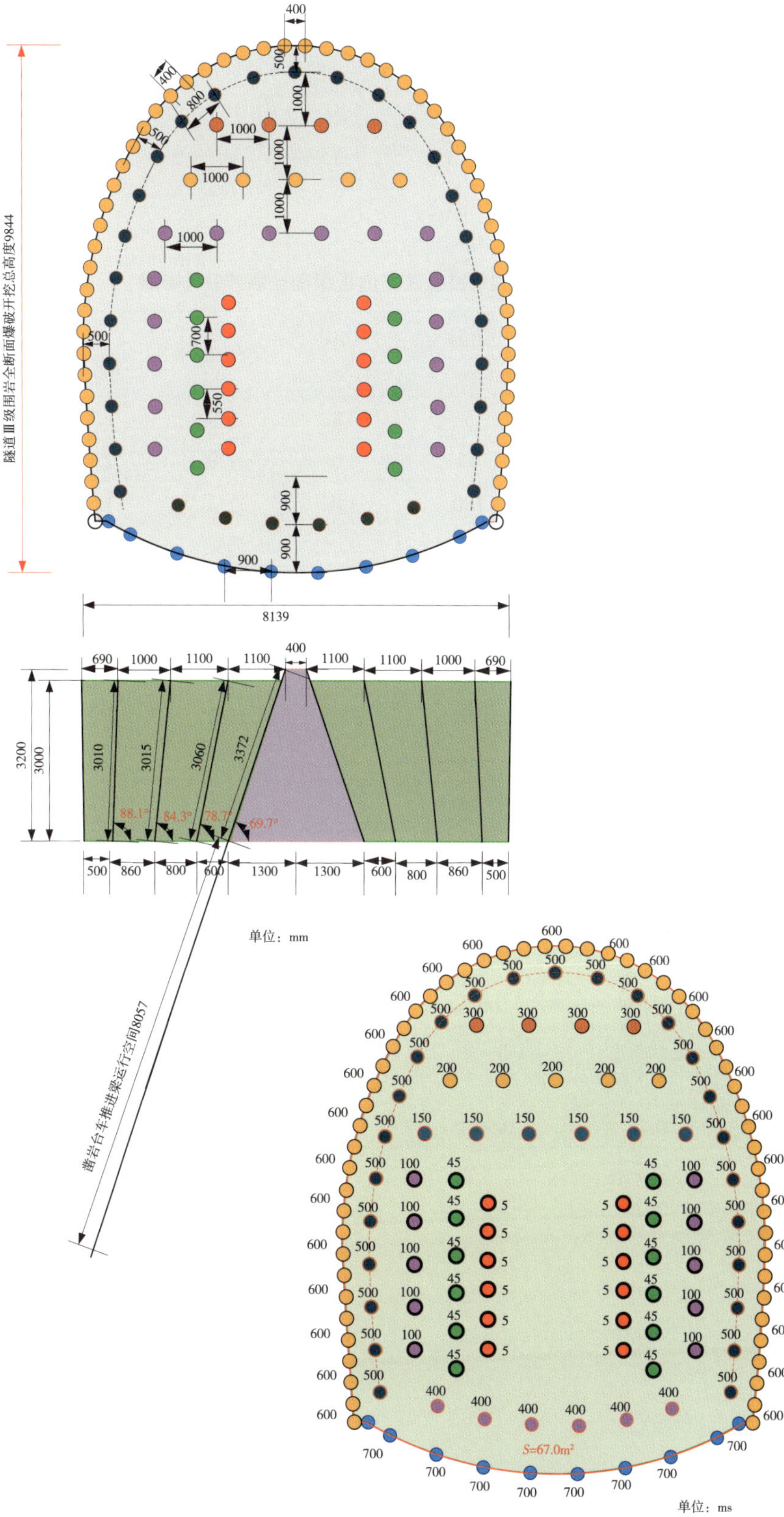

图 1.3-1　国铁一级单洞单线铁路隧道Ⅲ级围岩爆破设计

表 1.3-1　　　　　　　　国铁一级单洞单线铁路隧道Ⅲ级围岩爆破设计参数

序号	炮孔名称	孔数/个	延时/ms	孔深/m	装药结构	装药量/kg	
						单孔	段装药
1	掏槽孔	12	5	3.37	连续	2.7	32.4
2		12	45	3.06	连续	2.1	25.2
3		10	100	3.02	连续	1.5	15.0
4	辅助孔	6	150	3.05	连续	1.5	9.0
5		5	200	3.05	连续	1.2	6.0
6		4	300	3.05	连续	0.9	3.6
7	二圈孔	25	500	3.05	连续	0.9	22.5
8	上抬孔	6	400	3.05	连续	1.2	7.2
9	周边孔	56	600	3.00	间隔	0.5	28.0
10	底板孔	10	700	3.10	连续	1.2	12.0

表 1.3-2　　　　　　　　国铁一级单洞单线铁路隧道Ⅲ级围岩爆破开挖综合参数

爆破断面面积/m²	总装药量/kg	雷管总数/个	单段最大药量/kg	炮孔总数/个	设计爆破进尺/m
67.0	160.9	100	32.4	146	3.0
总延时/ms	炮孔密度/（个/m³）	雷管单耗/（个/m³）	炸药单耗/（kg/m³）	导爆索量/m	周边孔线装药量/（kg/m）
700	0.73	0.50	0.80	200	0.18

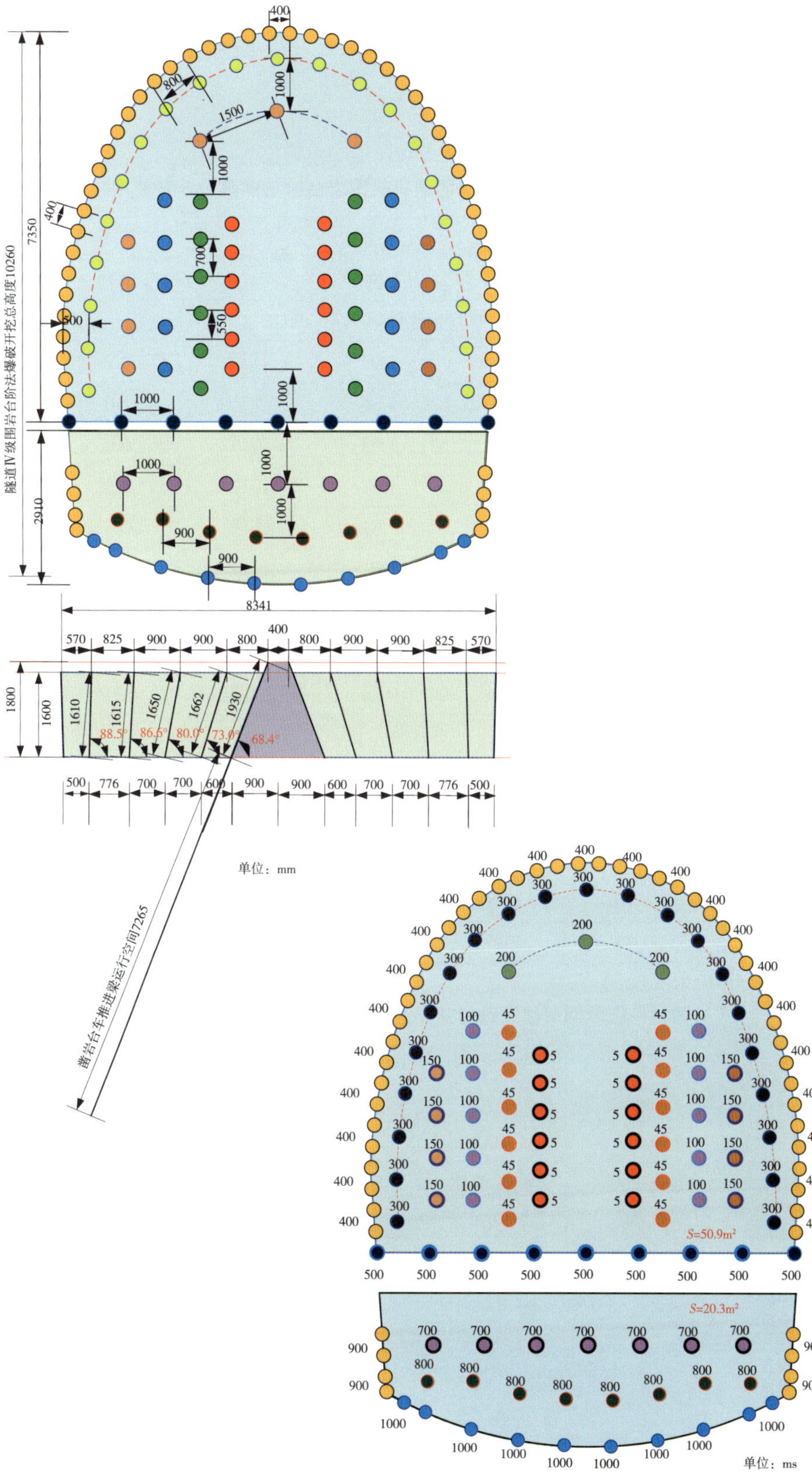

图 1.3-2　国铁一级单洞单线铁路隧道Ⅳ级围岩台阶法爆破设计

表 1.3-3 　　　　　国铁一级单洞单线铁路隧道Ⅳ级围岩台阶法爆破设计参数

序号	炮孔名称	孔数 /个	延时 /ms	孔深 /m	装药结构	装药量 /kg	
						单孔	段装药
上台阶							
1	掏槽孔	12	5	1.93	连续	1.2	14.4
2		12	45	1.66	连续	1.0	12.0
3		10	100	1.65	连续	0.9	9.0
4	辅助孔	8	150	1.61	连续	0.6	4.8
5		3	200	1.61	连续	0.6	1.8
6	二圈孔	21	300	1.61	连续	0.45	9.45
7	周边孔	46	400	1.61	间隔	0.3	13.8
8	底板孔	9	500	1.62	连续	0.6	5.4
小计		121	单耗	0.84	断面面积 /m²	50.9	70.65
下台阶							
9	上抬孔	7	700	2.0	连续	0.6	4.2
10	下抬孔	8	800	2.0	连续	0.8	6.4
11	周边孔	8	900	2.0	间隔	0.4	3.2
12	底板孔	10	1000	2.0	连续	0.6	6.0
小计		33	单耗	0.48	断面面积 /m²	20.3	19.8

表 1.3-4 　　　　　国铁一级单洞单线铁路隧道Ⅳ级围岩台阶法爆破开挖综合参数

爆破断面面积 /m²	总装药量 /kg	雷管总数 /个	单段最大药量 /kg	炮孔总数 /个	设计爆破进尺 /m
71.2	90.45	100	14.4	154	1.6
总延时 /ms	炮孔密度 /（个 /m³）	雷管单耗 /（个 /m³）	炸药单耗 /（kg/m³）	导爆索量 /m	周边孔线装药量 /（kg/m）
1000	1.35	0.88	0.79	100	0.2

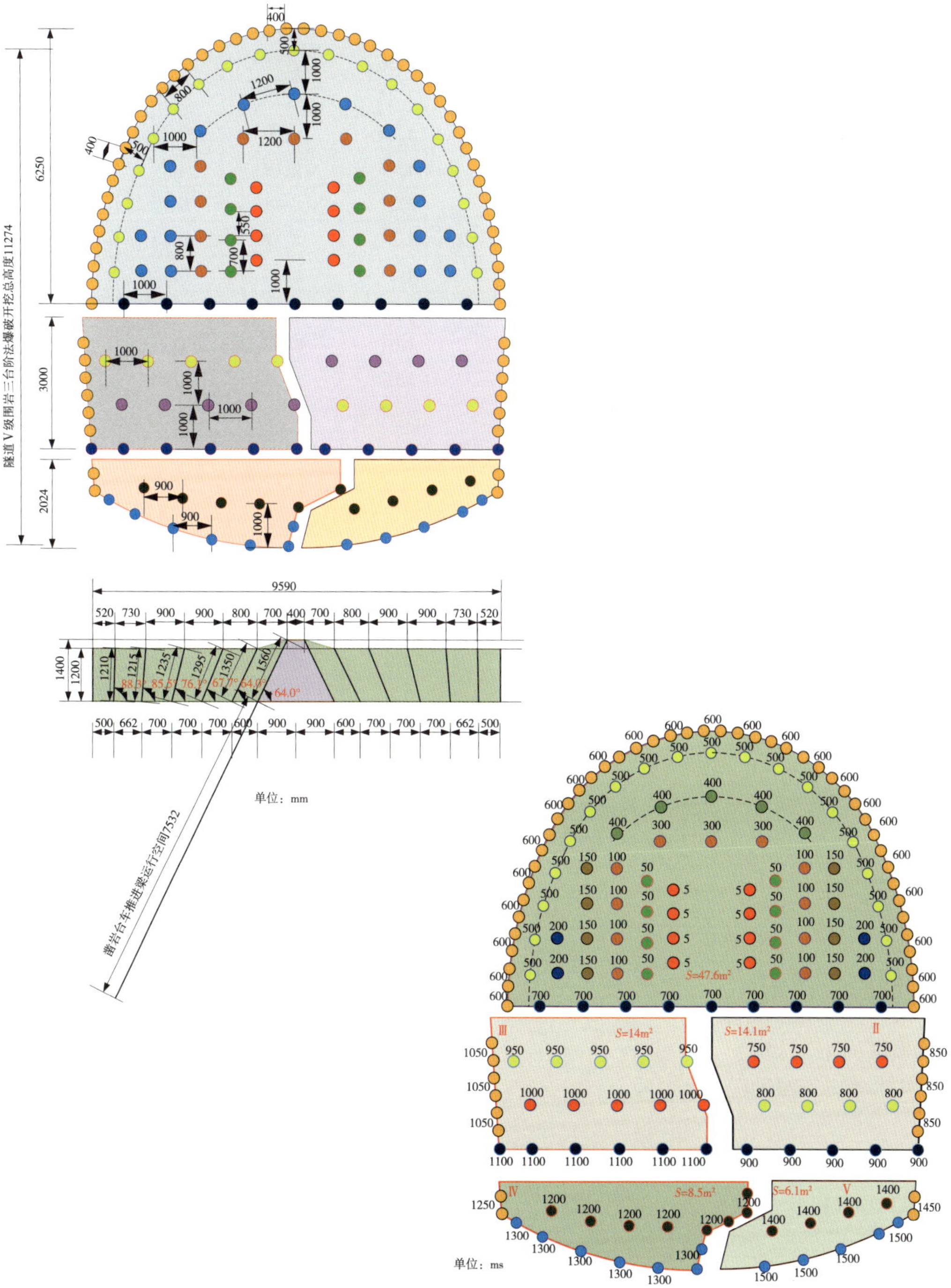

图 1.3-3　国铁一级单洞单线铁路隧道 V 级围岩三台阶法爆破设计

表 1.3-5   国铁一级单洞单线铁路隧道 V 级围岩三台阶法爆破设计参数

序号	炮孔名称	孔数/个	延时/ms	孔深/m	装药结构	装药量/kg 单孔	段装药
上台阶							
1	掏槽孔	8	5	1.56	连续	1.2	9.6
2		8	50	1.35	连续	1.0	8.0
3		8	100	1.29	连续	0.75	6.0
4		8	150	1.23	连续	0.6	4.8
5	辅助孔	4	200	1.21	连续	0.45	1.8
6		3	300	1.21	连续	0.45	1.35
7		5	400	1.21	连续	0.45	2.25
8	二圈孔	20	500	1.61	连续	0.3	6.0
9	周边孔	44	600	1.61	间隔	0.2	8.8
10	底板孔	9	700	1.62	连续	0.6	5.4
断面面积/m²	47.6	117		单耗	0.71		54.0
中台阶							
11	上抬孔 II	4	750	1.6	连续	0.6	2.4
12	下抬孔 II	4	800	1.6	连续	0.6	2.4
13	周边孔 II	6	850	1.6	间隔	0.2	1.2
14	底板孔 II	5	900	1.6	连续	0.6	3.0
15	上抬孔 III	5	950	1.6	连续	0.6	3.0
16	下抬孔 III	5	1000	1.6	连续	0.6	3.0
17	周边孔 III	6	1050	1.6	间隔	0.2	1.2
18	底板孔 III	6	1100	1.6	连续	0.6	3.6
断面面积/m²	28.1	41		单耗	0.44		19.8
下台阶							
19	上抬孔 IV	7	1200	1.6	连续	0.6	4.2
20	周边孔 IV	2	1250	1.6	间隔	0.2	0.4
21	底板孔 IV	7	1300	1.6	连续	0.6	4.2
22	上抬孔 V	4	1400	1.6	连续	0.6	2.4
23	周边孔 V	2	1450	1.6	间隔	0.2	0.4
24	底板孔 V	5	1500	1.6	连续	0.6	3.0
断面面积/m²	14.6	27		单耗	0.63		14.6
合计	90.3m²	185					88.4

表 1.3-6   国铁一级单洞单线铁路隧道 V 级围岩三台阶法爆破开挖综合参数

爆破断面面积/m²	总装药量/kg	雷管总数/个	单段最大药量/kg	炮孔总数/个	设计爆破进尺/m
90.3	88.4	150	9.6	185	1.6
总延时/ms	炮孔密度/（个/m³）	雷管单耗/（个/m³）	炸药单耗/（kg/m³）	导爆索量/m	周边孔线装药量/（kg/m）
1500	1.28	1.03	0.61	100	0.2

第4章　国铁一级单洞双线无砟铁路隧道爆破设计

国铁一级单洞双线无砟铁路隧道Ⅲ级围岩爆破设计见图1.4-1。国铁一级单洞双线无砟铁路隧道Ⅲ级围岩爆破设计参数见表1.4-1。国铁一级单洞双线无砟铁路隧道Ⅲ级围岩爆破开挖综合参数见表1.4-2。国铁一级单洞双线无砟铁路隧道Ⅳ级围岩台阶法爆破设计见图1.4-2。国铁一级单洞双线无砟铁路隧道Ⅳ级围岩台阶法爆破设计参数见表1.4-3。国铁一级单洞双线无砟铁路隧道Ⅳ级围岩台阶法爆破开挖综合参数见表1.4-4。国铁一级单洞双线无砟铁路隧道Ⅴ级围岩三台阶法爆破设计见图1.4-3。国铁一级单洞双线无砟铁路隧道Ⅴ级围岩三台阶法爆破设计参数见表1.4-5。国铁一级单洞双线无砟铁路隧道Ⅴ级围岩三台阶法爆破开挖综合参数见表1.4-6。

表 1.4-1　　国铁一级单洞双线无砟铁路隧道Ⅲ级围岩爆破设计参数

序号	炮孔名称	孔数/个	延时/ms	孔深/m	装药结构	装药量/kg 单孔	段装药
1	掏槽孔	16	5	4.95	连续	4.0	64.0
2		14	50	4.47	连续	3.2	44.8
3		14	100	4.18	连续	2.7	37.8
4	辅助孔	3	200	4.10	连续	2.0	6.0
5		5	300	4.08	连续	2.0	10.0
6		20	400	4.08	连续	1.8	36.0
7		23	500	4.08	连续	1.8	41.4
8	上抬孔	11	700	4.08	连续	1.8	19.8
9	二圈孔	32	600	4.08	连续	1.5	48.0
10	周边孔	68	800	4.05	间隔	0.9	61.2
11	底板孔	17	900	4.10	连续	2.0	34.0
12	空孔	8					403.0

表 1.4-2　　国铁一级单洞双线无砟铁路隧道Ⅲ级围岩爆破开挖综合参数

爆破断面面积/m²	总装药量/kg	雷管总数/个	单段最大药量/kg	炮孔总数/个	设计爆破进尺/m
141.7	403.0	180	64.0	223	4.0
总延时/ms	炮孔密度/(个/m³)	雷管单耗/(个/m³)	炸药单耗/(kg/m³)	导爆索量/m	周边孔线装药量/(kg/m)
900	0.39	0.32	0.71	350	0.2

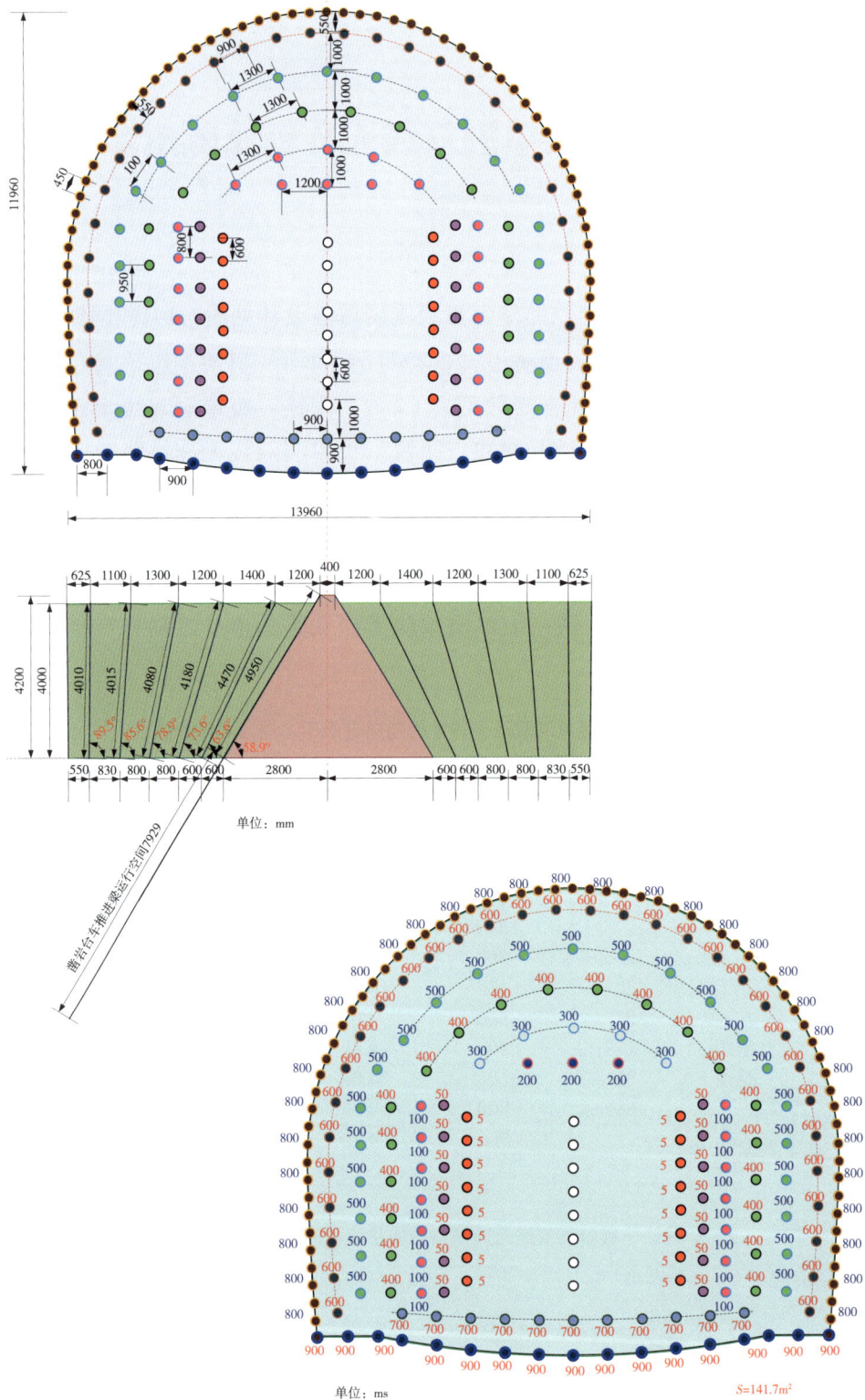

图 1.4-1　国铁一级单洞双线无砟铁路隧道Ⅲ级围岩爆破设计

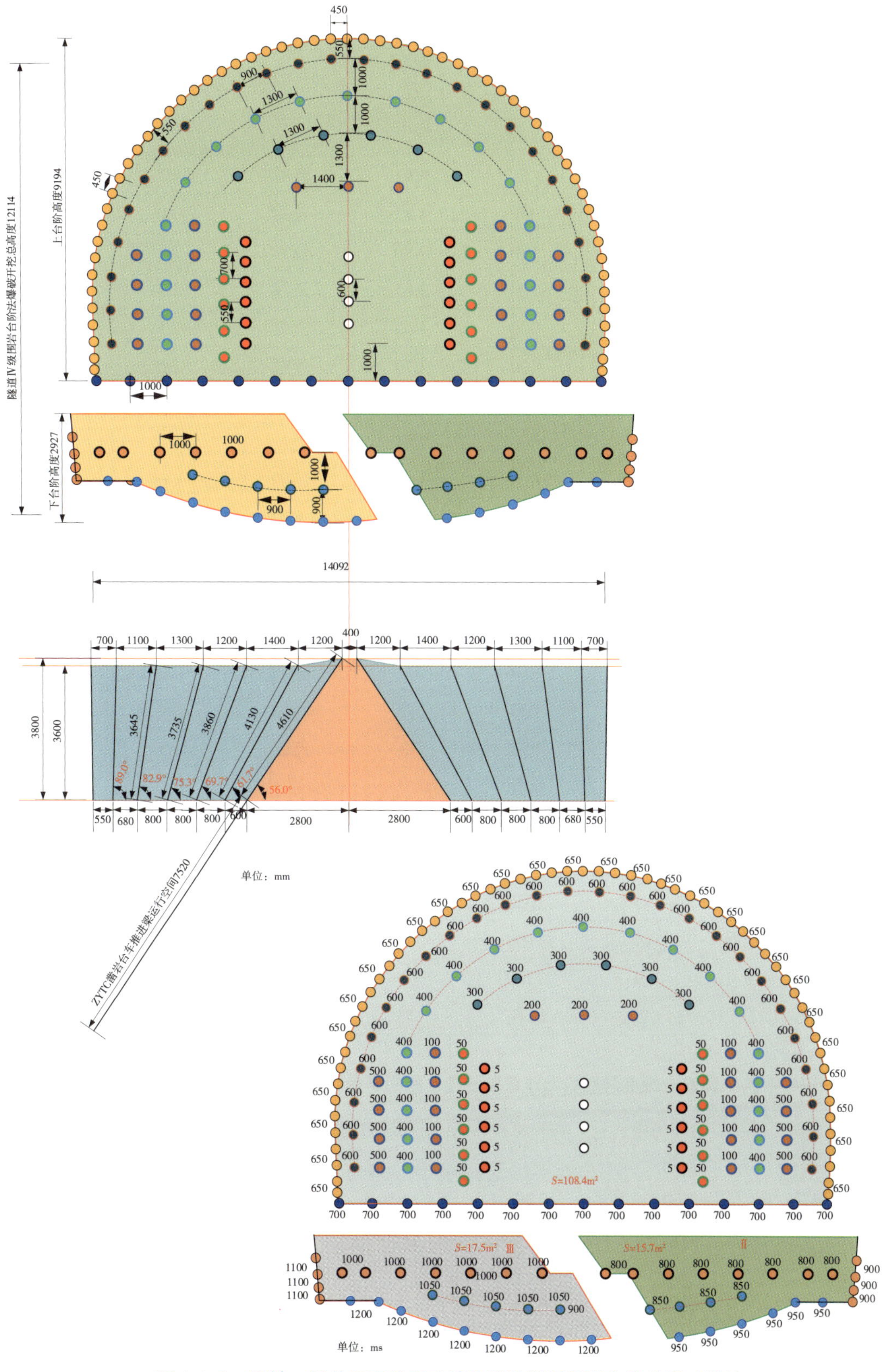

图 1.4-2　国铁一级单洞双线无砟铁路隧道Ⅳ级围岩台阶法爆破设计

表 1.4-3　　　　国铁一级单洞双线无砟铁路隧道Ⅳ级围岩台阶法爆破设计参数

序号	炮孔名称	孔数/个	延时/ms	孔深/m	装药结构	装药量/kg	
						单孔	段装药
上台阶							
1	掏槽孔	12	5	4.61	连续	4.2	50.4
2		12	50	4.13	连续	3.0	36.0
3		10	100	3.86	连续	2.7	27.0
4	辅助孔	3	200	3.65	连续	2.4	7.2
5		6	300	3.65	连续	2.1	12.6
6		19	400	3.70	连续	1.5	28.5
7		8	500	3.65	连续	1.5	12.0
8	二圈孔	26	600	3.65	连续	1.0	26.0
9	周边孔	59	650	3.60	间隔	0.45	26.6
10	底板孔	15	700	3.70	连续	1.5	22.5
小计		170	单耗	0.64	断面面积/m²	108.4	248.8
下台阶Ⅱ部							
11	上抬孔	8	800	3.0	连续	1.2	9.6
12	下抬孔	4	850	3.0	连续	0.9	3.6
13	周边孔	4	900	3.0	间隔	0.4	1.6
14	底板孔	6	950	3.2	连续	1.5	9.0
小计		22	单耗	0.51	断面面积/m²	15.7	23.8
下台阶Ⅲ部							
15	上抬孔	7	1000	3.0	连续	1.2	8.4
16	下抬孔	5	1050	3.0	连续	0.9	4.5
17	周边孔	4	1100	3.0	间隔	0.4	1.6
18	底板孔	9	1200	3.3	连续	1.5	13.5
小计		25	单耗	0.53	断面面积/m²	17.5	28.0

表 1.4-4　　　　国铁一级单洞双线无砟铁路隧道Ⅳ级围岩台阶法爆破开挖综合参数

爆破断面面积/m²	总装药量/kg	雷管总数/个	单段最大药量/kg	炮孔总数/个	设计爆破进尺/m
141.6	300.6	180	50.4	217	3.6
总延时/ms	炮孔密度/（个/m³）	雷管单耗/（个/m³）	炸药单耗/（kg/m³）	导爆索量/m	周边孔线装药量/（kg/m）
1200	0.44	0.37	0.61	250	0.2

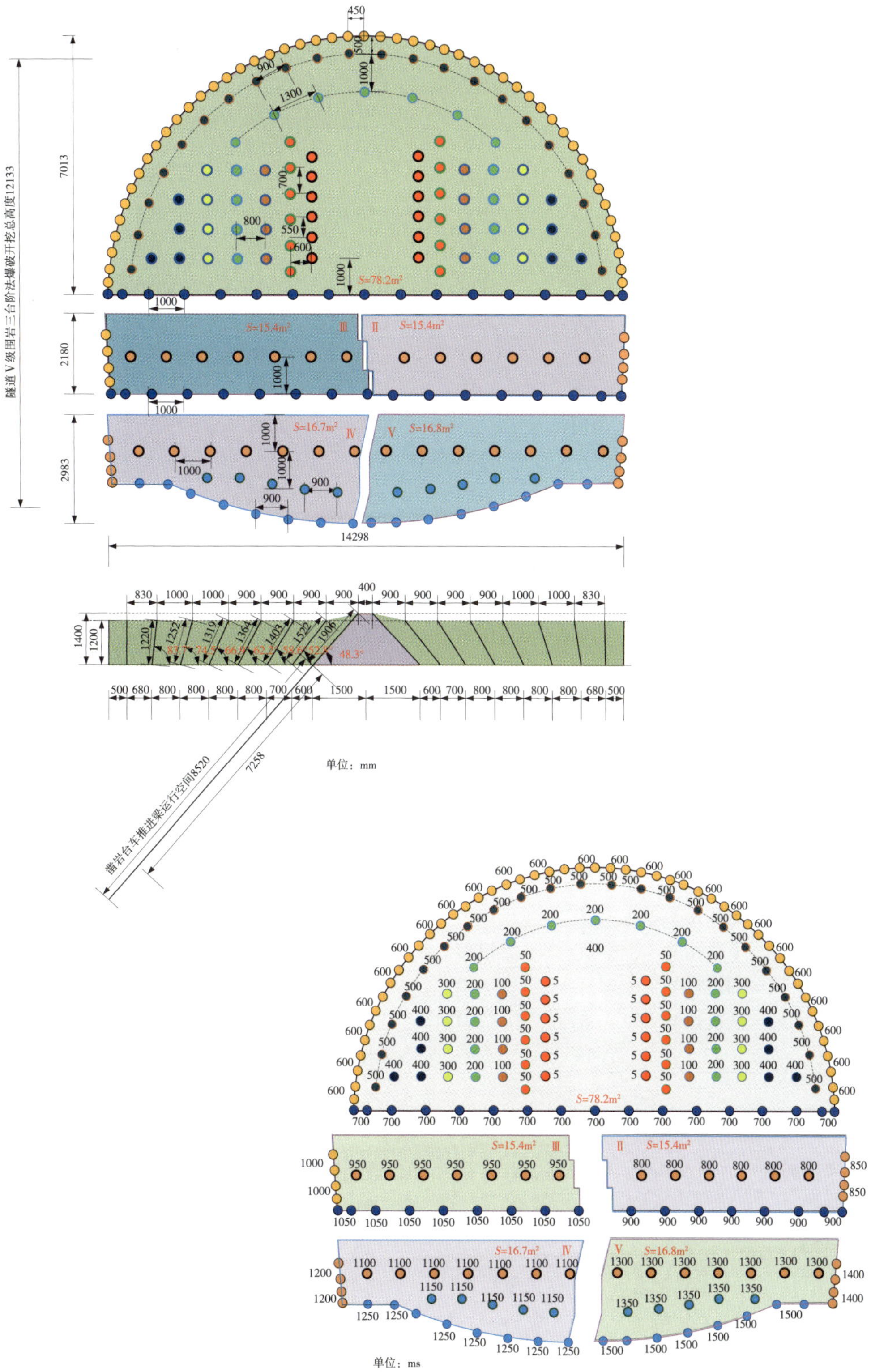

单位：mm

单位：ms

图 1.4-3　国铁一级单洞双线无砟铁路隧道 V 级围岩三台阶法爆破设计

表 1.4-5 　　　　国铁一级单洞双线无砟铁路隧道Ⅴ级围岩三台阶法爆破设计参数

序号	炮孔名称	孔数 /个	延时 /ms	孔深 /m	装药结构	装药量 /kg	
						单孔	段装药
1	掏槽孔	12	5	1.91	连续	1.5	18.0
2		12	50	1.52	连续	1.2	14.4
3		8	100	1.41	连续	0.9	7.2
4	辅助孔	15	200	1.36	连续	0.6	9.0
5		8	300	1.31	连续	0.5	4.0
6		8	400	1.25	连续	0.5	4.0
7	二圈孔	22	500	1.20	连续	0.5	11.0
8	周边孔	49	600	1.20	间隔	0.2	9.8
9	底板孔	17	700	1.22	连续	0.6	10.2
断面面积 /m²	78.2	151		单耗	0.93		87.6
中台阶							
10	上抬孔Ⅱ	6	800	1.6	连续	0.5	3.0
11	周边孔Ⅱ	4	850	1.6	间隔	0.3	1.2
12	底板孔Ⅱ	8	900	1.6	连续	0.5	4.0
13	上抬孔Ⅲ	7	950	1.6	连续	0.5	3.5
14	周边孔Ⅲ	4	1000	1.6	间隔	0.3	1.2
15	底板孔Ⅲ	9	1050	1.6	连续	0.6	3.6
断面面积 /m²	30.8	38		单耗	0.33		16.5
下台阶							
16	上抬孔Ⅳ	7	1100	1.6	连续	0.6	4.2
17	下抬孔Ⅳ	5	1150	1.6	连续	0.6	3.0
18	周边孔Ⅳ	4	1200	1.6	间隔	0.3	1.2
19	底板孔Ⅳ	8	1250	1.6	连续	0.9	7.2
20	上抬孔Ⅴ	7	1300	1.6	连续	0.6	4.2
21	下抬孔Ⅴ	5	1350	1.6	连续	0.6	3.0
22	周边孔Ⅴ	4	1400	1.6	间隔	0.3	1.2
23	底板孔Ⅴ	8	1500	1.6	连续	0.9	7.2
断面面积 /m²	33.5	48		单耗	0.58		31.2

表 1.4-6 　　　　国铁一级单洞双线无砟铁路隧道Ⅴ级围岩三台阶法爆破开挖综合参数

爆破断面面积 /m²	总装药量 /kg	雷管总数 /个	单段最大药量 /kg	炮孔总数 /个	设计爆破进尺 /m
142.5	135.3	190	18	237	1.2
总延时 /ms	炮孔密度 /（个/m³）	雷管单耗 /（个/m³）	炸药单耗 /（kg/m³）	导爆索量 /m	周边孔线装药量 /（kg/m）
1500	1.20	0.97	0.79	100	0.2

02

第2篇

铁路动车与高铁隧道爆破设计

第1章　动车250时速单洞单线铁路隧道爆破设计

动车单洞单线铁路隧道爆破设计的特点

动车，全称动力车辆，是指轨道交通系统中装有动力装置的车辆，包括机车和动力车厢两大类。动车装配有驱动装置，而与之相对应的无驱动装置车辆就是拖车。列车要能在轨道上正常运行，就必须有动车为整列火车提供足够的牵引力，但是可以不挂没有动力的拖车。不仅高速列车中有动车，所有火车类型的交通工具（包括常速动车组、普速列车、地铁列车、轻轨列车、单轨列车、磁悬浮列车等）中都有动车。在中国，时速达到200km或以上，并使用CRH和谐号的列车被称为"动车组"。中国的动车组列车分为三大级别：高速动车组（时速250km及以上，标号G，主要对应高速铁路）；一般动车组或中速动车组（标号D，时速160km或200km，主要对应快速铁路）、低速动车组（南车青岛四方机车车辆股份有限公司把技术能力下延而研究出的动车组，时速140km，以适应城市轻轨）。

动车隧道的净空尺寸应满足《铁路隧道设计规范》（TB 10003—2016）的要求。在通常情况下，单线动车隧道净空宽度不小于7.5m，高度不小于6.5m，隧道净空有效面积不小于58m^2。

动车单洞单线铁路隧道采用凿岩台车钻爆施工，爆破设计有以下特点。

（1）隧道掌子面断面较小，一般采用两臂凿岩台车或双曲臂凿岩台车进行施工。

（2）隧道Ⅱ、Ⅲ级围岩一般采用全断面法施工，Ⅲ、Ⅳ、Ⅴ级围岩一般采用台阶法施工。

（3）采用楔形掏槽模式，全断面工法施工进尺为3.0~4.0m，台阶法工法施工进尺控制在2.0m左右。

（4）原则上Ⅴ级及以上围岩不采用凿岩台车进行施工。

动车250时速单洞单线铁路隧道Ⅲ级围岩爆破设计见图2.1–1。

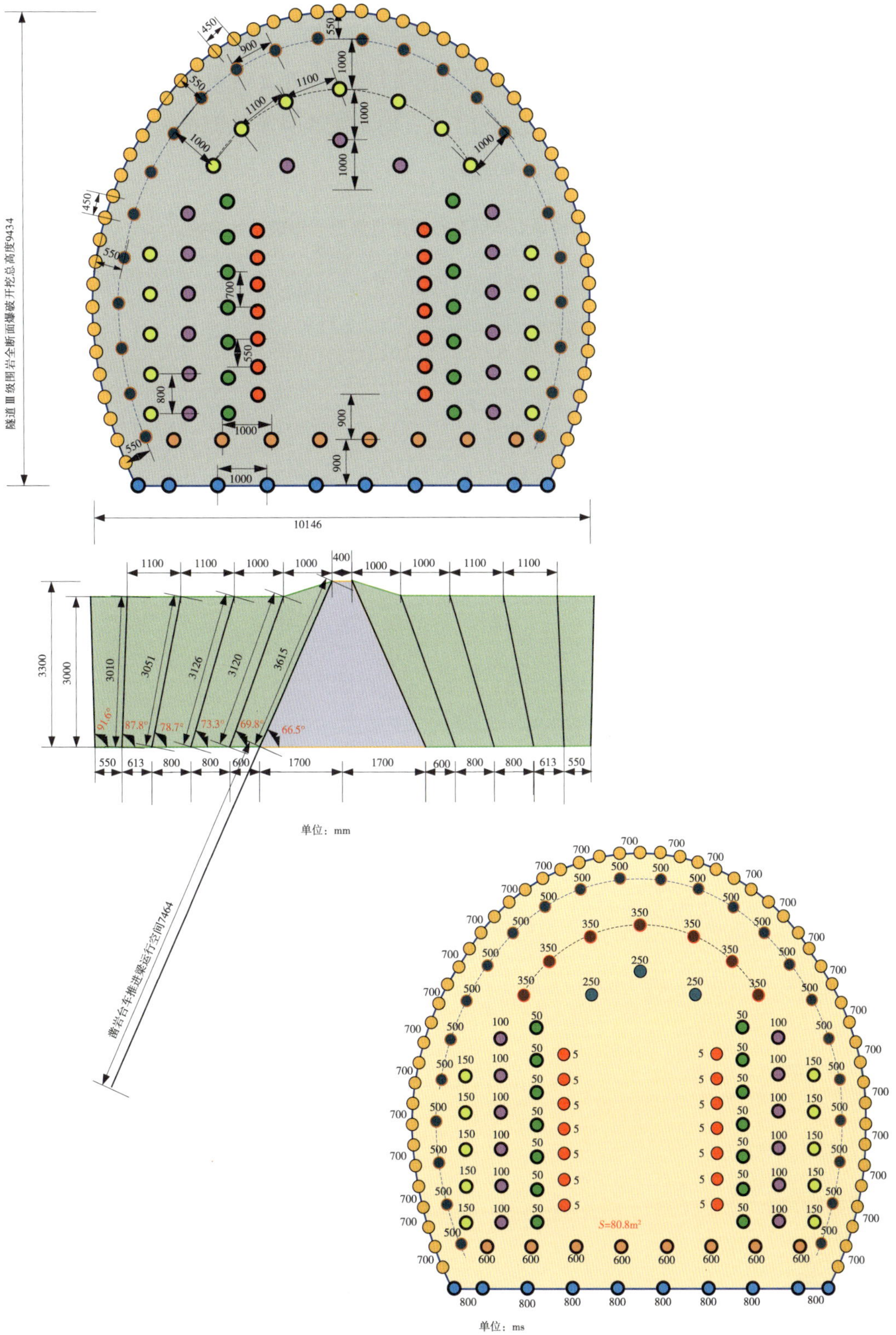

图 2.1-1　动车 250 时速单洞单线铁路隧道 Ⅲ 级围岩爆破设计

动车 250 时速单洞单线铁路隧道Ⅲ级围岩爆破设计参数见表 2.1-1。动车 250 时速单洞单线铁路隧道Ⅲ级围岩爆破开挖综合参数见表 2.1-2。动车 250 时速单洞单线铁路隧道Ⅳ级围岩台阶法爆破设计见图 2.1-2。动车 250 时速单洞单线铁路隧道Ⅳ级围岩台阶法爆破设计参数见表 2.1-3。动车 250 时速单洞单线铁路隧道Ⅳ级围岩台阶法爆破开挖综合参数见表 2.1-4。

表 2.1-1　　　　　　动车 250 时速单洞单线铁路隧道Ⅲ级围岩爆破设计参数

序号	炮孔名称	孔数 /个	延时 /ms	孔深 /m	装药结构	装药量 /kg	
						单孔	段装药
1	掏槽孔	14	5	3.62	连续	2.7	37.8
2		14	50	3.21	连续	2.1	29.4
3		12	100	3.13	连续	1.5	18.0
4	辅助孔	10	150	3.05	连续	1.2	12.0
5		3	250	3.05	连续	1.2	3.6
6		7	350	3.05	连续	0.9	6.3
7	二圈孔	24	500	3.10	连续	0.9	21.6
8	上抬孔	8	600	3.05	连续	0.9	7.2
9	周边孔	53	700	3.00	间隔	0.5	26.5
10	底板孔	10	800	3.10	连续	0.9	9.0

表 2.1-2　　　　　　动车 250 时速单洞单线铁路隧道Ⅲ级围岩爆破开挖综合参数

爆破断面面积 /m²	总装药量 /kg	雷管总数 /个	单段最大药量 /kg	炮孔总数 /个	设计爆破进尺 /m
80.8	171.4	110	37.8	155	3.0
总延时 /ms	炮孔密度 /（个 /m³）	雷管单耗 /（个 /m³）	炸药单耗 /（kg/m³）	导爆索量 /m	周边孔线装药量 /（kg/m）
800	0.64	0.43	0.71	200	0.2

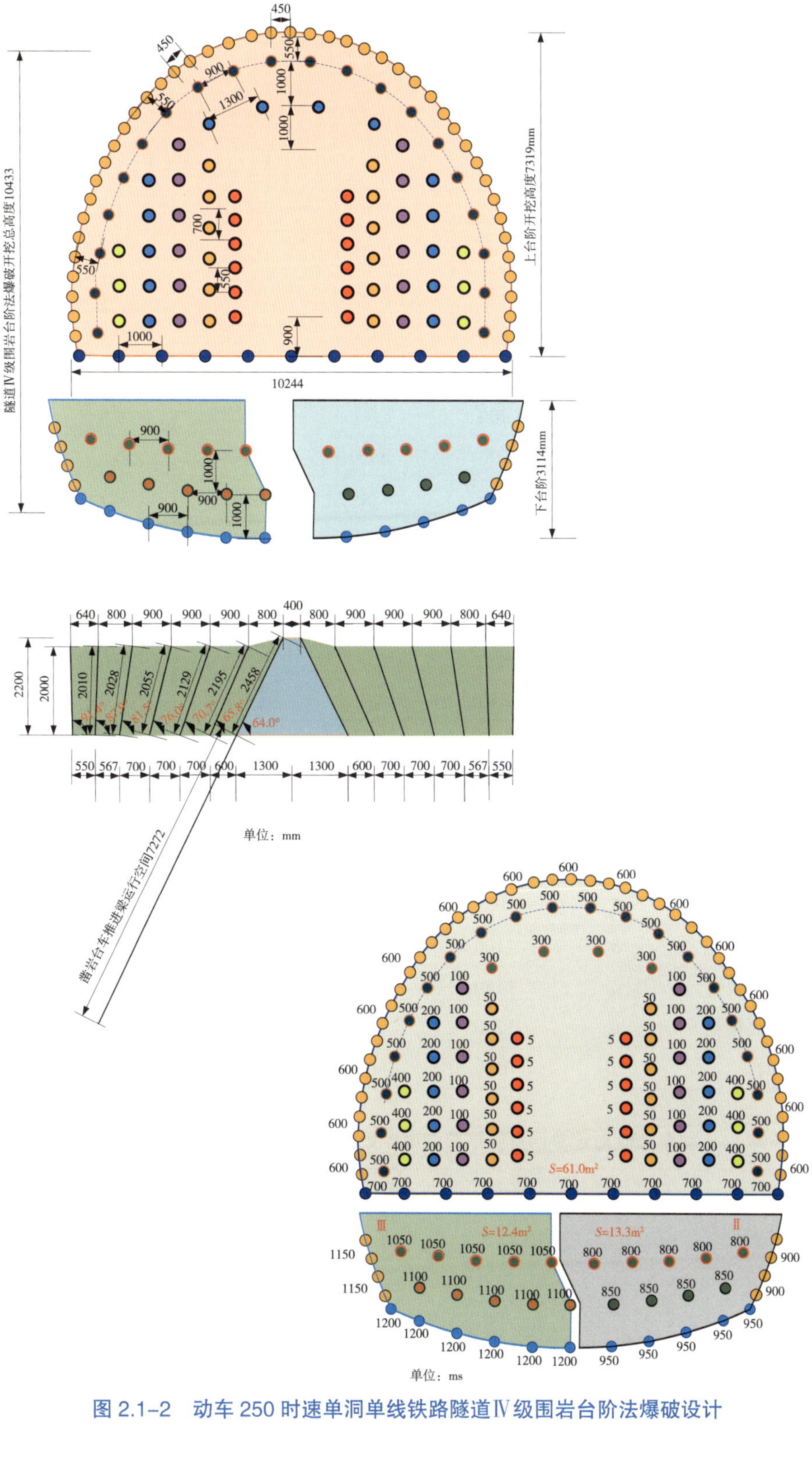

图 2.1-2　动车 250 时速单洞单线铁路隧道Ⅳ级围岩台阶法爆破设计

表 2.1-3　　　　动车 250 时速单洞单线铁路隧道Ⅳ级围岩台阶法爆破设计参数

序号	炮孔名称	孔数 /个	延时 /ms	孔深 /m	装药结构	装药量 /kg	
						单孔	段装药
上台阶							
1	掏槽孔	12	5	2.46	连续	1.8	21.6
2		12	50	2.20	连续	1.2	14.4
3		12	100	2.13	连续	0.9	10.8
4	辅助孔	10	200	2.06	连续	0.8	8.0
5		4	300	2.06	连续	0.8	3.2
6		6	400	2.06	连续	0.6	3.6
7	二圈孔	20	500	2.03	连续	0.6	12.0
8	周边孔	43	600	2.00	间隔	0.3	12.9
9	底板孔	11	700	2.10	连续	0.7	7.7
小计		130	单耗	0.77	断面面积 /m²	61.0	94.2
下台阶Ⅱ部							
10	上抬孔	5	800	2.0	连续	0.6	3.0
11	下抬孔	4	850	2.0	连续	0.9	3.6
12	周边孔	4	900	2.0	间隔	0.3	1.2
13	底板孔	5	950	2.1	连续	1.2	6.0
小计		18	单耗	0.51	断面面积 /m²	13.3	13.8
下台阶Ⅲ部							
14	上抬孔	5	1050	2.0	连续	0.6	3.0
15	下抬孔	5	1100	2.0	连续	0.9	4.5
16	周边孔	4	1150	2.0	间隔	0.3	1.2
17	底板孔	6	1200	2.1	连续	1.2	7.2
小计		20	单耗	0.64	断面面积 /m²	12.4	15.9

表 2.1-4　　　　动车 250 时速单洞单线铁路隧道Ⅳ级围岩台阶法爆破开挖综合参数

爆破断面面积 /m²	总装药量 /kg	雷管总数 /个	单段最大药量 /kg	炮孔总数 /个	设计爆破进尺 /m
86.7	123.9	150	21.6	168	2.0
总延时 /ms	炮孔密度 / (个 /m³)	雷管单耗 / (个 /m³)	炸药单耗 / (kg/m³)	导爆索量 /m	周边孔线装药量 / (kg/m)
1200	0.96	0.86	0.71	150	0.2

第 2 章　动车250时速单洞双线铁路隧道爆破设计

动车单洞双线铁路隧道凿岩台车爆破设计特点

动车隧道的净空尺寸应满足《铁路隧道设计规范》（TB 10003—2016）的要求。在通常情况下，双线动车隧道净空宽度不小于14m，高度不小于8m，隧道净空有效面积不小于90m²。对于凿岩台车而言，动车单洞双线铁路隧道的爆破开挖非常适合用三臂凿岩台车钻爆施工。

单洞双线铁路隧道的爆破开挖相对于单洞单线铁路隧道的爆破开挖有以下特点。

（1）对于Ⅱ、Ⅲ级以上的隧道围岩采用凿岩台车钻爆施工，一般采用全断面法进行爆破设计，充分利用凿岩台车推进梁的优势，采用大楔形掏槽，一次可以取得较大的爆破进尺，隧道的爆破开挖进尺一般设计为 3.6~4.2m。

（2）由于采用大楔形掏槽模式，因此掏槽部位布孔数量相对较少，为了减少掏槽部分的大块率，可采用中部钻凿解炮孔的方式。

（3）采用光面爆破技术进行爆破开挖，严格控制周边孔的炮孔间距，控制二圈孔的炮孔间距，控制周边孔单孔装药量并采用间隔装药。

（4）对于凿岩台车设备的专业性要求，在采用台阶法进行爆破设计时，要注意上台阶的高度不小于 6.0m，这样利于设备发挥效能。

（5）隧道爆破延时设计掏槽孔的延时时间以小于30ms 为宜，辅助孔爆破延时时间为 50~100ms，如果周边孔的孔数较多，也可以采用对称分段延时爆破。

动车 250 时速单洞双线铁路隧道Ⅲ级围岩全断面法爆破设计见图 2.2-1。动车 250 时速单洞双线铁路隧道Ⅲ级围岩全断面法爆破设计参数见表 2.2-1。动车 250 时速单洞双线铁路隧道Ⅲ级围岩全断面法爆破开挖综合参数见表 2.2-2。动车 250 时速单洞双线铁路隧道Ⅳ级围岩台阶法爆破设计见图 2.2-2。动车 250 时速单洞双线铁路隧道Ⅳ级围岩台阶法爆破设计参数见表 2.2-3。动车 250 时速单洞双线铁路隧道Ⅳ级围岩台阶法爆破开挖综合参数见表 2.2-4。

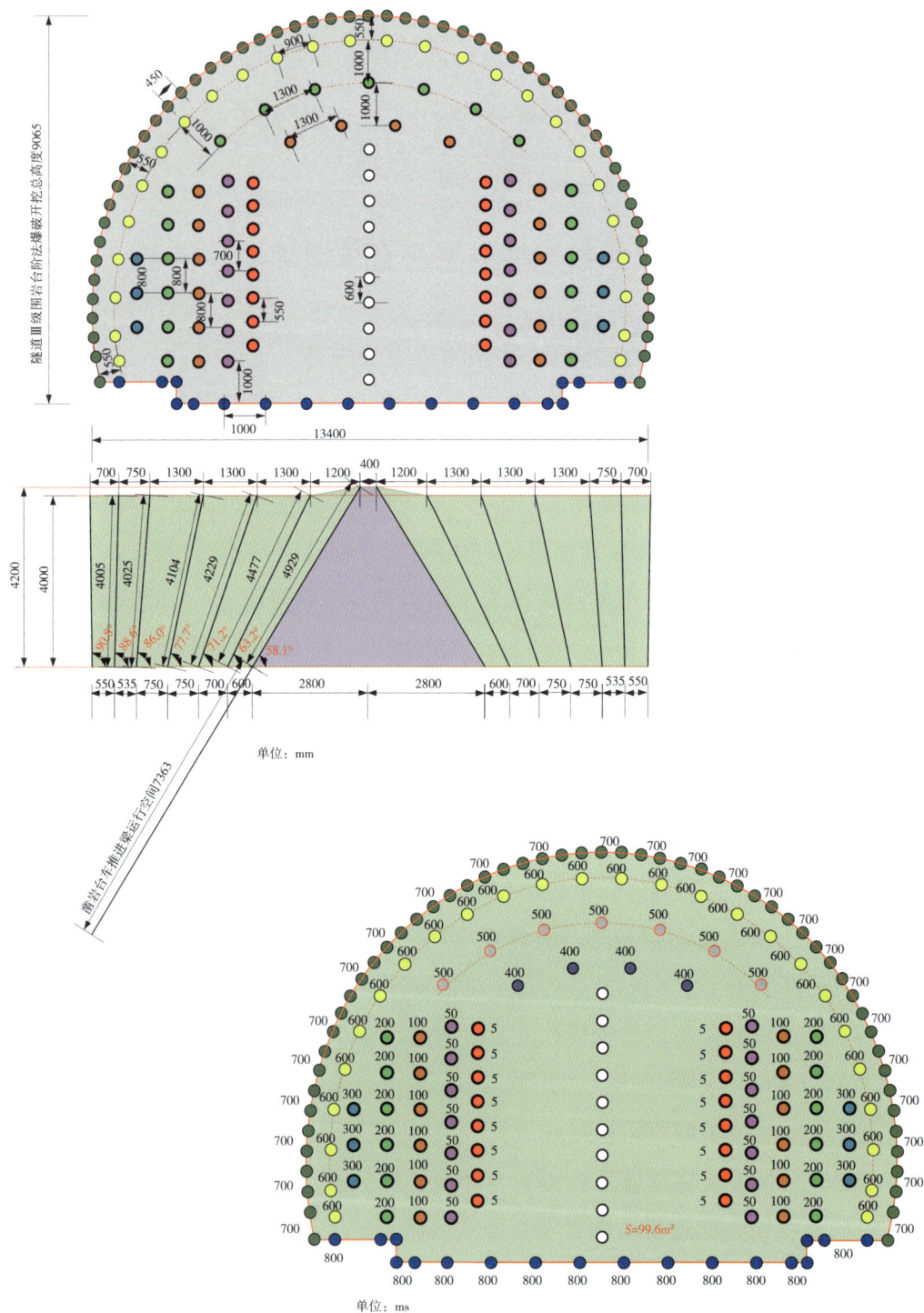

单位：mm

单位：ms

图 2.2-1　动车 250 时速单洞双线铁路隧道 Ⅲ 级围岩全断面法爆破设计

表 2.2-1　　　　　动车 250 时速单洞双线铁路隧道Ⅲ级围岩全断面法爆破设计参数

序号	炮孔名称	孔数 /个	延时 /ms	孔深 /m	装药结构	装药量 /kg	
						单孔	段装药
1	掏槽孔	16	5	4.93	连续	3.0	48.0
2		14	50	4.48	连续	2.7	37.8
3		12	100	4.23	连续	2.1	25.2
4	辅助孔	12	200	4.12	连续	1.8	21.6
5		6	300	4.06	连续	1.8	10.8
6		4	400	4.06	连续	1.5	6.0
7		7	500	4.06	连续	1.5	10.5
8	二圈孔	26	600	4.02	连续	1.2	31.2
9	周边孔	55	700	4.00	间隔	0.8	44.0
10	底板孔	18	800	4.10	连续	0.6	10.8

表 2.2-2　　　　　动车 250 时速单洞双线铁路隧道Ⅲ级围岩全断面法爆破开挖综合参数

爆破断面面积 /m²	总装药量 /kg	雷管总数 /个	单段最大药量 /kg	炮孔总数 /个	设计爆破进尺 /m
99.6	245.9	130	48.0	170	4.0
总延时 /ms	炮孔密度 /（个/m³）	雷管单耗 /（个/m³）	炸药单耗 /（kg/m³）	导爆索量 /m	周边孔线装药量 /（kg/m）
800	0.43	0.33	0.62	150	0.2

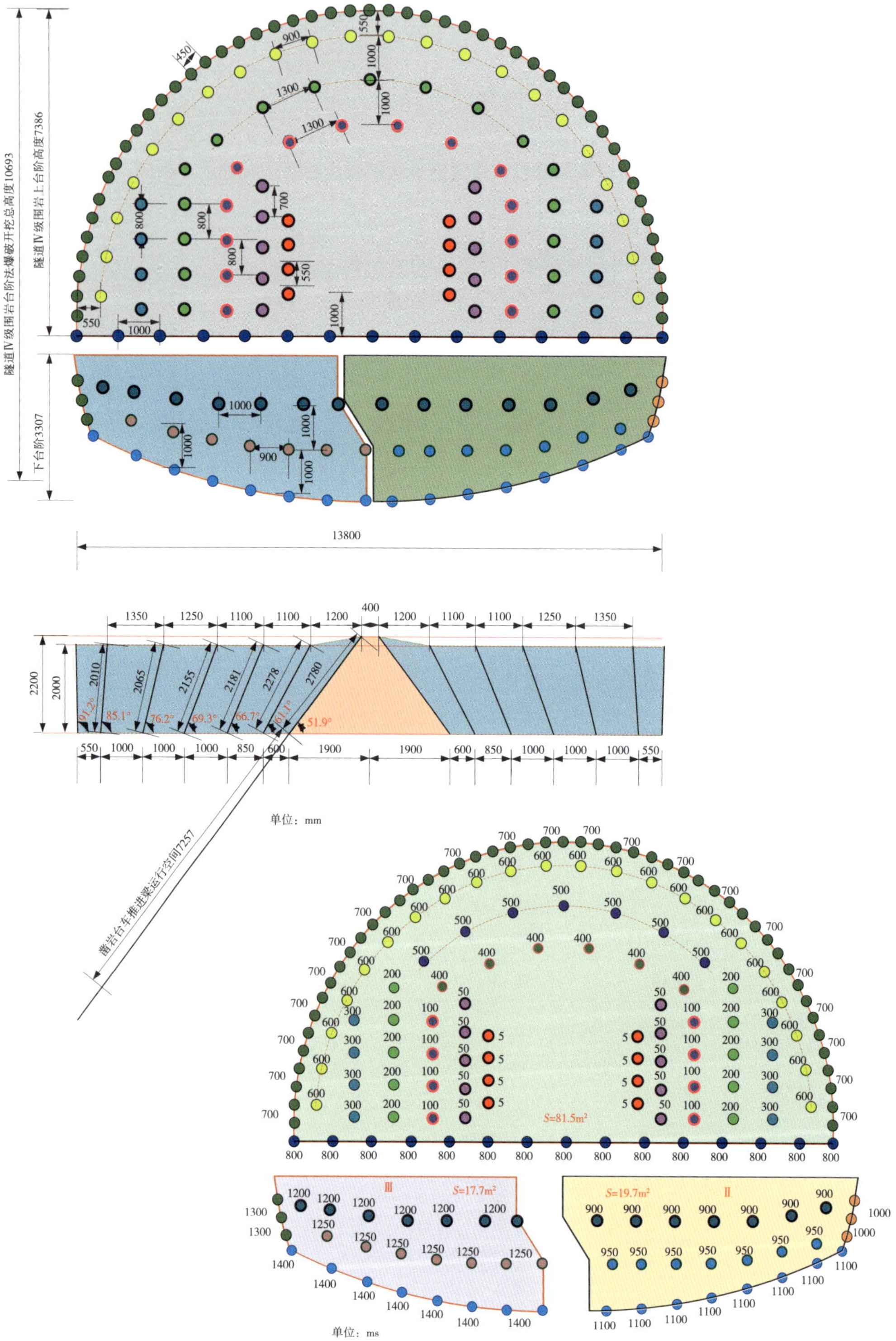

图 2.2-2　动车 250 时速单洞双线铁路隧道Ⅳ级围岩台阶法爆破设计

单位：mm

单位：ms

表 2.2-3　　　　　动车 250 时速单洞双线铁路隧道 Ⅳ 级围岩台阶法爆破设计参数

序号	炮孔名称	孔数 /个	延时 /ms	孔深 /m	装药结构	装药量 /kg	
						单孔	段装药
上台阶							
1	掏槽孔	8	5	2.78	连续	1.5	12.0
2		10	50	2.27	连续	1.2	12.0
3		8	100	2.18	连续	0.9	7.2
4	辅助孔	10	200	2.16	连续	0.8	8.0
5		8	300	2.06	连续	0.8	6.4
6		6	400	2.06	连续	0.6	3.6
7		7	500	2.06	连续	0.6	4.2
8	二圈孔	22	600	2.06	连续	0.6	13.2
9	周边孔	49	700	2.00	间隔	0.3	14.7
10	底板孔	15	800	2.10	连续	0.7	10.5
小计		143	单耗	0.56	断面面积 /m^2	81.5	91.8
下台阶 Ⅱ 部							
11	上抬孔	7	900	2.0	连续	0.6	4.2
12	下抬孔	7	950	2.0	连续	0.9	4.2
13	周边孔	3	1000	2.0	间隔	0.4	1.2
14	底板孔	8	1100	2.1	连续	1.2	9.6
小计		25	单耗	0.49	断面面积 /m^2	19.7	19.2
下台阶 Ⅲ 部							
15	上抬孔	7	1200	2.0	连续	0.6	4.2
16	下抬孔	7	1250	2.0	连续	0.9	4.2
17	周边孔	3	1300	2.0	间隔	0.4	1.2
18	底板孔	8	1400	2.1	连续	1.2	9.6
小计		25	单耗	0.54	断面面积 /m^2	17.7	19.2

表 2.2-4　　　动车 250 时速单洞双线铁路隧道 Ⅳ 级围岩台阶法爆破开挖综合参数

爆破断面面积 /m^2	总装药量 /kg	雷管总数 /个	单段最大药量 /kg	炮孔总数 /个	设计爆破进尺 /m
118.9	130.2	150	14.7	193	2.0
总延时 /ms	炮孔密度 /（个 /m^3）	雷管单耗 /（个 /m^3）	炸药单耗 /（kg/m^3）	导爆索量 /m	周边孔线装药量 /（kg/m）
1400	0.81	0.63	0.55	150	0.2

第3章 动车辅助通道爆破设计

动车250时速单洞双线铁路隧道Ⅲ级围岩平导洞爆破设计见图2.3-1。动车250时速单洞双线铁路隧道Ⅲ级围岩平导洞爆破设计参数见表2.3-1。动车250时速单洞双线铁路隧道Ⅲ级围岩平导洞爆破开挖综合参数见表2.3-2。动车250时速单洞双线铁路横通道爆破设计见图2.3-2。动车250时速单洞双线铁路横通道爆破设计参数见表2.3-3。动车250时速单洞双线铁路横通道爆破开挖综合参数见表2.3-4。

表2.3-1　　　动车250时速单洞双线铁路隧道Ⅲ级围岩平导洞爆破设计参数

序号	炮孔名称	孔数/个	延时/ms	孔深/m	装药结构	装药量/kg	
						单孔	段装药
1	掏槽孔	12	5	2.16	连续	1.8	21.6
2		12	50	3.39	连续	3.0	36.0
3	辅助孔	12	100	3.09	连续	1.5	18.0
4		3	200	3.09	连续	1.5	4.5
5	二圈孔	18	300	3.01	连续	0.9	16.2
6	周边孔	41	400	3.01	间隔	0.6	24.6
7	底板孔	13	500	3.10	连续	1.2	15.6

表2.3-2　　　动车250时速单洞双线铁路隧道Ⅲ级围岩平导洞爆破开挖综合参数

爆破断面面积/m²	总装药量/kg	雷管总数/个	单段最大药量/kg	炮孔总数/个	设计爆破进尺/m
47.1	136.5	80	36.0	111	3.0
总延时/ms	炮孔密度/(个/m³)	雷管单耗/(个/m³)	炸药单耗/(kg/m³)	导爆索量/m	周边孔线装药量/(kg/m)
500	0.78	0.56	0.97	150	0.2

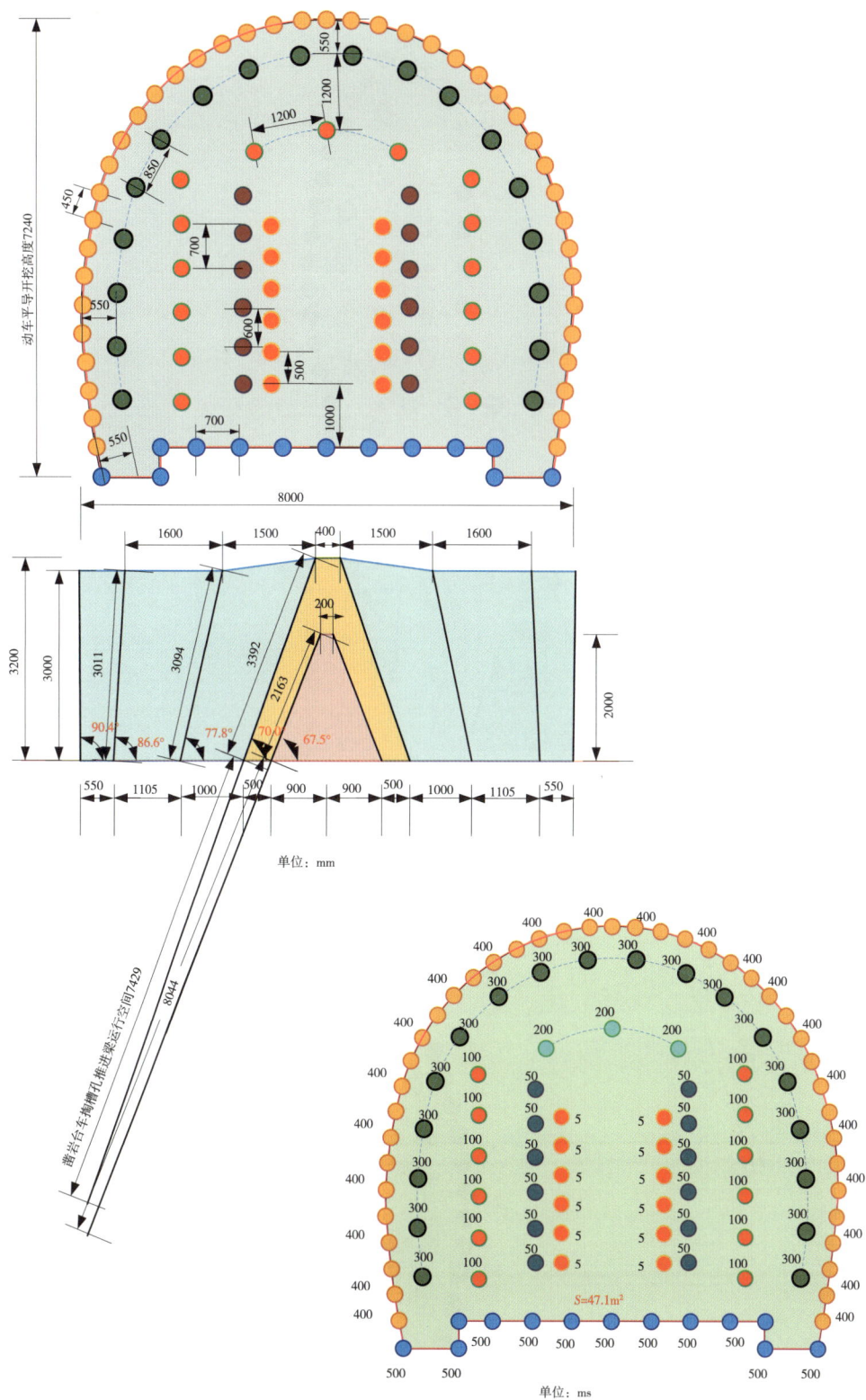

图 2.3-1　动车 250 时速单洞双线铁路隧道 Ⅲ 级围岩平导洞爆破设计

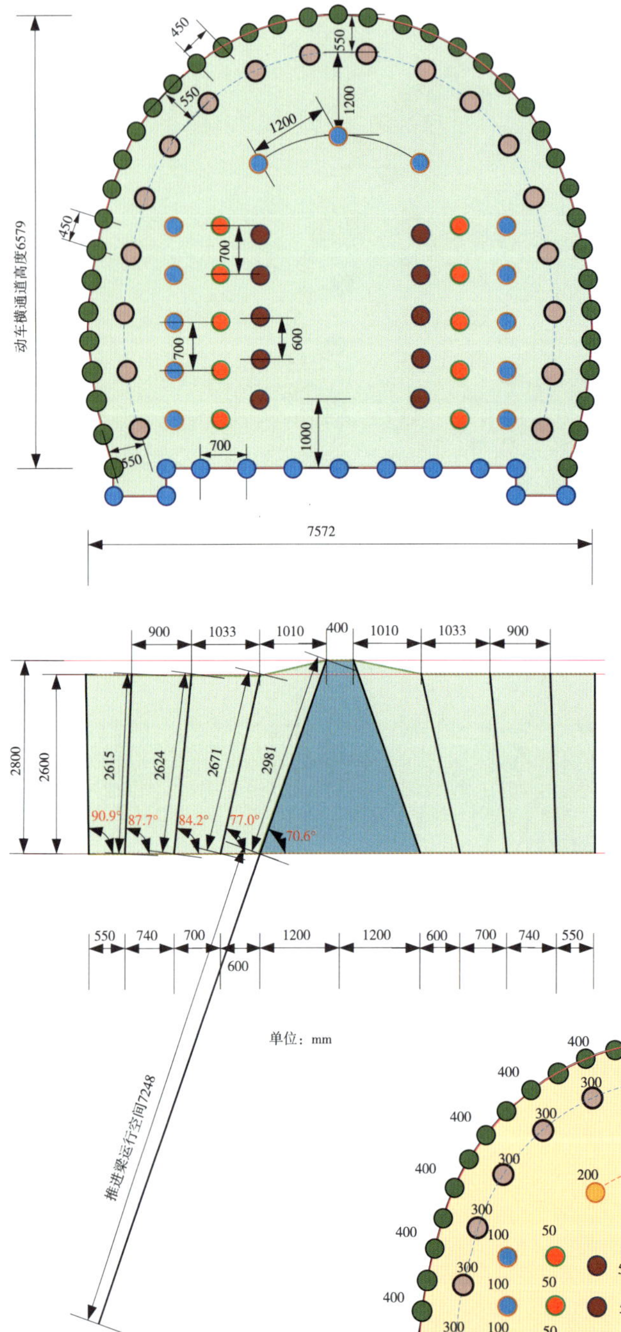

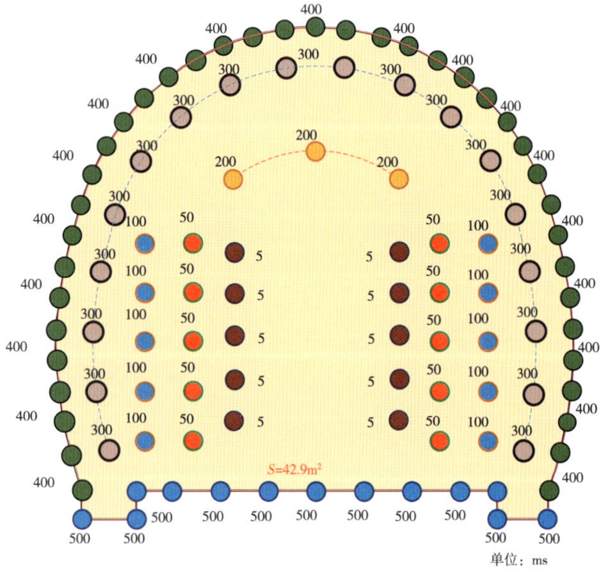

图 2.3-2　动车 250 时速单洞双线铁路横通道爆破设计

表 2.3-3　　　　　　动车 250 时速单洞双线铁路横通道爆破设计参数

序号	炮孔名称	孔数 /个	延时 /ms	孔深 /m	装药结构	装药量 /kg	
						单孔	段装药
1	掏槽孔	10	5	2.98	连续	1.8	18.0
2		10	50	2.67	连续	1.5	15.0
3	辅助孔	10	100	2.62	连续	1.2	12.0
4		3	200	2.62	连续	1.2	3.6
5	二圈孔	18	300	2.61	连续	0.9	16.2
6	周边孔	38	400	2.61	间隔	0.5	19.0
7	底板孔	13	500	2.70	连续	0.9	11.7

表 2.3-4　　　　　　动车 250 时速单洞双线铁路横通道爆破开挖综合参数

爆破断面面积 /m²	总装药量 /kg	雷管总数 /个	单段最大药量 /kg	炮孔总数 /个	设计爆破进尺 /m
42.9	95.5	80	19.0	102	2.6
总延时 /ms	炮孔密度 /（个 /m³）	雷管单耗 /（个 /m³）	炸药单耗 /（kg/m³）	导爆索量 /m	周边孔线装药量 /（kg/m）
500	0.91	0.71	0.86	100	0.2

第 4 章　单洞单线高铁隧道爆破设计

高速铁路隧道凿岩台车的爆破设计特点

中国高速铁路的定义为新建设计开行速度达到 250km/h（含预留）及以上的动车组列车，初期运营速度不小于 200km/h 的客运专线铁路。所谓新建是排除既有线提速。高速铁路的要点是速度不低于 250km/h 及客专性。高速铁路非常平顺，以保证行车安全和舒适性。高速铁路均采用无缝钢轨，而且时速 300km 以上的高速铁路采用的是无砟轨道，即使用没有石子的整体式道床来保证平顺性。高速铁路的弯道少，弯道半径大，大量采用高架桥梁和隧道，来保证平顺性和缩短距离。

目前，高速铁路的隧道主要分为单洞单线和单洞双线，设计速度为 350km/h 的高铁单洞双线隧道的最小断面不小于 100m²，单洞单线隧道的最小断面不小于 70m²，实际断面还要大一些，因为要考虑安全距离、设备维修等因素。隧道开挖断面大，非常适合凿岩台车进行大型机械配套作业，其爆破设计有以下特点。

（1）Ⅱ、Ⅲ级以上隧道围岩基本采用全断面法，爆破设计进尺为 3.6~4.2m，掌子面配备双凿岩台车进行钻爆施工，可取得理想的爆破进尺。

（2）Ⅳ级、部分Ⅴ级围岩采用台阶法，不同于传统人工钻爆法，凿岩台车施工一般采用上台阶大断面、下台阶微断面的台阶法，这样更利于大型机械配套作业。

（3）高铁隧道Ⅴ级围岩施工如果采用凿岩台车，目前可选择双曲臂凿岩台车。

（4）高铁隧道爆破开挖一般要求光面爆破，凿岩台车钻凿炮孔的精准性远远大于人工钻爆，更容易取得较好的光面爆破效果。

（5）采用大楔形掏槽模式，为了避免掏槽区域产生大块可以布置几个解炮孔。

单洞单线高铁隧道Ⅲ级围岩全断面法爆破设计见图 2.4-1。

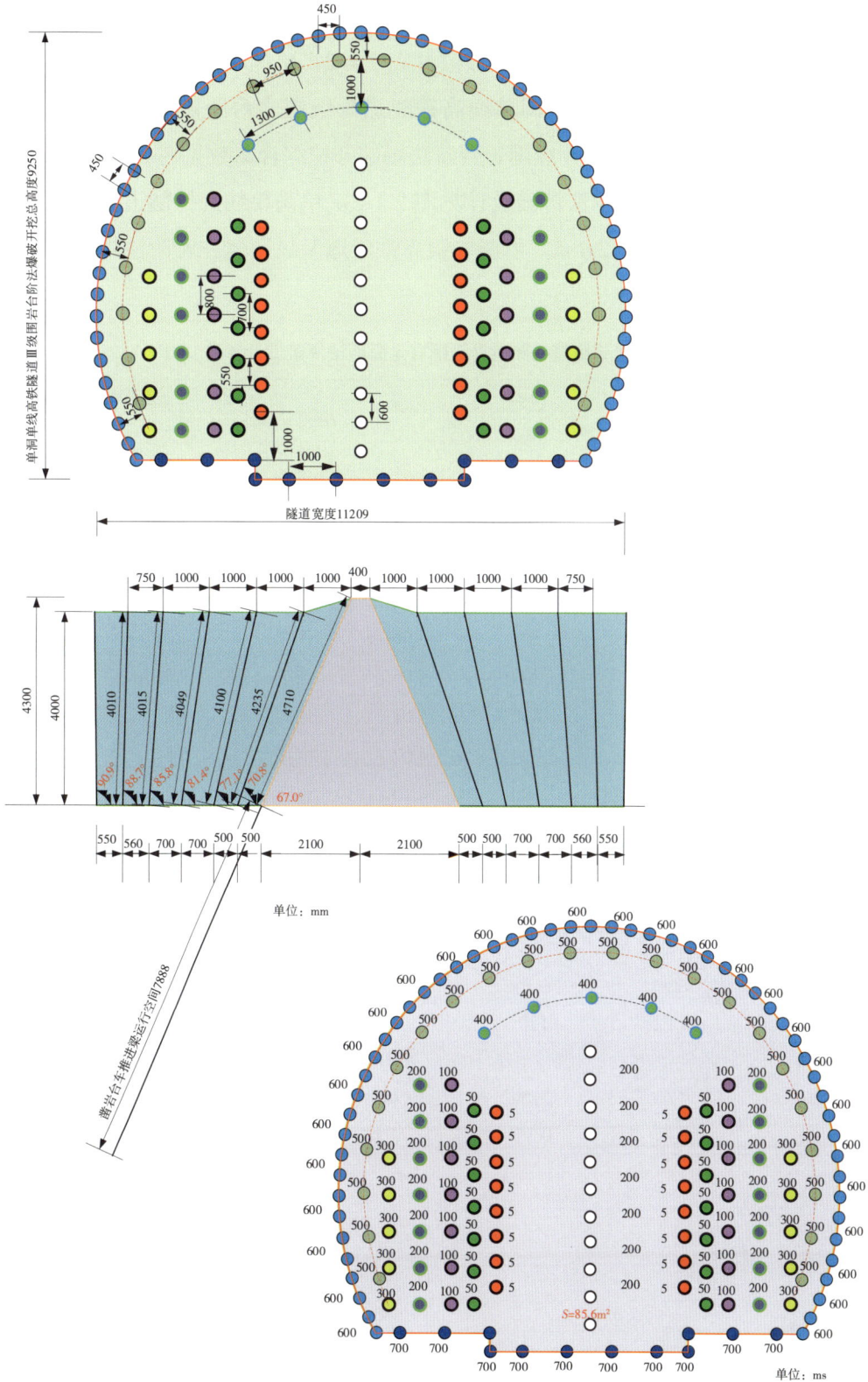

图 2.4-1　单洞单线高铁隧道 Ⅲ 级围岩全断面法爆破设计

单洞单线高铁隧道Ⅲ级围岩全断面法爆破设计参数见表 2.4–1。单洞单线高铁隧道Ⅲ级围岩全断面法爆破开挖综合参数见表 2.4–2。单洞单线高铁隧道Ⅳ级围岩台阶法爆破设计见图 2.4–2。单洞单线高铁隧道Ⅳ级围岩台阶法爆破设计参数见表 2.4–3。单洞单线高铁隧道Ⅳ级围岩台阶法爆破开挖综合参数见表 2.4–4。单洞单线高铁隧道Ⅴ级围岩三台阶法爆破设计见图 2.4–3。单洞单线高铁隧道Ⅴ级围岩三台阶法爆破设计参数见表 2.4–5。单洞单线高铁隧道Ⅴ级围岩三台阶法爆破开挖综合参数见表 2.4–6。

表 2.4–1　　　　　　　　单洞单线高铁隧道Ⅲ级围岩全断面法爆破设计参数

序号	炮孔名称	孔数 /个	延时 /ms	孔深 /m	装药结构	装药量 /kg	
						单孔	段装药
1	掏槽孔	16	5	4.71	连续	2.4	38.4
2		14	50	4.24	连续	2.1	29.4
3		14	100	4.23	连续	1.8	25.2
4	辅助孔	14	200	4.06	连续	1.5	21.0
5		10	300	4.06	连续	1.0	10.0
6		5	400	4.06	连续	1.5	9.0
7	二圈孔	22	500	4.02	连续	1.2	26.4
8	周边孔	55	600	4.02	间隔	0.7	38.4
9	底板孔	12	700	4.10	连续	1.2	14.4
10	空孔						

表 2.4–2　　　　　　　　单洞单线高铁隧道Ⅲ级围岩全断面法爆破开挖综合参数

爆破断面面积 /m²	总装药量 /kg	雷管总数 /个	单段最大药量 /kg	炮孔总数 /个	设计爆破进尺 /m
85.6	212.2	120	38.4	162	4.0
总延时 /ms	炮孔密度 /（个/m³）	雷管单耗 /（个/m³）	炸药单耗 /（kg/m³）	导爆索量 /m	周边孔线装药量 /（kg/m）
700	0.47	0.35	0.62	300	0.2

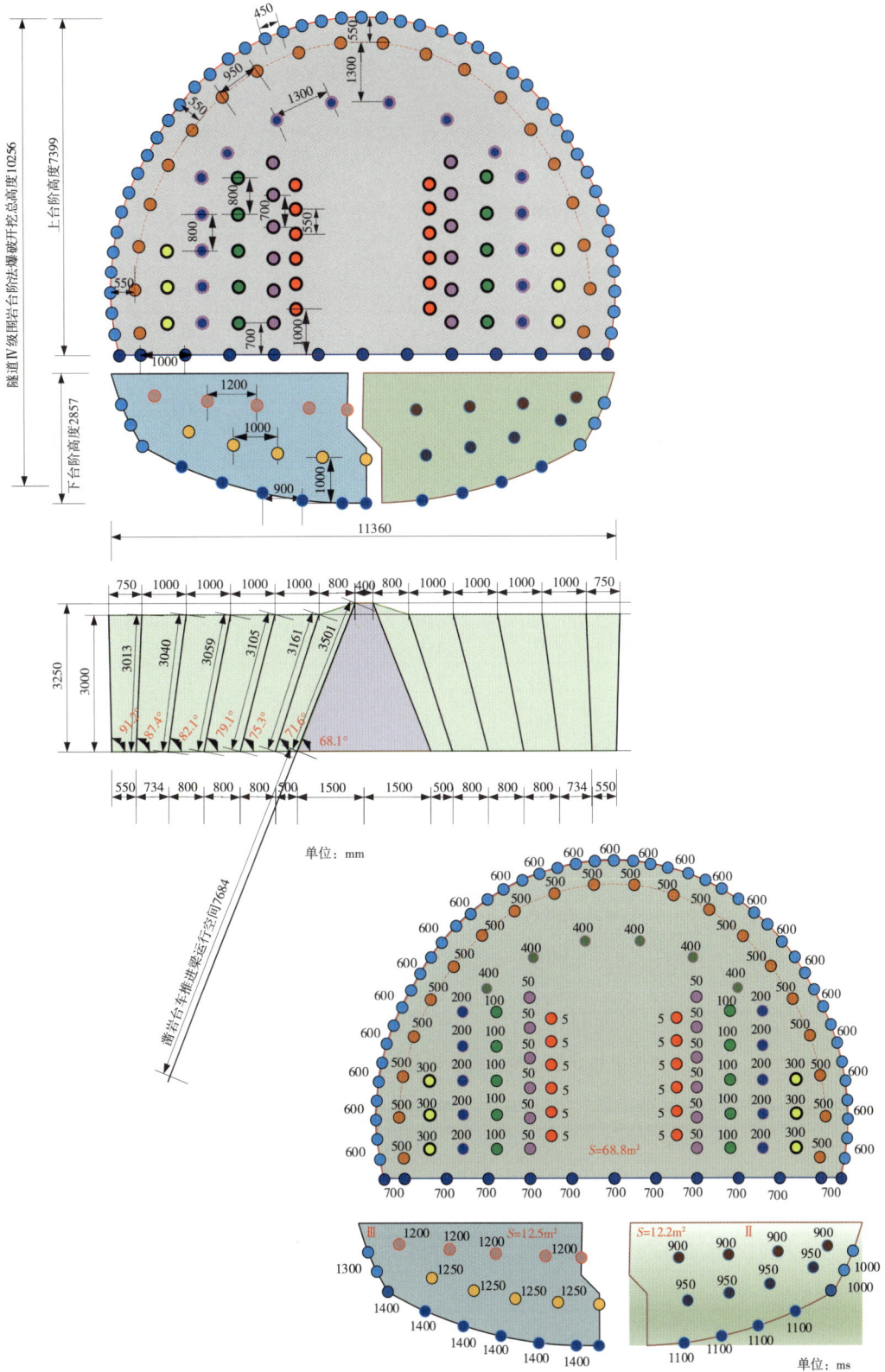

图 2.4-2　单洞单线高铁隧道Ⅳ级围岩台阶法爆破设计

表 2.4-3　　　　　　　　　单洞单线高铁隧道Ⅳ级围岩台阶法爆破设计参数

序号	炮孔名称	孔数/个	延时/ms	孔深/m	装药结构	装药量/kg	
						单孔	段装药
上台阶							
1	掏槽孔	12	5	3.51	连续	1.8	21.6
2		12	50	3.16	连续	1.5	18.0
3		12	100	3.10	连续	1.2	14.4
4	辅助孔	10	200	3.05	连续	0.9	9.0
5		6	300	3.05	连续	0.9	5.4
6		6	400	3.04	连续	0.9	5.4
7	二圈孔	20	500	3.02	连续	0.6	12.0
8	周边孔	45	600	3.02	间隔	0.5	22.5
9	底板孔	13	700	3.10	连续	1.2	15.6
小计		136	单耗	0.60	断面面积/m²	68.8	123.9
下台阶Ⅱ部							
10	上抬孔	4	900	3.0	连续	0.9	3.6
11	下抬孔	4	950	3.0	连续	0.9	3.6
12	周边孔	2	1000	3.0	间隔	0.5	1.0
13	底板孔	5	1100	3.1	连续	1.2	6.0
小计		15	单耗	0.39	断面面积/m²	12.2	14.2
下台阶Ⅲ部							
14	上抬孔	5	1200	3.0	连续	0.9	4.5
15	下抬孔	5	1250	3.0	连续	0.9	4.5
16	周边孔	2	1300	3.0	间隔	0.5	1.0
17	底板孔	7	1400	3.1	连续	1.2	8.4
小计		19	单耗	0.49	断面面积/m²	12.5	18.4

表 2.4-4　　　　　　　　　单洞单线高铁隧道Ⅳ级围岩台阶法爆破开挖综合参数

爆破断面面积/m²	总装药量/kg	雷管总数/个	单段最大药量/kg	炮孔总数/个	设计爆破进尺/m
93.5	156.5	140	22.5	170	3.0
总延时/ms	炮孔密度/(个/m³)	雷管单耗/(个/m³)	炸药单耗/(kg/m³)	导爆索量/m	周边孔线装药量/(kg/m)
1400	0.61	0.50	0.56	150	0.2

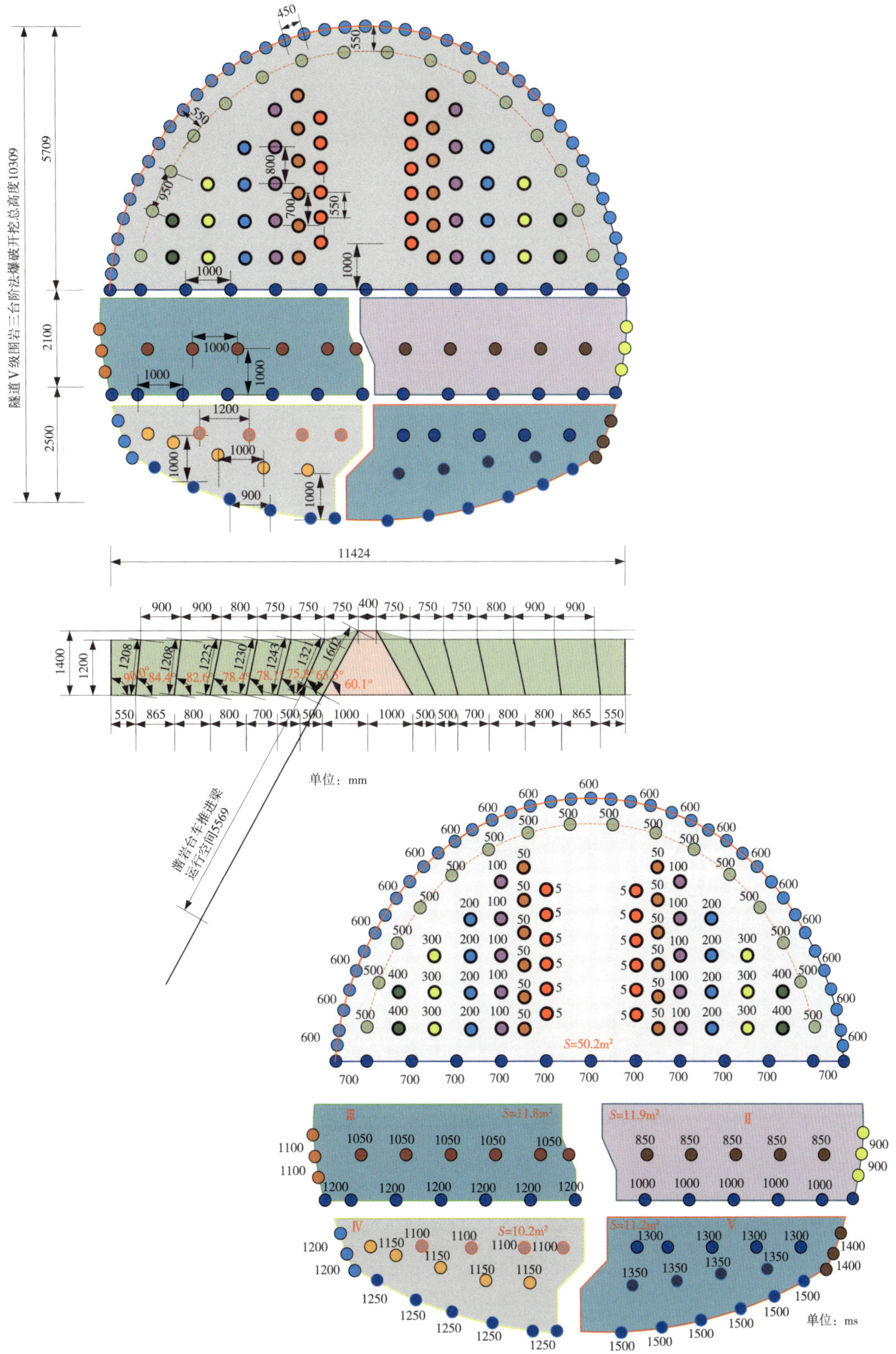

图 2.4-3　单洞单线高铁隧道 V 级围岩三台阶法爆破设计

表 2.4-5 　　　　　　　单洞单线高铁隧道Ⅴ级围岩三台阶法爆破设计参数

序号	炮孔名称	孔数/个	延时/ms	孔深/m	装药结构	装药量/kg	
						单孔	段装药
上台阶							
1	掏槽孔	12	5	1.60	连续	0.9	10.8
2		12	50	1.32	连续	0.7	8.4
3		10	100	1.24	连续	0.7	7.0
4	辅助孔	8	200	1.23	连续	0.6	4.8
5		6	300	1.22	连续	0.3	1.8
6		4	400	1.21	连续	0.3	1.2
7	二圈孔	16	500	1.21	连续	0.3	4.8
8	周边孔	41	600	1.20	间隔	0.2	8.2
9	底板孔	13	700	1.22	连续	0.5	6.5
断面面积/m²	50.2	122			单耗	0.88	53.5
中台阶							
10	上抬孔Ⅱ	5	850	2.0	连续	0.6	3.0
11	周边孔Ⅱ	3	900	2.0	间隔	0.3	0.9
12	底板孔Ⅱ	6	1000	2.0	连续	0.6	3.6
13	上抬孔Ⅲ	6	1050	2.0	连续	0.6	3.6
14	周边孔Ⅲ	3	1100	2.0	间隔	0.3	0.9
15	底板孔Ⅲ	7	1200	2.0	连续	0.6	4.2
断面面积/m²	23.7	30			单耗	0.34	16.2
下台阶							
16	上抬孔Ⅳ	4	1100	2.0	连续	0.6	2.4
17	下抬孔Ⅳ	5	1150	2.0	连续	0.5	2.5
18	周边孔Ⅳ	3	1200	2.0	间隔	0.3	0.9
19	底板孔Ⅳ	6	1250	2.0	连续	0.6	3.6
20	上抬孔Ⅴ	5	1300	2.0	连续	0.6	3.0
21	下抬孔Ⅴ	4	1350	2.0	连续	0.5	2.0
22	周边孔Ⅴ	3	1400	2.0	间隔	0.3	0.9
23	底板孔Ⅴ	6	1500	2.0	连续	0.6	3.6
断面面积/m²	21.4	36			单耗	0.28	18.9

表 2.4-6 　　　　　　　单洞单线高铁隧道Ⅴ级围岩三台阶法爆破开挖综合参数

爆破断面面积/m²	总装药量/kg	雷管总数/个	单段最大药量/kg	炮孔总数/个	设计爆破进尺/m
95.3	88.6	150	10.8	188	1.2
总延时/ms	炮孔密度/（个/m³）	雷管单耗/（个/m³）	炸药单耗/（kg/m³）	导爆索量/m	周边孔线装药量/（kg/m）
1500	1.44	1.16	0.83	150	0.2

第 5 章　单洞双线高铁隧道爆破设计

单洞双线高铁隧道Ⅲ级围岩全断面法爆破设计见图 2.5-1。单洞双线高铁隧道Ⅲ级围岩全断面法爆破设计参数见表 2.5-1。单洞双线高铁隧道Ⅲ级围岩全断面法爆破开挖综合参数见表 2.5-2。单洞双线高铁隧道Ⅳ级围岩台阶法爆破设计见图 2.5-2。单洞双线高铁隧道Ⅳ级围岩台阶法爆破设计参数见表 2.5-3。单洞双线高铁隧道Ⅳ级围岩台阶法爆破开挖综合参数见表 2.5-4。单洞双线高铁隧道Ⅴ级围岩三台阶法爆破设计见图 2.5-3。单洞双线高铁隧道Ⅴ级围岩三台阶法爆破设计参数见表 2.5-5。单洞双线高铁隧道Ⅴ级围岩三台阶法爆破开挖综合参数见表 2.5-6。

表 2.5-1　　　　　　单洞双线高铁隧道Ⅲ级围岩全断面法爆破设计参数

序号	炮孔名称	孔数 /个	延时 /ms	孔深 /m	装药结构	装药量 /kg	
						单孔	段装药
1	掏槽孔	20	5	5.02	连续	2.4	48.0
2		20	50	4.85	连续	2.4	48.0
3		16	100	4.42	连续	1.8	28.8
4	辅助孔	16	200	4.23	连续	1.8	28.8
5		10	300	4.07	连续	1.5	15.0
6		7	400	4.07	连续	1.5	10.5
7		8	500	4.07	连续	1.5	12.0
8	二圈孔	30	600	4.02	连续	0.9	27.0
9	抬炮孔	11	800	4.07	连续	1.0	11.0
10	周边孔	67	700	4.02	间隔	0.7	44.1
11	底板孔	16	900	4.10	连续	1.8	28.8
12	空孔	9					302.0

注：空孔根据需要布孔。

表 2.5-2　　　　　　单洞双线高铁隧道Ⅲ级围岩全断面法爆破开挖综合参数

爆破断面面积 /m²	总装药量 /kg	雷管总数 /个	单段最大药量 /kg	炮孔总数 /个	设计爆破进尺 /m
138.2	302.0	170	48.0	221	4.0
总延时 /ms	炮孔密度 /（个 /m³）	雷管单耗 /（个 /m³）	炸药单耗 /（kg/m³）	导爆索量 /m	周边孔线装药量 /（kg/m）
900	0.39	0.31	0.54	300	0.2

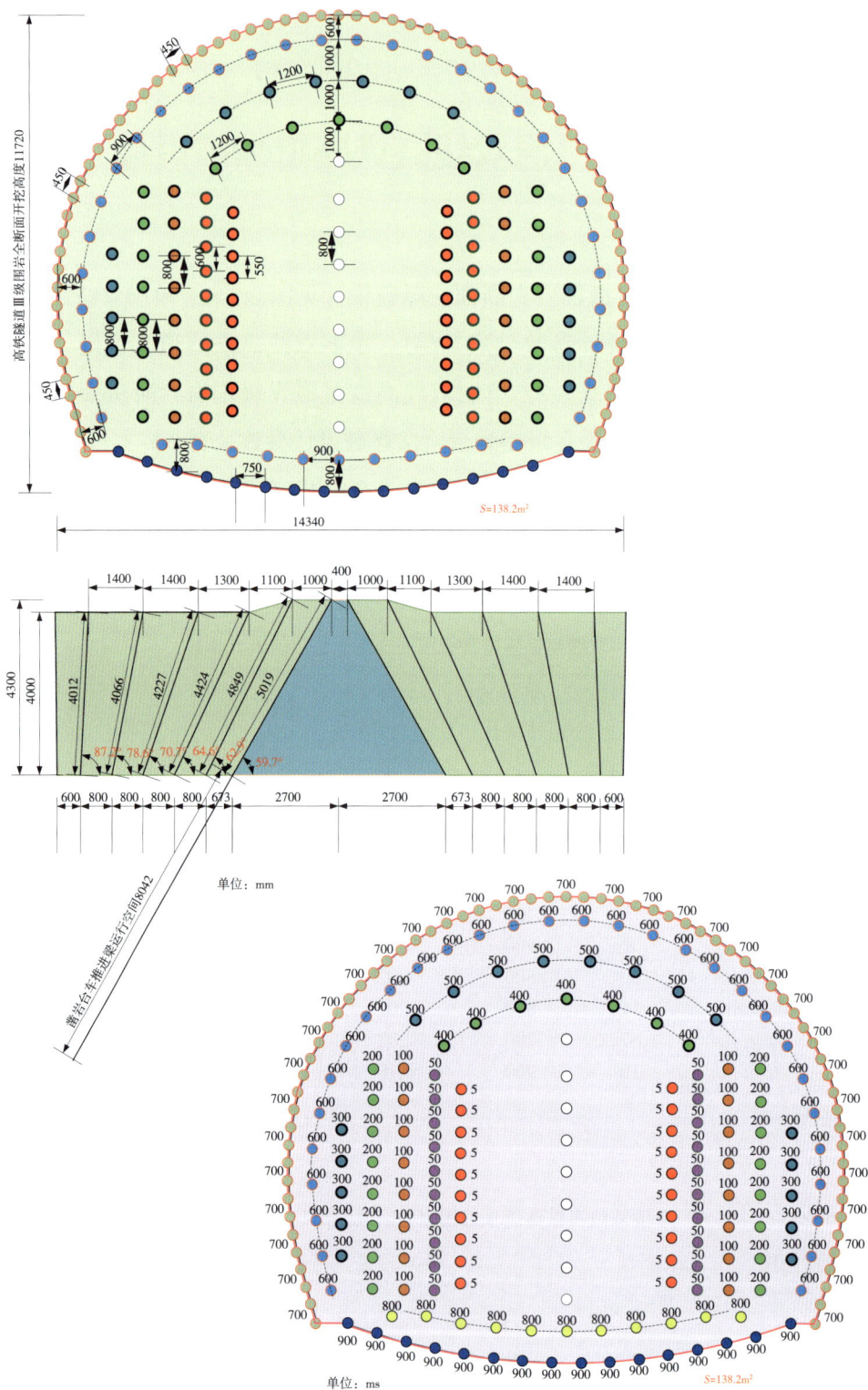

图 2.5-1　单洞双线高铁隧道Ⅲ级围岩全断面法爆破设计

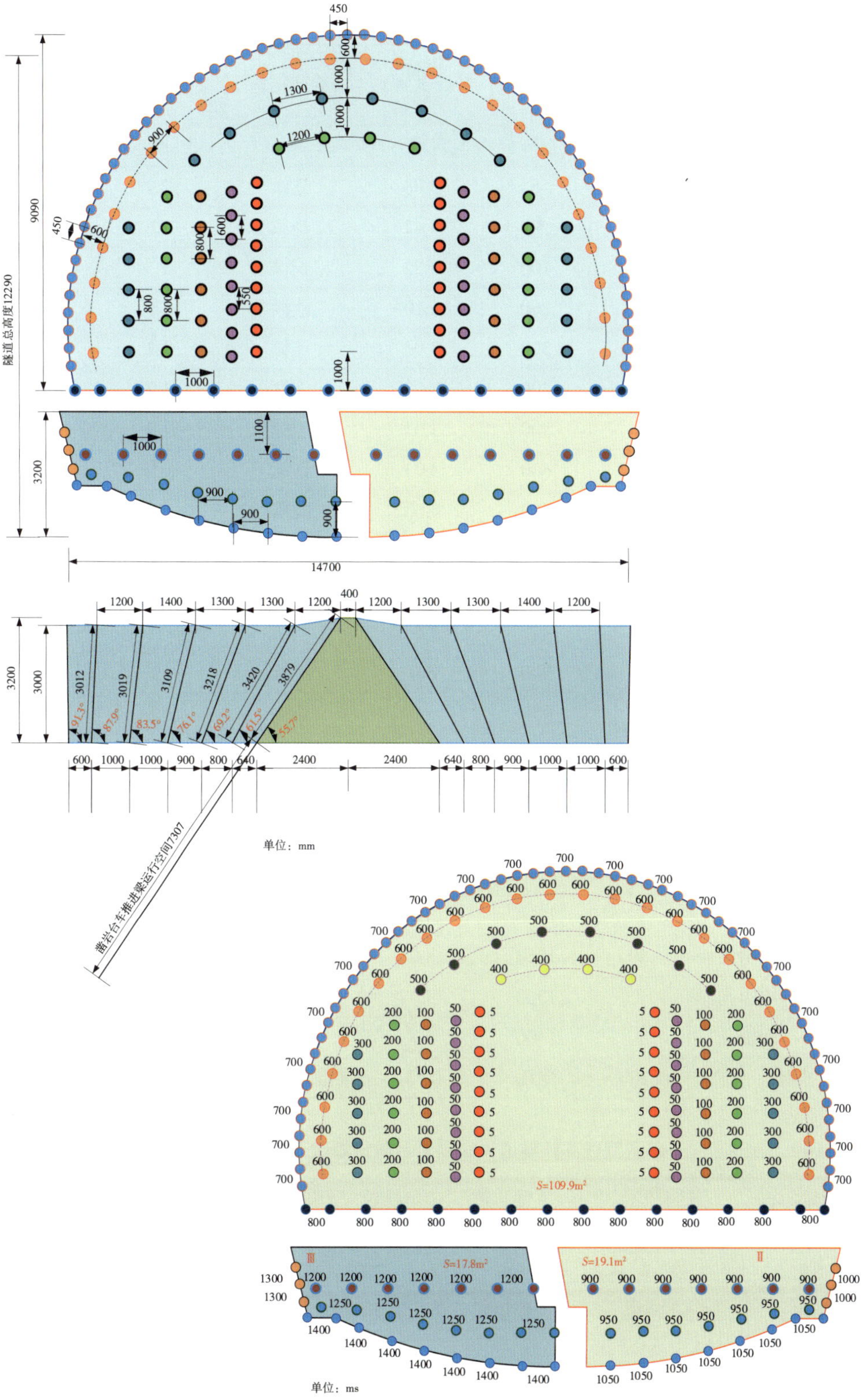

图 2.5-2　单洞双线高铁隧道Ⅳ级围岩台阶法爆破设计

表 2.5-3　　　　　　　　　单洞双线高铁隧道Ⅳ级围岩台阶法爆破设计参数

序号	炮孔名称	孔数 /个	延时 /ms	孔深 /m	装药结构	装药量 /kg 单孔	装药量 /kg 段装药
上台阶							
1	掏槽孔	18	5	3.88	连续	2.1	37.8
2	掏槽孔	16	50	3.42	连续	1.8	28.8
3	掏槽孔	12	100	3.22	连续	1.5	18.0
4	辅助孔	12	200	3.10	连续	1.5	18.0
5	辅助孔	10	300	3.03	连续	1.2	12.0
6	辅助孔	4	400	3.03	连续	1.2	4.8
7	辅助孔	8	500	3.03	连续	1.2	9.6
8	二圈孔	26	600	3.03	连续	0.9	23.4
9	周边孔	57	700	3.00	间隔	0.6	34.2
10	底板孔	16	800	3.10	连续	1.5	24.0
小计		179	单耗	0.63	断面面积 /m²	109.9	210.6
下台阶Ⅱ部							
11	上抬孔	7	900	3.0	连续	1.5	10.5
12	下抬孔	7	950	3.0	连续	1.5	10.5
13	周边孔	3	1000	3.0	间隔	0.7	2.1
14	底板孔	8	1050	3.1	连续	1.8	14.4
小计		25	单耗	0.64	断面面积 /m²	19.1	37.5
下台阶Ⅲ部							
15	上抬孔	7	1200	3.0	连续	1.5	10.5
16	下抬孔	7	1250	3.0	连续	1.5	10.5
17	周边孔	3	1300	3.0	间隔	0.7	2.1
18	底板孔	9	1400	3.1	连续	1.8	16.2
小计		26	单耗	0.73	断面面积 /m²	17.8	39.3

表 2.5-4　　　　　　　　　单洞双线高铁隧道Ⅳ级围岩台阶法爆破开挖综合参数

爆破断面面积 /m²	总装药量 /kg	雷管总数 /个	单段最大药量 /kg	炮孔总数 /个	设计爆破进尺 /m
136.8	287.4	190	37.8	230	3.0
总延时 /ms	炮孔密度 /（个 /m³）	雷管单耗 /（个 /m³）	炸药单耗 /（kg/m³）	导爆索量 /m	周边孔线装药量 /（kg/m）
1400	0.52	0.43	0.65	200	0.2

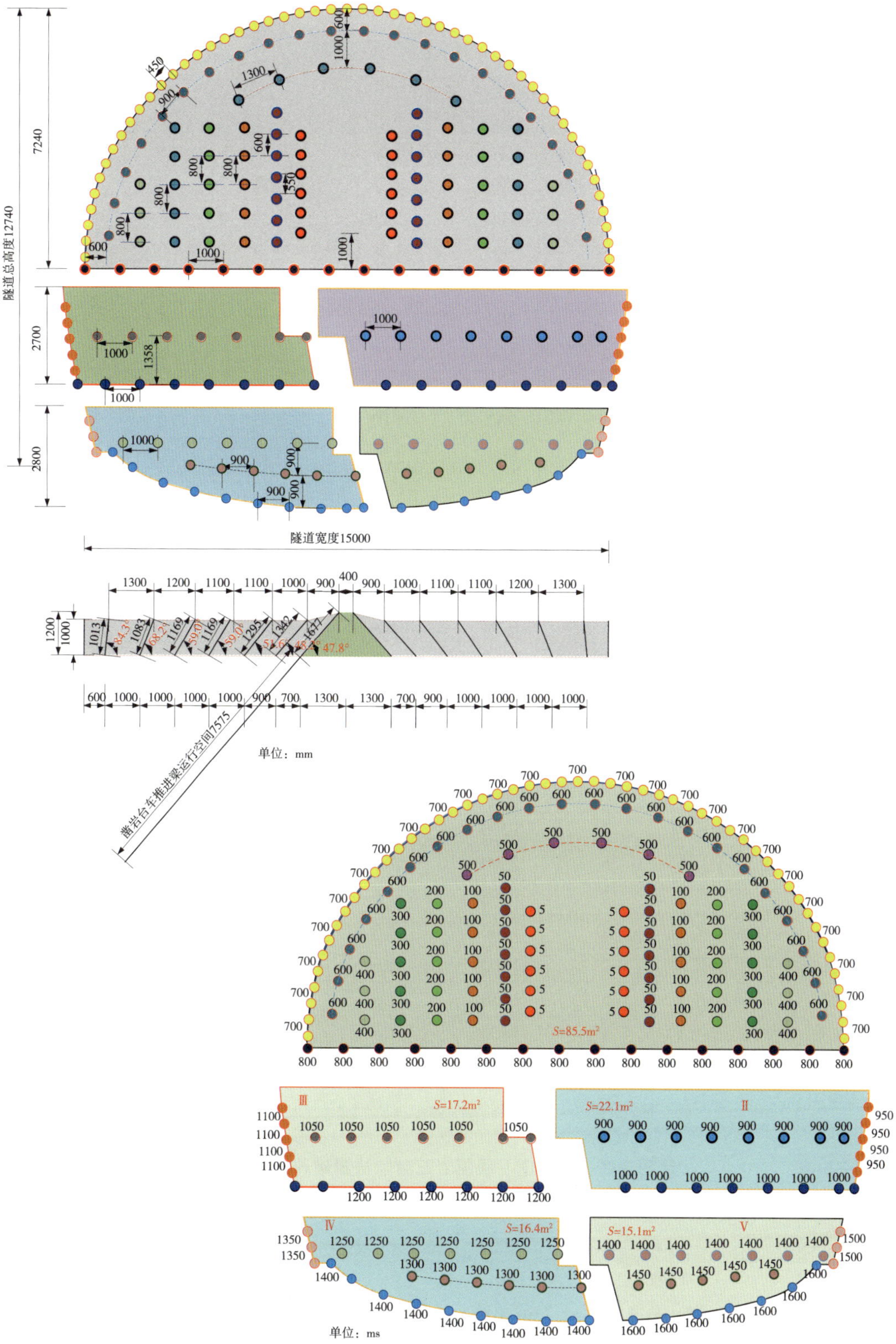

图 2.5-3　单洞双线高铁隧道 V 级围岩三台阶法爆破设计

表 2.5-5   单洞双线高铁隧道Ⅴ级围岩三台阶法爆破设计参数

序号	炮孔名称	孔数 /个	延时 /ms	孔深 /m	装药结构	装药量 /kg 单孔	装药量 /kg 段装药
\multicolumn{8}{c}{上台阶}
1	掏槽孔	12	5	1.67	连续	1.2	14.4
2		14	50	1.34	连续	0.9	12.6
3		10	100	1.29	连续	0.9	9.0
4	辅助孔	10	200	1.17	连续	0.6	6.0
5		10	300	1.17	连续	0.6	6.0
6		10	400	1.08	连续	0.6	6.0
7		6	500	1.08	连续	0.6	3.6
8	二圈孔	22	600	1.02	连续	0.3	6.6
9	周边孔	49	700	1.02	间隔	0.2	9.8
10	底板孔	16	800	1.22	连续	0.3	4.8
断面面积 /m²	85.5	159		单耗	0.92		78.8
\multicolumn{8}{c}{中台阶}
11	上抬孔Ⅱ	8	900	1.6	连续	0.6	4.8
12	周边孔Ⅱ	5	950	1.6	间隔	0.3	1.5
13	底板孔Ⅱ	8	1000	1.6	连续	0.7	5.6
14	上抬孔Ⅲ	7	1050	1.6	连续	0.6	4.2
15	周边孔Ⅲ	5	1100	1.6	间隔	0.3	1.5
16	底板孔Ⅲ	8	1250	1.6	连续	0.7	5.6
断面面积 /m²	39.3	41		单耗	0.36		23.2
\multicolumn{8}{c}{下台阶}
17	上抬孔Ⅳ	7	1250	1.6	连续	0.6	4.2
18	下抬孔Ⅳ	6	1300	1.6	连续	0.6	3.6
19	周边孔Ⅳ	3	1350	1.6	间隔	0.3	0.9
20	底板孔Ⅳ	10	1400	1.6	连续	0.6	6.0
21	上抬孔Ⅴ	7	1400	1.6	连续	0.6	4.2
22	下抬孔Ⅴ	5	1450	1.6	连续	0.6	3.0
23	周边孔Ⅴ	3	1500	1.6	间隔	0.3	0.9
24	底板孔Ⅴ	7	1600	1.6	连续	0.6	4.2
断面面积 /m²	31.5	48		单耗	0.58		27.0

表 2.5-6   单洞双线高铁隧道Ⅴ级围岩三台阶法爆破开挖综合参数

爆破断面面积 /m²	总装药量 /kg	雷管总数 /个	单段最大药量 /kg	炮孔总数 /个	设计爆破进尺 /m
156.3	129.0	190	14.4	248	1.0
总延时 /ms	炮孔密度 /（个/m³）	雷管单耗 /（个/m³）	炸药单耗 /（kg/m³）	导爆索量 /m	周边孔线装药量 /（kg/m）
1600	1.56	1.22	0.82	50	0.2

第 6 章　高铁隧道CD工法爆破设计

中隔壁法（CD 法）是将隧道分为左、右两大部分进行爆破开挖，先在隧道一侧采用台阶法自上而下分层开挖，待该侧初支完成且喷射混凝达到设计强度的 70% 后，再分层爆破开挖隧道的另一侧，并且及早封闭成环的爆破开挖工法。

高铁隧道采用 CD 法爆破设计有以下特点。

（1）各部分爆破开挖时，隧道周边轮廓应尽量圆润、顺滑，减少应力集中。

（2）采用凿岩台车进行爆破设计时，上部开挖的高度应保证凿岩台车能发挥更大能效。

（3）各分层爆破开挖时，要设置减振空孔，禁止用临时支撑作为临空面。

高铁隧道 CD 工法爆破开挖工序见图 2.6-1。高铁隧道 CD 工法 Ⅰ 、Ⅲ 部爆破设计见图 2.6-2。高铁隧道 CD 工法 Ⅰ 、Ⅲ 部爆破设计参数见表 2.6-1。高铁隧道 CD 工法 Ⅰ 、Ⅲ 部爆破开挖综合参数见表 2.6-2。高铁隧道 CD 工法 Ⅱ 、Ⅳ 部爆破设计见图 2.6-3。高铁隧道 CD 工法 Ⅱ 、Ⅳ 部爆破设计参数见表 2.6-3。

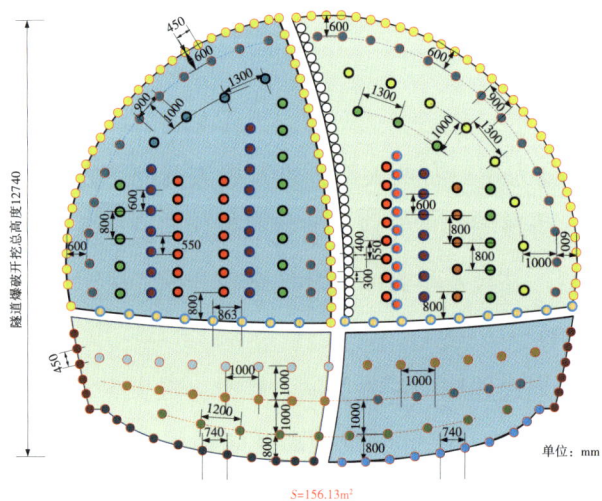

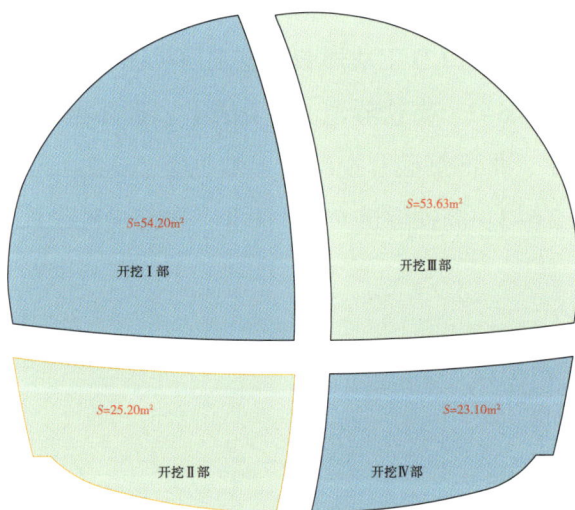

图 2.6-1　高铁隧道 CD 工法爆破开挖工序

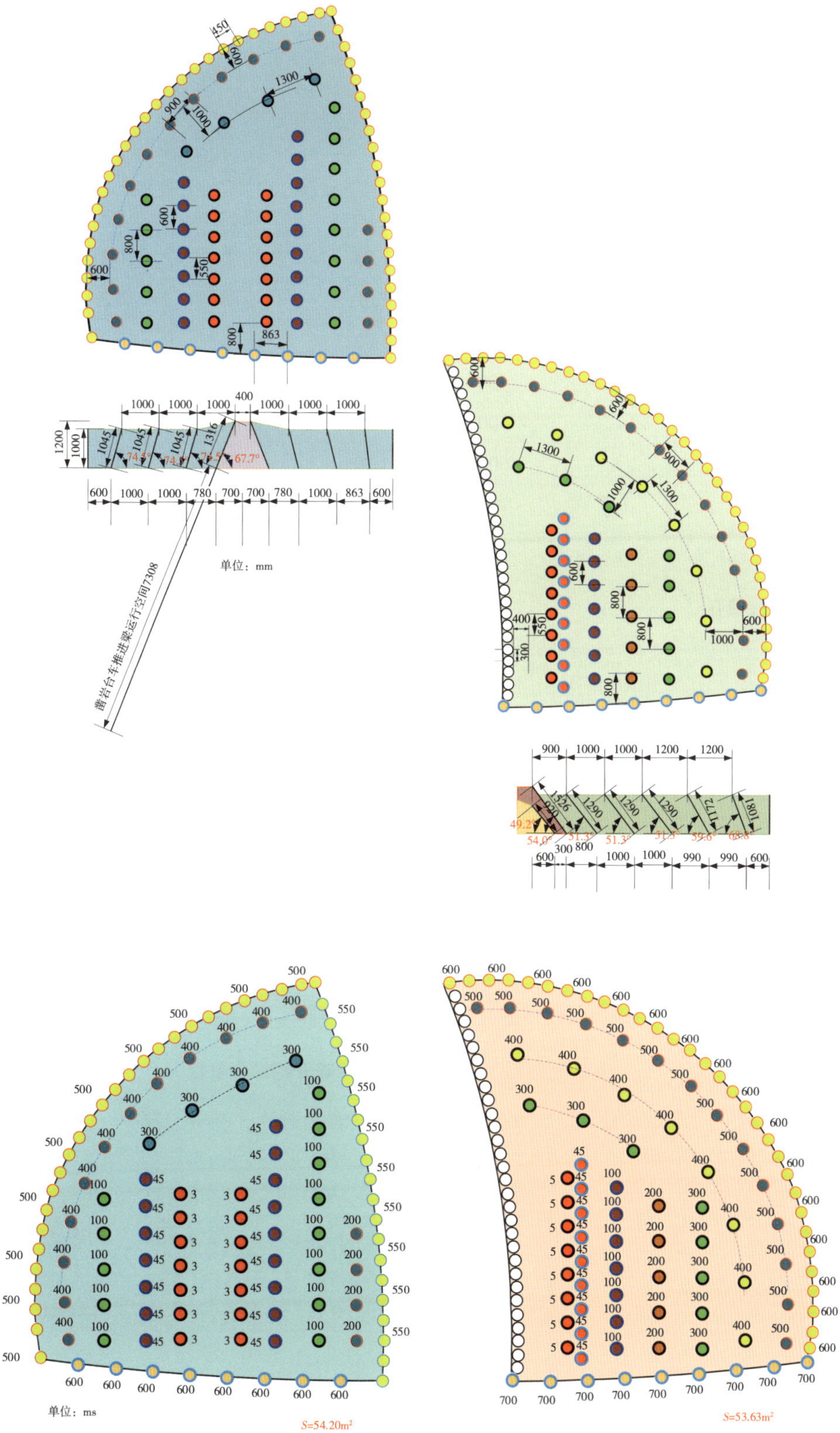

图 2.6-2　高铁隧道 CD 工法 Ⅰ、Ⅲ部爆破设计

表 2.6-1　　　　　　　　　高铁隧道 CD 工法 I 、Ⅲ部爆破设计参数

序号	炮孔名称	孔数 /个	延时 /ms	孔深 /m	装药结构	装药量 /kg	
						单孔	段装药
I 部							
1	掏槽孔	14	3	1.31	连续	0.6	8.4
2		16	45	1.05	连续	0.5	8.0
3	辅助孔	13	100	1.04	连续	0.3	3.9
4		4	200	1.02	连续	0.3	1.2
5		4	300	1.02	连续	0.3	1.2
6	二圈孔	12	400	1.02	连续	0.3	3.6
7	周边孔	47	500	1.02	间隔	0.2	9.4
8	底板孔	8	600	1.10	连续	0.5	4.0
小计		118	单耗	0.73	断面面积 /m²	54.20	39.7
Ⅲ部							
9	掏槽孔	8	5	0.92	连续	0.5	4.0
10		9	45	1.53	连续	0.9	8.1
11	辅助孔	7	100	1.29	连续	0.6	4.2
12		5	200	1.29	连续	0.3	1.5
13		8	300	1.29	连续	0.3	2.4
14		8	400	1.17	连续	0.3	2.4
15	二圈孔	14	500	1.08	连续	0.3	4.2
16	周边孔	31	600	1.02	间隔	0.2	6.2
17	底板孔	9	700	1.10	连续	0.4	3.6
18	空孔	30					
小计		129	单耗	0.68	断面面积 /m²	53.63	36.6

表 2.6-2　　　　　　　　高铁隧道 CD 工法 I 、Ⅲ部爆破开挖综合参数

爆破断面面积 /m²	总装药量 /kg	雷管总数 /个	单段最大药量 /kg	炮孔总数 /个	设计爆破进尺 /m
107.83	76.3	217	9.4	247	1.0
总延时 /ms	炮孔密度 /（个 /m³）	雷管单耗 /（个 /m³）	炸药单耗 /（kg/m³）	导爆索量 /m	周边孔线装药量 /（kg/m）
700	2.29	2.01	0.71	0	0.2

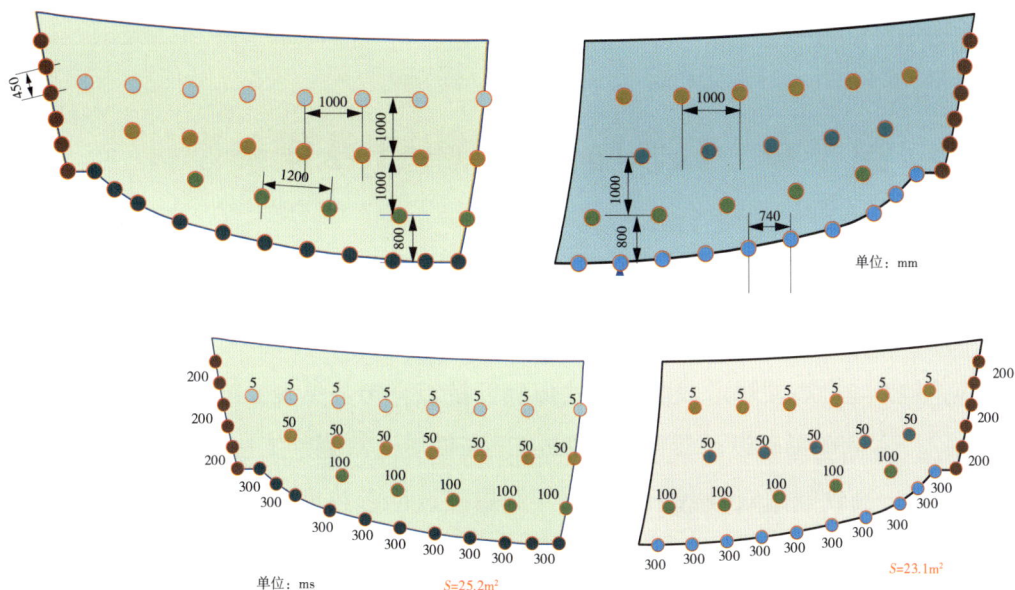

图 2.6-3　高铁隧道 CD 工法 Ⅱ、Ⅳ部爆破设计

表 2.6-3　　　　　　　　　　　高铁隧道 CD 工法 Ⅱ、Ⅳ部爆破设计参数

序号	炮孔名称	孔数 /个	延时 /ms	孔深 /m	装药结构	装药量 /kg	
						单孔	段装药
Ⅱ部							
1	上抬孔	8	5	2.0	连续	0.6	4.8
2	中抬孔	7	50	2.0	连续	0.6	4.2
3	下抬孔	5	100	2.0	连续	0.6	3.0
4	周边孔	6	200	2.0	间隔	0.4	2.4
5	底板孔	11	300	2.1	连续	0.6	6.6
小计		37	单耗	0.42	断面面积 /m²	25.2	21.0
下台阶Ⅳ部							
6	上抬孔	6	5	2.0	连续	0.6	3.6
7	中抬孔	5	50	2.0	连续	0.6	3.0
8	下抬孔	5	100	2.0	连续	0.6	3.0
9	周边孔	6	200	2.0	间隔	0.4	2.4
10	底板孔	10	300	2.1	连续	0.6	6.0
小计		32	单耗	0.39	断面面积 /m²	23.1	18.0

第 7 章　高铁隧道双侧壁工法爆破设计

高铁隧道双侧壁工法爆破设计见图 2.7-1。高铁隧道双侧壁工法左、右侧壁爆破设计见图 2.7-2。高铁隧道双侧壁工法爆破开挖综合参数见表 2.7-1。高铁隧道双侧壁工法左、右侧壁爆破设计参数见表 2.7-2。高铁隧道双侧壁工法上部导洞爆破设计见图 2.7-3。高铁隧道双侧壁工法上部导洞爆破设计参数见表 2.7-3。高铁隧道双侧壁工法下部导洞爆破设计见图 2.7-4。高铁隧道双侧壁工法下部导洞爆破设计参数见表 2.7-4。

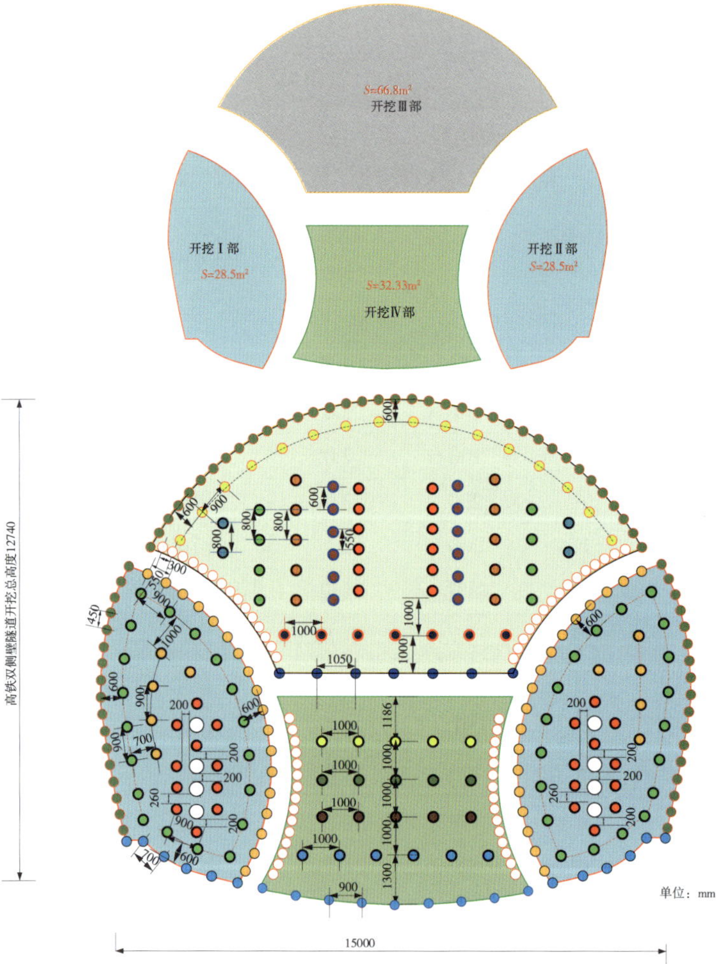

图 2.7-1　高铁隧道双侧壁工法爆破设计

直眼掏槽数据

单位：mm

单位：ms

$S=28.5m^2$

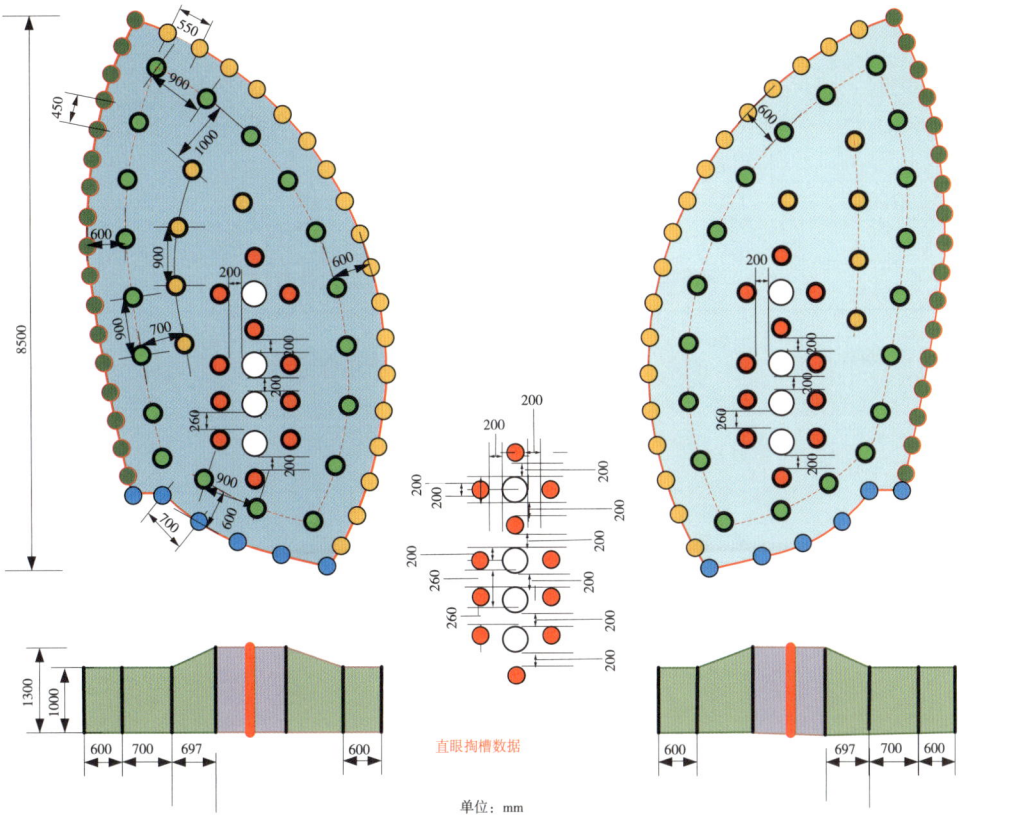

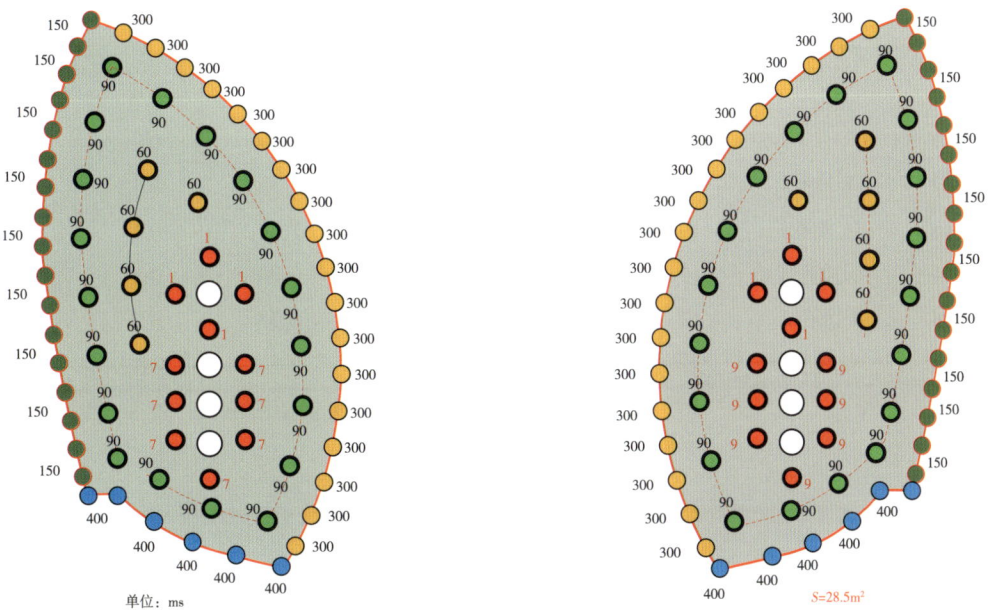

图 2.7-2 高铁隧道双侧壁工法左、右侧壁爆破设计

表 2.7-1 高铁隧道双侧壁工法爆破开挖综合参数

爆破断面面积 /m²	总装药量 /kg	雷管总数 /个	单段最大药量 /kg	炮孔总数 /个	设计爆破进尺 /m
156.33	110.6	301	10.8	303	1.0
总延时 /ms	炮孔密度 /（个/m³）	雷管单耗 /（个/m³）	炸药单耗 /（kg/m³）	导爆索量 /m	周边孔线装药量 /（kg/m）
700	1.9	1.9	0.71	0	0.2

表 2.7-2 高铁隧道双侧壁工法左、右侧壁爆破设计参数

序号	炮孔名称	孔数 /个	延时 /ms	孔深 /m	装药结构	装药量 /kg 单孔	装药量 /kg 段装药
左侧部							
1	φ90 空孔	4	0	1.35	连续	0	0
2	掏槽孔	4	1	1.05	连续	0.9	3.6
3		7	7	1.05	连续	0.9	6.3
4	辅助孔	5	60	1.05	连续	0.3	1.5
5	二圈孔	19	90	1.05	连续	0.2	3.8
6	周边孔 1	17	150	1.05	间隔	0.2	3.4
7	周边孔 2	18	300	1.05	间隔	0.2	3.6
8	底板孔	6	400	1.05	连续	0.3	1.8
小计		80	单耗	0.84	断面面积 /m²	28.5	24.0
右侧部							
9	φ90 空孔	4	0	1.35	连续	0	0
10	掏槽孔	4	1	1.05	连续	0.9	3.6
11		7	9	1.05	间隔	0.9	6.3
12	辅助孔	5	60	1.05	连续	0.3	1.5
13	二圈孔	19	90	1.05	连续	0.2	3.8
14	周边孔 3	17	150	1.05	间隔	0.2	3.4
15	周边孔 4	18	300	1.05	间隔	0.2	3.6
16	底板孔	6	400	1.05	连续	0.3	1.8
小计		80	单耗	0.84	断面面积 /m²	28.5	24.0

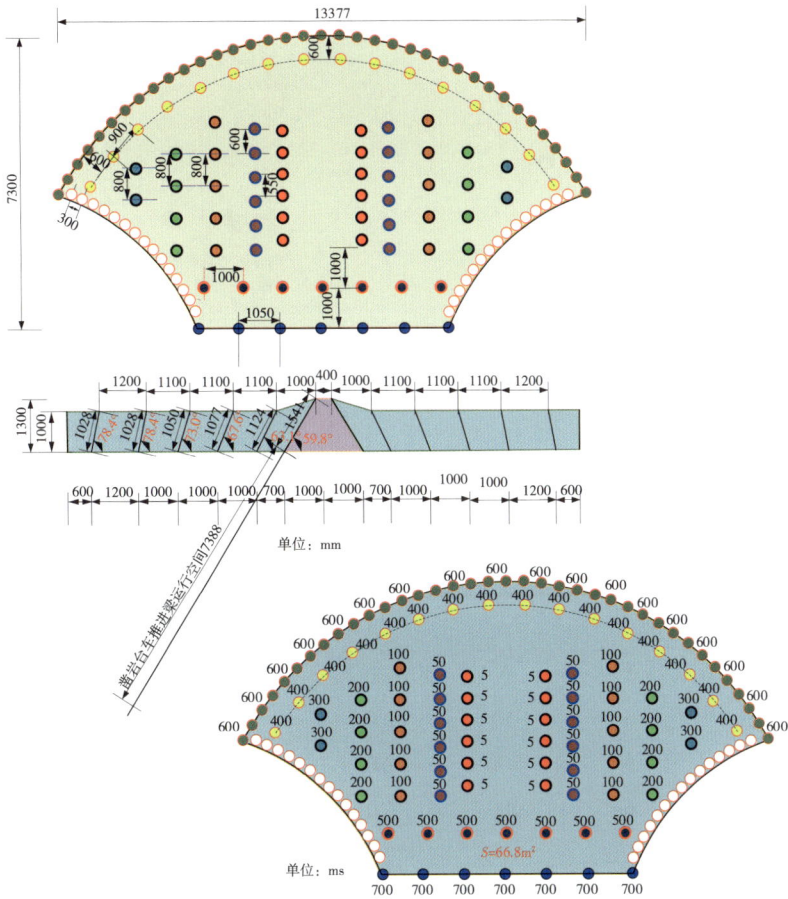

图 2.7-3　高铁隧道双侧壁工法上部导洞爆破设计

表 2.7-3　　　　　　　高铁隧道双侧壁工法上部导洞爆破设计参数

序号	炮孔名称	孔数 /个	延时 /ms	孔深 /m	装药结构	装药量 /kg	
						单孔	段装药
1	掘槽孔	12	5	1.54	连续	0.9	10.8
2		12	50	1.12	连续	0.7	8.4
3		10	100	1.08	连续	0.6	6.0
4	辅助孔	8	200	1.05	连续	0.3	2.4
5		4	300	1.03	连续	0.3	1.2
6	二圈孔	16	400	1.03	连续	0.3	4.8
7	抬炮孔	7	500	1.03	连续	0.3	2.1
8	周边孔	37	600	1.02	间隔	0.2	7.4
9	底板孔	7	700	1.10	连续	0.3	2.1
10	空孔	30					
	小计	113	单耗	0.67	断面面积 /m²	66.8	45.2

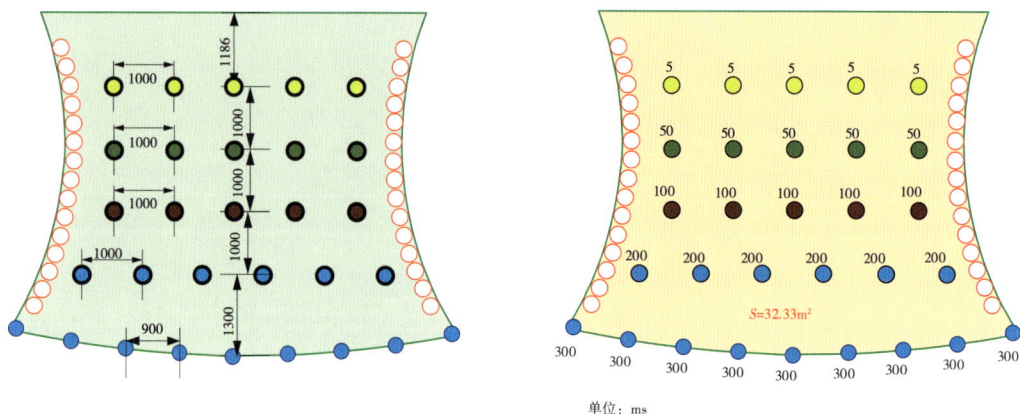

单位: ms

图 2.7-4　高铁隧道双侧壁工法下部导洞爆破设计

表 2.7-4　　　　　　　　高铁隧道双侧壁工法下部导洞爆破设计参数

序号	炮孔名称	孔数 /个	延时 /ms	孔深 /m	装药结构	装药量 /kg	
						单孔	段装药
1	上抬孔	5	5	2.0	连续	0.6	3.0
2	中抬孔 1	5	50	2.0	连续	0.6	3.0
3	中抬孔 2	5	100	2.0	连续	0.6	3.0
4	下抬孔	6	200	2.0	连续	0.6	3.0
5	周边孔	空孔	0	2.0	间隔	0	0
6	底板孔	9	300	2.1	连续	0.6	5.4
小计		30	单耗	0.27	断面面积 /m²	32.33	17.4

第 8 章　高铁辅助通道爆破设计

动车或高铁辅助通道隧道爆破设计特点

动车或高铁辅助通道隧道一般包括平导洞、斜井、横通道或具有特殊功能的设备通道的隧道，因此其爆破开挖设计有别于动车或高铁的隧道主洞的爆破设计，有以下特点。

（1）对于先于动车或高铁主洞隧道开挖的斜井或平导洞，可以利用凿岩台车的优势，进行"小进尺多模式"的爆破开挖试验。需要根据隧道的断面形状、尺寸和围岩特性等，精确设计炮孔的位置、数量、深度和角度，通过多种进尺的爆破开挖找到适合隧道开挖的主要方式，对后续的主洞隧道爆破开挖提供依据。

（2）对于在隧道主洞后爆破开挖的横通道、各种设备硐室等，可以根据隧道主洞开挖的岩石特性和开挖模式，利用合理的空间或间歇时间进行爆破开挖，充分利用凿岩台车的钻孔优势。

（3）辅助通道的隧道断面一般小于主洞隧道的断面面积，而且长度一般也短于隧道主洞，因此爆破设计要充分利用凿岩台车的优势，采用"多钻孔短进尺"实现多循环的快速开挖。

（4）辅助通道隧道断面面积小，对于光面爆破的要求更高，周边孔的孔间距可以调整得更小，一般在 30cm 左右，不能小于 20cm。

（5）对于斜井和平洞的进尺，一般控制在不超过 3.0m；对于断面较小的设备隧道，可以采用直眼掏槽模式，爆破进尺控制在不超过 3.6m。

（6）辅助通道隧道断面面积小，利用凿岩台车的钻孔优势，可以多钻空孔，为其他炮孔提供更好的临空面，优化爆破效果。

高铁辅助通道平导洞Ⅲ级围岩爆破设计见图 2.8-1。

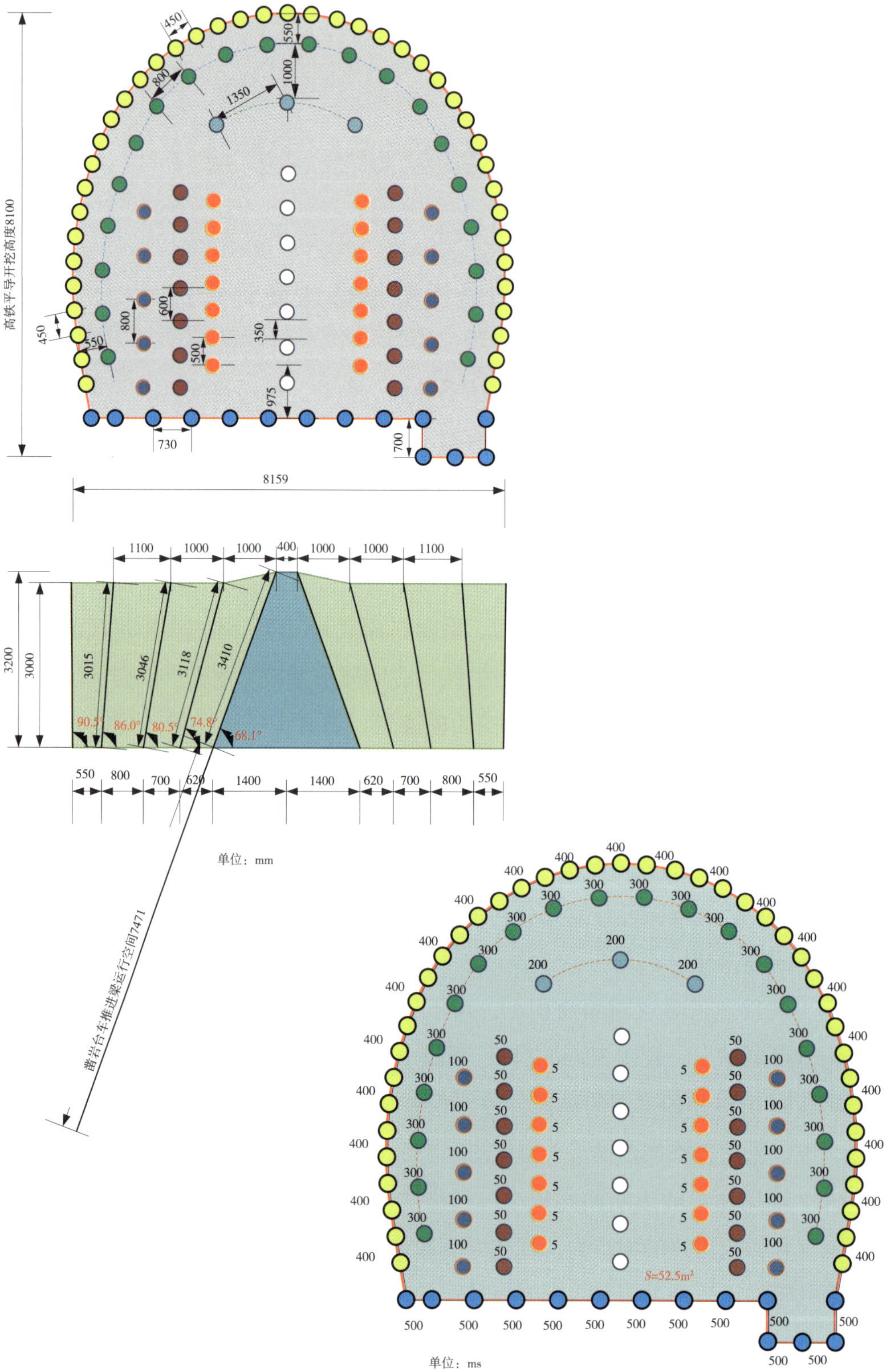

单位：mm

单位：ms

图 2.8-1　高铁辅助通道平导洞Ⅲ级围岩爆破设计

　　高铁辅助通道平导洞Ⅲ级围岩爆破设计参数见表 2.8-1。高铁辅助通道平导洞Ⅲ级围岩爆破开挖综合参数见表 2.8-2。高铁辅助通道横通道Ⅲ级围岩爆破设计见图 2.8-2。高铁辅助通道横通道Ⅲ级围岩爆破设计参数见表 2.8-3。高铁辅助通道横通道Ⅲ级围岩爆破开挖综合参数见表 2.8-4。高铁隧道斜井Ⅲ级围岩爆破设计见图 2.8-3。高铁隧道斜井Ⅲ级围岩爆破设计参数见表 2.8-5。高铁隧道斜井Ⅲ级围岩爆破开挖综合参数见表 2.8-6。

表 2.8-1　　　　　　　　　高铁辅助通道平导洞Ⅲ级围岩爆破设计参数

序号	炮孔名称	孔数/个	延时/ms	孔深/m	装药结构	装药量 /kg	
						单孔	段装药
1	掏槽孔	14	5	3.41	连续	2.1	29.4
2		14	50	3.12	连续	1.8	25.2
3	辅助孔	10	100	3.05	连续	1.5	15.0
4		3	200	3.05	连续	1.2	3.6
5	二圈孔	20	300	3.02	连续	0.9	18.0
6	周边孔	41	400	3.00	间隔	0.5	20.5
7	底板孔	14	500	3.10	连续	0.6	8.4

表 2.8-2　　　　　　　　高铁辅助通道平导洞Ⅲ级围岩爆破开挖综合参数

爆破断面面积/m²	总装药量/kg	雷管总数/个	单段最大药量/kg	炮孔总数/个	设计爆破进尺/m
52.5	120.1	80	29.4	116	3.0
总延时/ms	炮孔密度/（个/m³）	雷管单耗/（个/m³）	炸药单耗/（kg/m³）	导爆索量/m	周边孔线装药量/（kg/m）
500	0.74	0.51	0.76	150	0.2

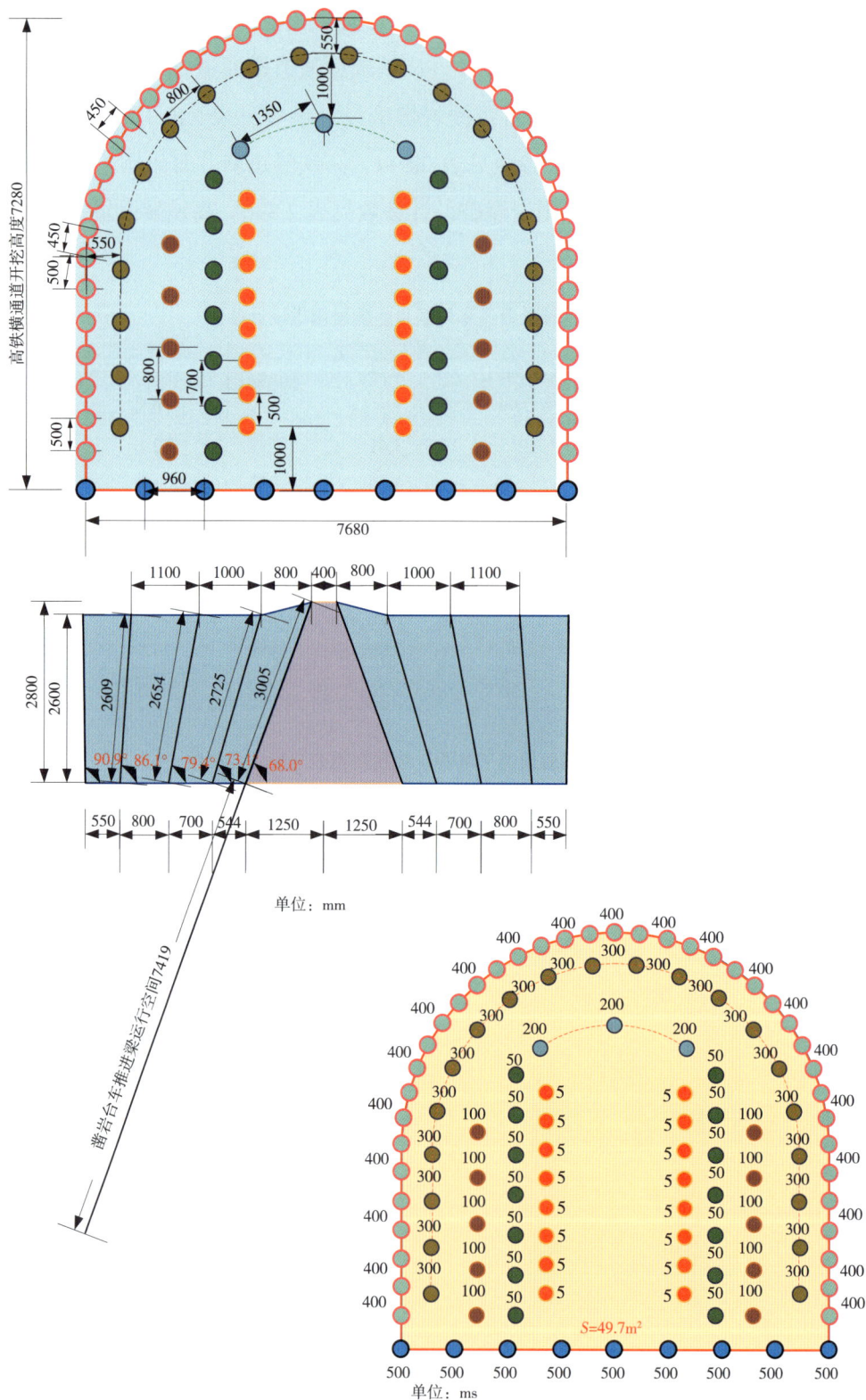

单位：mm

凿岩台车推进梁运行空间7419

高铁横通道开挖高度7280

单位：ms

图 2.8-2　高铁辅助通道横通道Ⅲ级围岩爆破设计

表 2.8-3　　　　　　　　　高铁辅助通道横通道Ⅲ级围岩爆破设计参数

序号	炮孔名称	孔数 /个	延时 /ms	孔深 /m	装药结构	装药量 /kg	
						单孔	段装药
1	掏槽孔	16	5	3.01	连续	1.8	28.8
2		14	50	2.73	连续	1.5	21.0
3	辅助孔	10	100	2.65	连续	1.2	12.0
4		3	200	2.65	连续	1.2	3.6
5	二圈孔	20	300	2.61	连续	0.7	14.0
6	周边孔	39	400	2.60	间隔	0.5	19.5
7	底板孔	9	500	2.62	连续	0.6	5.4

表 2.8-4　　　　　　　　　高铁辅助通道横通道Ⅲ级围岩爆破开挖综合参数

爆破断面面积 /m²	总装药量 /kg	雷管总数 /个	单段最大药量 /kg	炮孔总数 /个	设计爆破进尺 /m
49.7	104.3	80	28.8	111	2.6
总延时 /ms	炮孔密度 /（个/m³）	雷管单耗 /（个/m³）	炸药单耗 /（kg/m³）	导爆索量 /m	周边孔线装药量 /（kg/m）
500	0.85	0.61	0.81	150	0.2

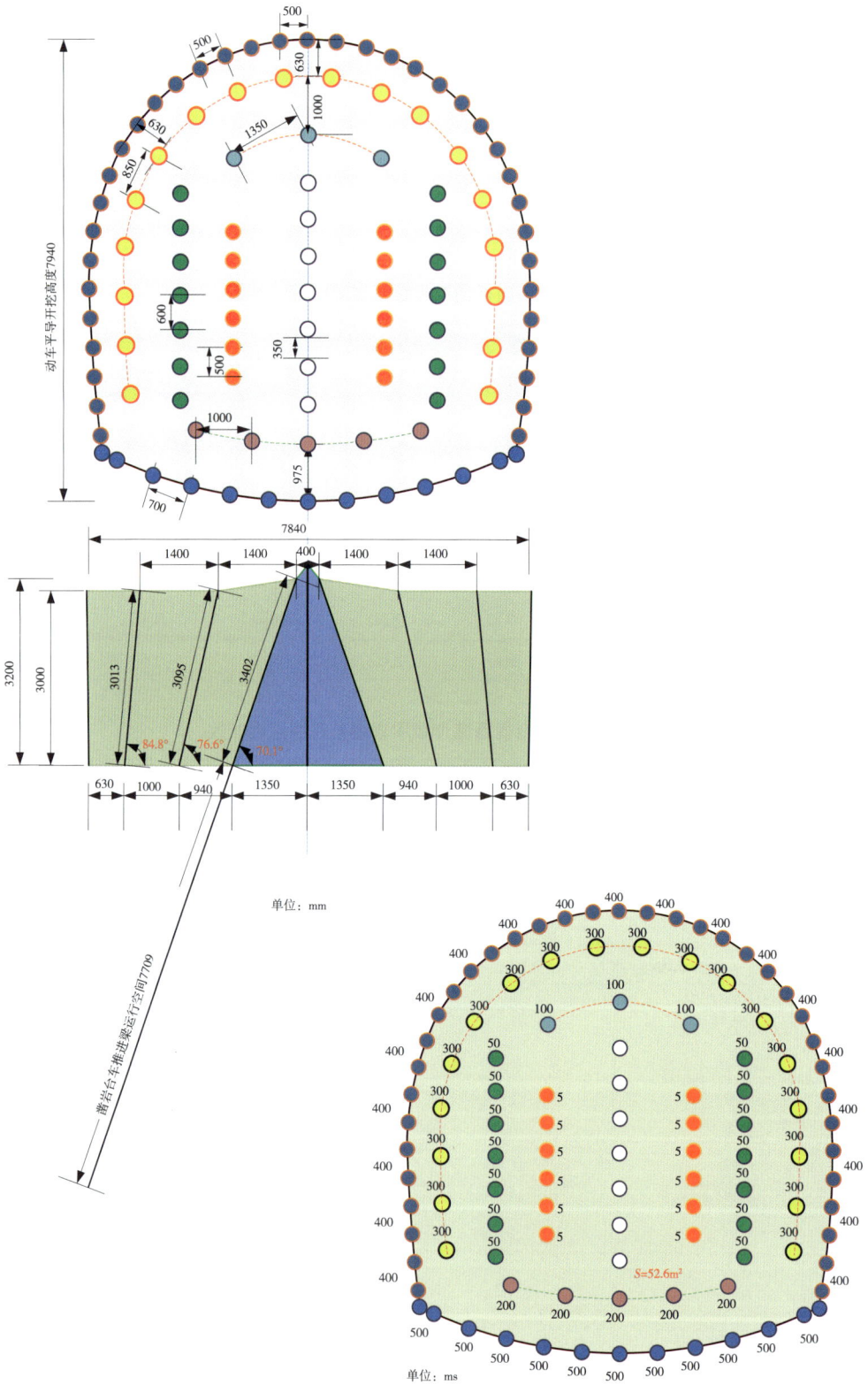

单位：mm

单位：ms

图 2.8-3　高铁隧道斜井 III 级围岩爆破设计

表 2.8-5　　　　　　　　　　　　　高铁隧道斜井Ⅲ级围岩爆破设计参数

序号	炮孔名称	孔数 /个	延时 /ms	孔深 /m	装药结构	装药量 /kg	
						单孔	段装药
1	掏槽孔	12	5	3.41	连续	2.1	25.2
2		14	50	3.10	连续	1.8	25.2
3	辅助孔	3	100	3.05	连续	1.2	3.6
4		5	200	3.05	连续	1.2	6.0
5	二圈孔	18	300	3.05	连续	0.9	16.2
6	周边孔	37	400	3.02	间隔	0.5	18.5
7	底板孔	13	500	3.10	连续	0.9	11.7

表 2.8-6　　　　　　　　　　　　高铁隧道斜井Ⅲ级围岩爆破开挖综合参数

爆破断面面积 /m²	总装药量 /kg	雷管总数 /个	单段最大药量 /kg	炮孔总数 /个	设计爆破进尺 /m
52.6	106.4	80	25.2	102	3.0
总延时 /ms	炮孔密度 /（个/m³）	雷管单耗 /（个/m³）	炸药单耗 /（kg/m³）	导爆索量 /m	周边孔线装药量 /（kg/m）
500	0.65	0.51	0.67	100	0.2

03

第3篇

高速公路隧道爆破设计

第 1 章　一级公路隧道爆破设计

一级公路隧道爆破设计特点

一级公路是我国公路等级中的一种类型，位居高速公路之后、二级公路之前，广泛用于主干线路的建设。在 20 世纪 80 年代以前，一级公路处于早期中国公路等级中的首位；高速公路引进国内后，为了避免重新大改旧式公路等级体系所带来的麻烦，同时为了简明突显专供汽车高速行驶的公路名称，交通部门就直接将高速公路加入传统公路等级的行列中，位于一级公路之前，成为新的最高级别的公路类型，一级公路则退居第二位。

一级公路有以下特点。

（1）设有长距离的中央隔离带，将往返车辆隔开。

（2）根据不同道路的服务功能，选择保留平面交叉口或采用全立交，交叉路口数量视实际情况而定。

（3）原则上不允许出现机动车与非机动车、行人等的混行情况，可增设辅道、非机动车道和人行道。

（4）最低车道数量要求为双向四车道，以双向六车道或八车道居多。

（5）行车限速为 60~100km/h。

一级公路隧道爆破设计有以下特点。

（1）一级公路隧道Ⅱ、Ⅲ级围岩一般采用全断面工法进行爆破开挖，爆破设计进尺为 3.6~4.2m，一般采用大楔形掏槽模式。

（2）Ⅳ级围岩采用台阶法施工，爆破设计进尺为 2.6~3.6m，上台阶开挖高度要有利于凿岩台车能效的发挥，下台阶采用微台阶爆破开挖。

（3）隧道爆破开挖延时设计要遵循掏槽孔延时时间为 20~30ms，辅助孔延时时间为 50~100ms，周边孔尽可能同时起爆，如果有必要分段爆破要对称分段。

一级公路隧道Ⅲ级全断面法爆破设计见图 3.1-1。

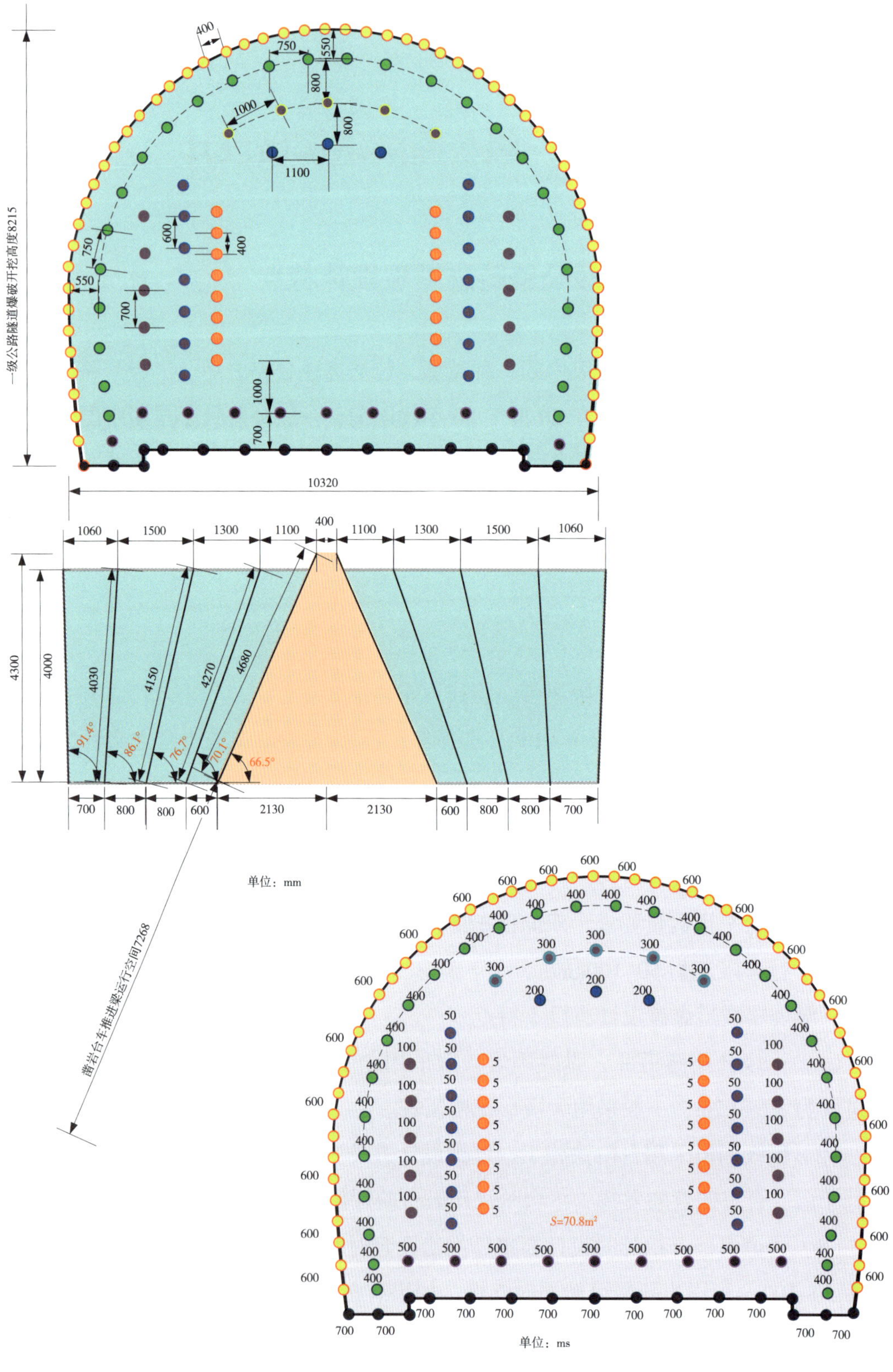

单位：mm

单位：ms

$S=70.8\text{m}^2$

图 3.1-1　一级公路隧道 Ⅲ 级全断面法爆破设计

一级公路隧道Ⅲ级全断面法爆破设计参数见表 3.1-1。一级公路隧道Ⅲ级全断面法爆破开挖综合参数见表 3.1-2。一级公路隧道Ⅳ级围岩台阶法爆破设计见图 3.1-2。一级公路隧道Ⅳ级围岩台阶法爆破设计参数见表 3.1-3。一级公路隧道Ⅳ级围岩台阶法爆破开挖综合参数见表 3.1-4。

表 3.1-1　　　　　　　　　一级公路隧道Ⅲ级全断面法爆破设计参数

序号	炮孔名称	孔数/个	延时/ms	孔深/m	装药结构	装药量 /kg	
						单孔	段装药
1	掏槽孔	16	5	4.68	连续	2.7	43.2
2		14	50	4.27	连续	2.4	33.6
3		10	100	4.15	连续	2.1	21.0
4	辅助孔	3	200	4.12	连续	1.5	4.5
5		5	300	4.06	连续	1.5	7.5
6	抬炮孔	9	500	4.06	连续	1.5	13.5
7	二圈孔	28	400	4.02	连续	1.2	33.6
8	周边孔	55	600	4.02	间隔	0.7	38.5
9	底板孔	17	700	4.10	连续	1.2	20.4

表 3.1-2　　　　　　　　　一级公路隧道Ⅲ级全断面法爆破开挖综合参数

爆破断面面积/m²	总装药量/kg	雷管总数/个	单段最大药量/kg	炮孔总数/个	设计爆破进尺/m
70.8	215.8	110	43.2	157	4.0
总延时/ms	炮孔密度/(个/m³)	雷管单耗/(个/m³)	炸药单耗/(kg/m³)	导爆索量/m	周边孔线装药量/(kg/m)
700	0.55	0.39	0.76	300	0.2

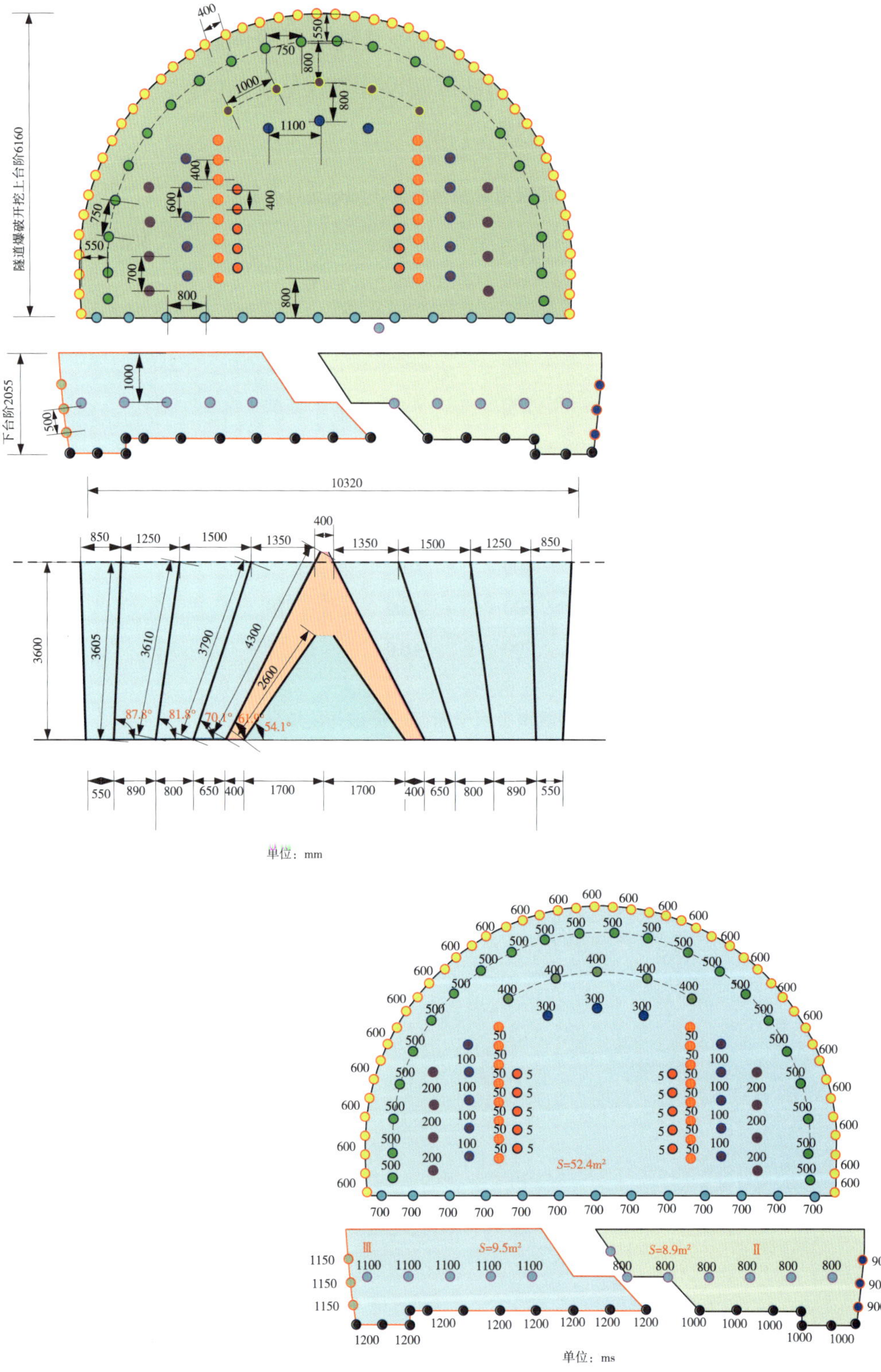

单位：mm

单位：ms

图 3.1-2　一级公路隧道Ⅳ级围岩台阶法爆破设计

表 3.1-3　　　　　　　　　一级公路隧道Ⅳ级围岩台阶法爆破设计参数

序号	炮孔名称	孔数 /个	延时 /ms	孔深 /m	装药结构	装药量 /kg	
						单孔	段装药
上台阶							
1	掏槽孔	10	5	2.60	连续	1.8	18.0
2		16	50	4.30	连续	2.4	38.4
3		10	100	3.79	连续	2.1	21.0
4	辅助孔	8	200	3.61	连续	1.8	14.4
5		3	300	3.61	连续	1.8	5.4
6		5	400	3.61	连续	1.8	9.0
7	二圈孔	22	500	3.61	连续	1.2	26.4
8	周边孔	47	600	3.61	间隔	0.6	28.2
9	底板孔	13	700	3.70	连续	0.7	9.1
小计		134	单耗	0.9	断面面积 /m²	52.4	169.9
下台阶Ⅱ部							
10	抬炮孔	6	800	4.0	连续	1.5	9.0
11	周边孔	3	900	4.0	间隔	0.7	2.1
12	底板孔	7	1000	4.1	连续	1.8	12.6
小计		16	单耗	0.73	断面面积 /m²	8.9	23.7
下台阶Ⅲ部							
13	抬炮孔	5	1100	4.0	连续	1.5	7.5
14	周边孔	3	1150	4.0	间隔	0.7	2.1
15	底板孔	11	1200	4.1	连续	1.8	19.8
小计		19	单耗	0.85	断面面积 /m²	9.5	29.4

表 3.1-4　　　　　　　　　一级公路隧道Ⅳ级围岩台阶法爆破开挖综合参数

爆破断面面积 /m²	总装药量 /kg	雷管总数 /个	单段最大药量 /kg	炮孔总数 /个	设计爆破进尺 /m
70.8	223.0	130	38.4	169	3.6
总延时 /ms	炮孔密度 /（个 /m³）	雷管单耗 /（个 /m³）	炸药单耗 /（kg/m³）	导爆索量 /m	周边孔线装药量 /（kg/m）
1200	0.66	0.51	0.87	200	0.2

第2章 高速公路两车道隧道爆破设计

高速公路隧道爆破设计特点

　　高速公路属于高等级公路。《公路工程技术标准》（JTG B01—2014）规定，高速公路指能适应年平均昼夜小客车交通量为 15000 辆以上、专供汽车分道高速行驶，并全部控制出入的公路。一般来说，高速公路能适应 120km/h 或者更高的速度（一般为 120km/h），路面有 4 个以上车道的宽度。高速公路应符合以下 4 个条件：① 只供汽车高速行驶；② 设有多车道、中央分隔带，将往返交通完全隔开；③ 设有立体交叉口；④ 全线封闭，出入口控制，只准汽车在规定的一些立体交叉口进出公路。

　　高速公路隧道爆破开挖有以下特点。

　　（1）断面大。与铁路隧道、水工隧道、矿山地下巷道相比，公路隧道断面较大，双车道公路隧道的断面面积可超过 $80m^2$，三车道隧道断面面积更大，因此爆破的药量雷管用量加大。

　　（2）形状扁平。由于公路隧道的建筑限界基本上是一个宽度大于高度的截角矩形截面，在设计开挖断面、初砌结构时总是在保证施工安全和结构长期稳定条件下，尽量围绕建筑限界设计开挖断面和净断面，因此，公路隧道的断面常为形状扁平的马蹄形或直墙拱顶形。为了减少围岩的应力集中，爆破设计要采用光面爆破。

　　（3）爆破开挖时需要通风照明。在隧道爆破开挖过程中，需要将隧道外的新鲜空气循环到隧道内，并且需要大量的固定和临时移动的照明来保证正常的爆破开挖。隧道施工环境的不利因素增加，必须做好爆破施工的安全防护。

　　（4）需要保护的设备和构筑物多。隧道内施工是循环工序作业，人员设备及大量的构筑物接近爆破开挖的掌子面，在爆破开挖过程中要防止爆破飞石、冲击波、爆破振动等对周边环境的破坏。

　　（5）由于断面面积大，因此可以采用三臂凿岩台车双机共同作业。

　　高速公路两车道隧道Ⅲ级围岩台阶法爆破设计见图 3.2-1。

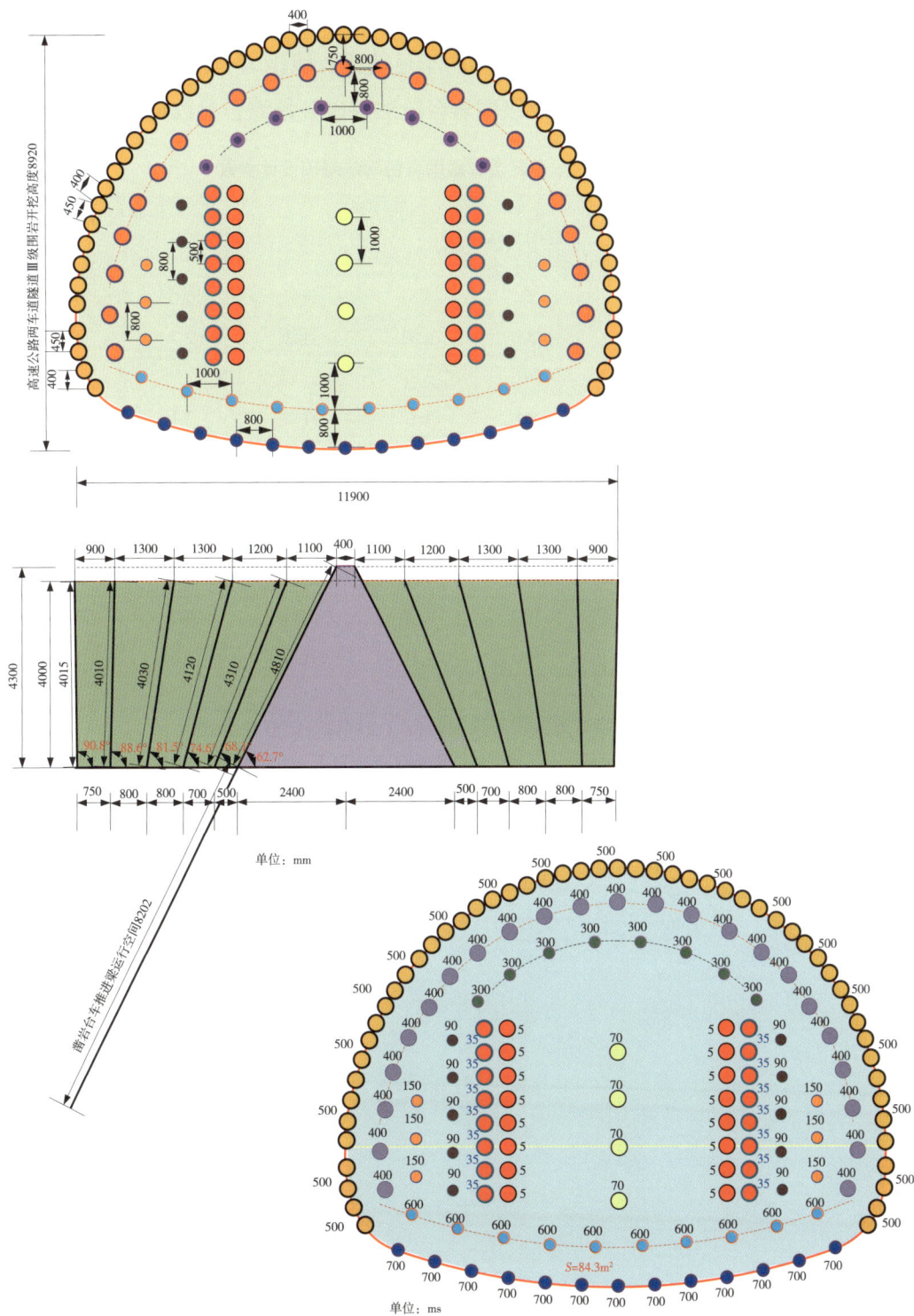

图 3.2-1 高速公路两车道隧道 Ⅲ 级围岩台阶法爆破设计

高速公路两车道隧道Ⅲ级围岩台阶法爆破设计参数见表 3.2-1。高速公路两车道隧道Ⅲ级围岩台阶法爆破开挖综合参数见表 3.2-2。高速公路两车道隧道Ⅳ级围岩台阶法爆破设计见图 3.2-2。高速公路两车道隧道Ⅳ级围岩台阶法爆破设计参数见表 3.2-3。高速公路两车道隧道Ⅳ级围岩台阶法爆破开挖综合参数见表 3.2-4。

表 3.2-1　　　　　　　高速公路两车道隧道Ⅲ级围岩台阶法爆破设计参数

序号	炮孔名称	孔数 /个	延时 /ms	孔深 /m	装药结构	装药量 /kg	
						单孔	段装药
1	掏槽孔	16	5	4.81	连续	3.0	48.0
2		16	35	4.31	连续	2.7	43.2
3	空孔	4	70	2.80	间隔		
4	辅助孔	10	90	4.12	连续	2.1	21.0
5		6	150	4.06	连续	1.8	10.8
6		8	300	4.06	连续	1.5	12.0
7	抬炮孔	10	600	4.06	连续	1.2	12.0
8	二圈孔	23	400	4.02	连续	1.2	27.6
9	周边孔	53	500	4.00	间隔	0.7	37.1
10	底板孔	13	700	4.10	连续	1.5	19.5

表 3.2-2　　　　　　　高速公路两车道隧道Ⅲ级围岩台阶法爆破开挖综合参数

爆破断面面积 /m²	总装药量 /kg	雷管总数 /个	单段最大药量 /kg	炮孔总数 /个	设计爆破进尺 /m
84.3	231.2	110	48.0	159	4.0
总延时 /ms	炮孔密度 /（个 /m³）	雷管单耗 /（个 /m³）	炸药单耗 /（kg/m³）	导爆索量 /m	周边孔线装药量 /（kg/m）
700	0.47	0.32	0.68	300	0.2

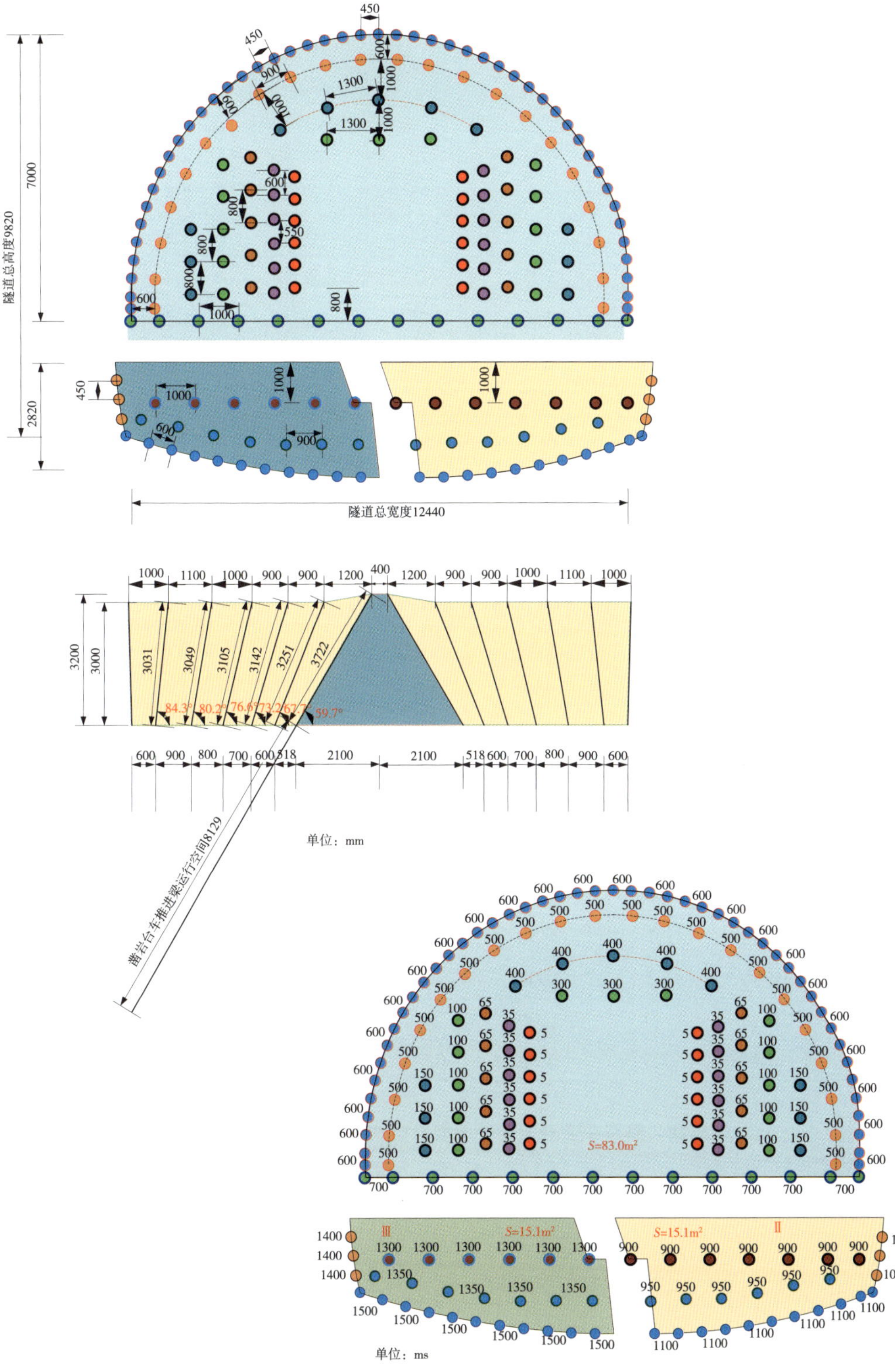

图 3.2-2　高速公路两车道隧道Ⅳ级围岩台阶法爆破设计

表 3.2-3　　　　　　　　高速公路两车道隧道Ⅳ级围岩台阶法爆破设计参数

序号	炮孔名称	孔数/个	延时/ms	孔深/m	装药结构	装药量/kg	
						单孔	段装药
上台阶							
1	掏槽孔	12	5	3.72	连续	2.1	25.2
2		12	35	3.25	连续	1.8	21.6
3		10	65	3.14	连续	1.5	15.0
4	辅助孔	10	100	3.11	连续	1.2	12.0
5		6	150	3.05	连续	1.2	7.2
6		3	300	3.05	连续	1.2	3.6
7		5	400	3.05	连续	1.2	6.0
8	二圈孔	22	500	3.03	连续	0.9	19.8
9	周边孔	47	600	3.01	间隔	0.5	23.5
10	底板孔	14	700	3.10	连续	1.2	16.8
小计		141	单耗	0.61	断面面积/m²	83.0	150.7
下台阶Ⅱ部							
11	上抬孔	7	900	3.0	连续	0.9	6.3
12	下抬孔	6	950	3.0	连续	0.9	5.4
13	周边孔	3	1000	3.0	间隔	0.5	1.5
14	底板孔	11	1100	3.1	连续	0.9	9.9
小计		27	单耗	0.51	断面面积/m²	15.1	23.1
下台阶Ⅲ部							
15	上抬孔	6	1300	3.0	连续	0.9	5.4
16	下抬孔	7	1350	3.0	连续	0.9	6.3
17	周边孔	3	1400	3.0	间隔	0.5	1.5
18	底板孔	11	1500	3.1	连续	0.9	9.9
小计		27	单耗	0.51	断面面积/m²	15.1	23.1

表 3.2-4　　　　　　　　高速公路两车道隧道Ⅳ级围岩台阶法爆破开挖综合参数

爆破断面面积/m²	总装药量/kg	雷管总数/个	单段最大药量/kg	炮孔总数/个	设计爆破进尺/m
113.2	196.9	160	25.2	195	3.0
总延时/ms	炮孔密度/(个/m³)	雷管单耗/(个/m³)	炸药单耗/(kg/m³)	导爆索量/m	周边孔线装药量/(kg/m)
1500	0.57	0.47	0.57	200	0.2

第3章　高速公路三车道隧道爆破设计

高速公路三车道隧道Ⅲ级围岩全断面法爆破设计见图3.3-1。高速公路三车道隧道Ⅲ级围岩全断面法爆破设计参数见表3.3-1。高速公路三车道隧道Ⅲ级围岩全断面法爆破开挖综合参数见表3.3-2。高速公路三车道隧道Ⅳ级围岩台阶法爆破设计见图3.3-2。高速公路三车道隧道Ⅳ级围岩台阶法爆破设计参数见表3.3-3。高速公路三车道隧道Ⅳ级围岩台阶法爆破开挖综合参数见表3.3-4。高速公路三车道隧道Ⅴ级围岩三台阶法爆破设计见图3.3-3。高速公路三车道隧道Ⅴ级围岩三台阶法爆破设计参数见表3.3-5。高速公路三车道隧道Ⅴ级围岩三台阶法爆破开挖综合参数见表3.3-6。

表 3.3-1　　　　高速公路三车道隧道Ⅲ级围岩全断面法爆破设计参数

序号	炮孔名称	孔数 /个	延时 /ms	孔深 /m	装药结构	装药量 /kg	
						单孔	段装药
1	掏槽孔	16	5	4.93	连续	3.0	48.0
2		16	50	4.48	连续	2.7	43.2
3		12	100	4.23	连续	2.1	25.2
4	空孔	6	70	2.70	间隔		
5	辅助孔	12	200	4.12	连续	1.8	21.6
6		8	300	4.06	连续	1.5	12.0
7		4	400	4.06	连续	1.5	6.0
8		7	500	4.06	连续	1.5	10.5
9	抬炮孔	10	600	4.06	连续	1.2	12.0
10	二圈孔	26	700	4.02	连续	0.9	23.4
11	周边孔	53	800	4.00	间隔	0.7	37.1
12	底板孔	13	900	4.10	连续	0.9	11.7

表 3.3-2　　　　高速公路三车道隧道Ⅲ级围岩全断面法爆破开挖综合参数

爆破断面面积 /m²	总装药量 /kg	雷管总数 /个	单段最大药量 /kg	炮孔总数 /个	设计爆破进尺 /m
118.1	250.7	140	48.0	183	4.0
总延时 /ms	炮孔密度 /（个/m³）	雷管单耗 /（个/m³）	炸药单耗 /（kg/m³）	导爆索量 /m	周边孔线装药量 /（kg/m）
900	0.38	0.29	0.53	150	0.2

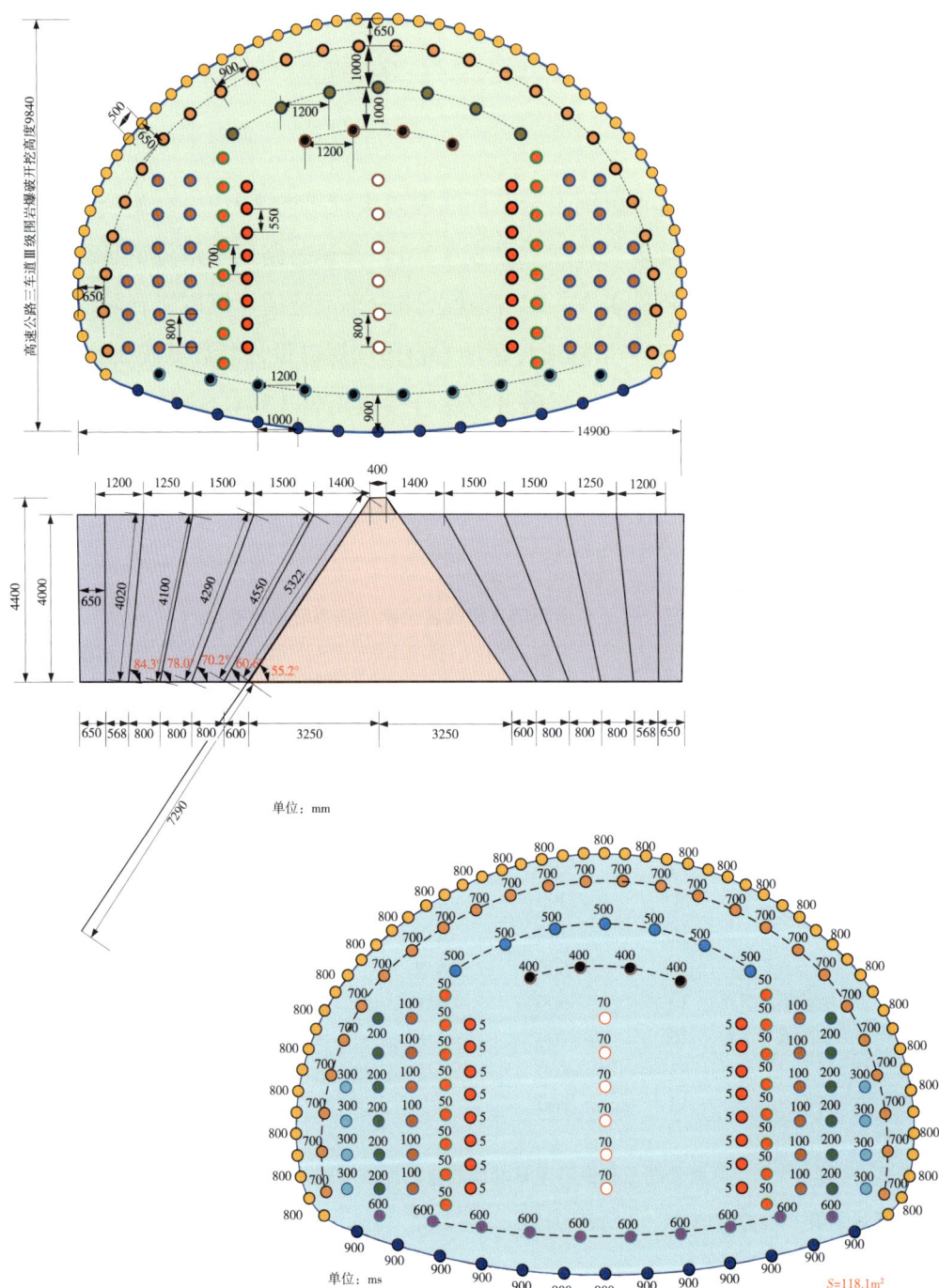

单位：mm

单位：ms

$S=118.1m^2$

图 3.3-1　高速公路三车道隧道Ⅲ级围岩全断面法爆破设计

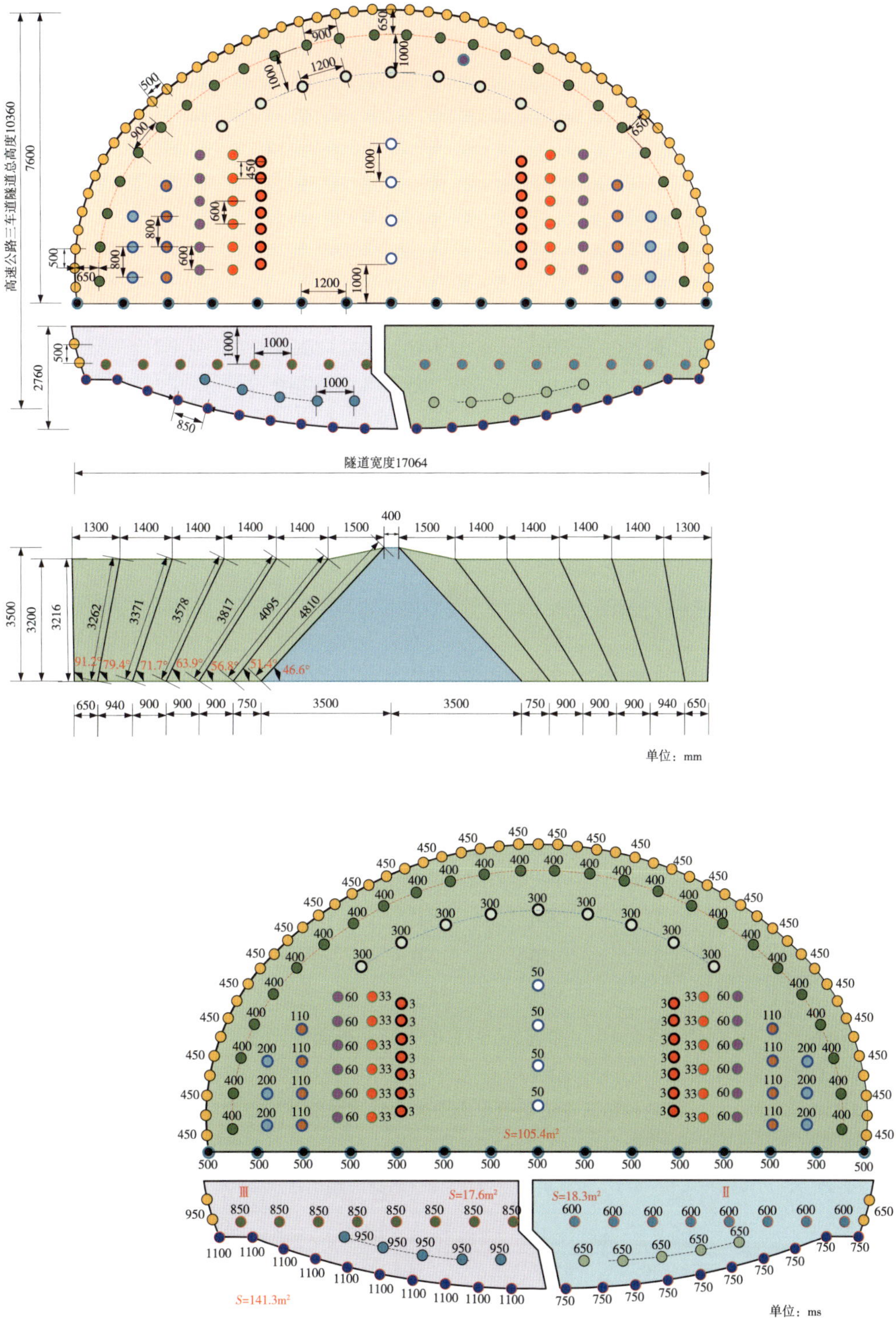

图 3.3-2　高速公路三车道隧道Ⅳ级围岩台阶法爆破设计

表 3.3-3　　　　　高速公路三车道隧道Ⅳ级围岩台阶法爆破设计参数

序号	炮孔名称	孔数/个	延时/ms	孔深/m	装药结构	装药量/kg 单孔	装药量/kg 段装药
上台阶							
1	掏槽孔	14	3	4.81	连续	2.1	29.4
2		12	33	4.09	连续	1.8	21.6
3		12	60	3.82	连续	1.5	18.0
4	空孔	4	50	2.0	间隔		
5	辅助孔	8	110	3.57	连续	1.5	12.0
6		6	200	3.37	连续	1.2	9.6
7		9	300	3.06	连续	1.2	10.8
8	二圈孔	26	400	3.26	连续	0.9	23.4
9	周边孔	51	450	3.05	间隔	0.4	20.4
10	底板孔	15	500	3.10	连续	1.2	18.0
小计		153（157）	单耗	0.48	断面面积/m²	105.4	163.2
下台阶Ⅱ部							
11	上抬孔	8	600	3.0	连续	0.6	4.8
12	下抬孔	5	650	3.0	连续	0.9	4.5
13	周边孔	2	650	3.0	间隔	0.6	1.2
14	底板孔	10	750	3.1	连续	0.9	9.0
小计		25	单耗	0.49	断面面积/m²	18.3	19.5
下台阶Ⅲ部							
15	上抬孔	8	850	3.0	连续	0.6	4.8
16	下抬孔	5	950	3.0	连续	0.9	4.5
17	周边孔	2	950	3.0	间隔	0.6	1.2
18	底板孔	10	1100	3.1	连续	1.2	12.0
小计		25	单耗	0.52	断面面积/m²	17.6	19.5

表 3.3-4　　　　　高速公路三车道隧道Ⅳ级围岩台阶法爆破开挖综合参数

爆破断面面积/m²	总装药量/kg	雷管总数/个	单段最大药量/kg	炮孔总数/个	设计爆破进尺/m
141.3	205.2	170	29.4	203	3.2
总延时/ms	炮孔密度/(个/m³)	雷管单耗/(个/m³)	炸药单耗/(kg/m³)	导爆索量/m	周边孔线装药量/(kg/m)
1100	0.45	0.37	0.45	200	0.2

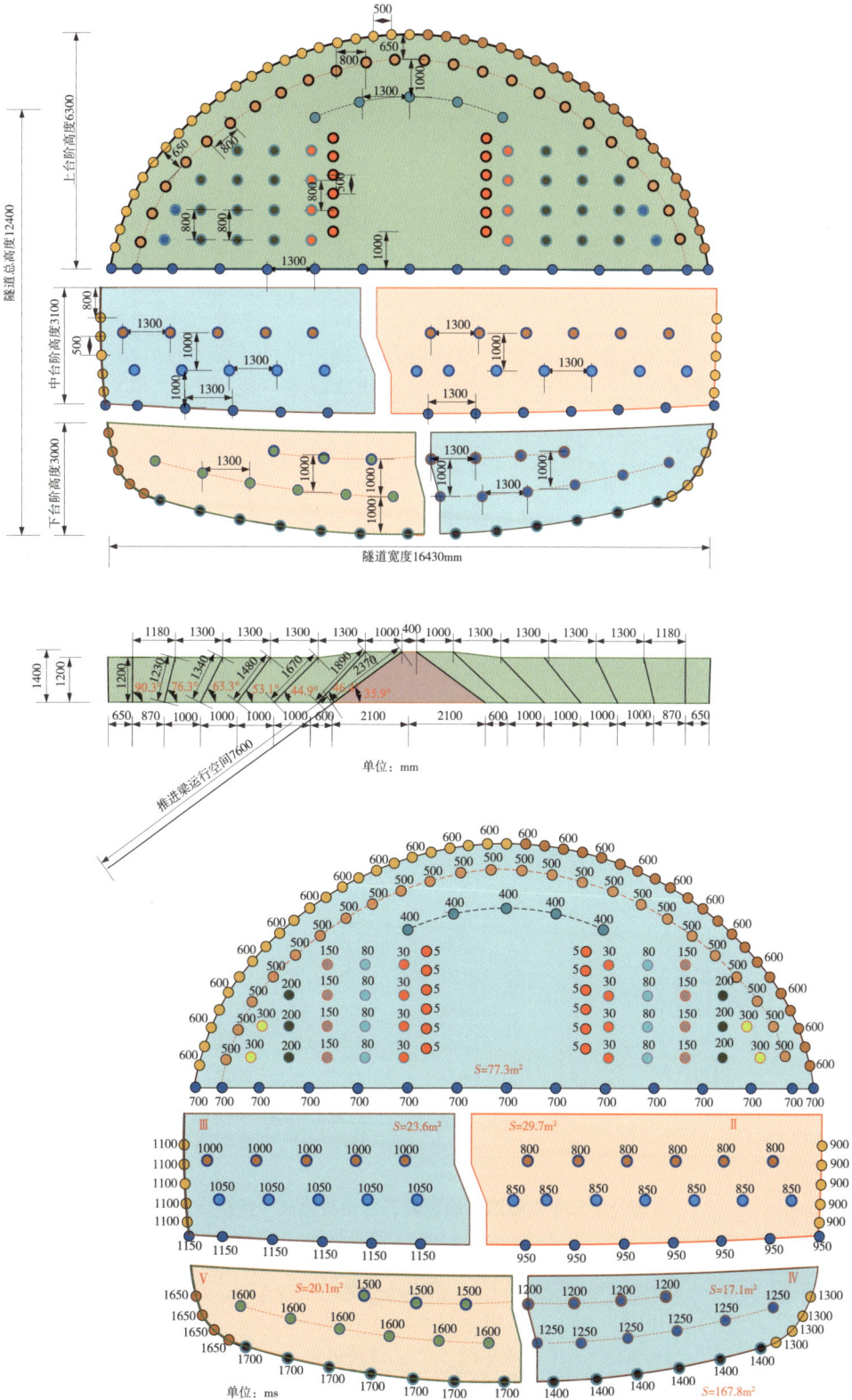

图 3.3-3　高速公路三车道隧道 V 级围岩三台阶法爆破设计

表 3.3-5   高速公路三车道隧道 V 级围岩三台阶法爆破设计参数

序号	炮孔名称	孔数/个	延时/ms	孔深/m	装药结构	装药量 /kg	
						单孔	段装药
上台阶							
1	掏槽孔	12	5	2.37	连续	1.2	14.4
2		8	30	1.85	连续	1.0	8.0
3		8	80	1.67	连续	0.9	7.2
4	辅助孔	8	150	1.48	连续	0.6	4.8
5		6	200	1.34	连续	0.6	3.6
6		4	300	1.23	连续	0.3	1.2
7		5	400	1.22	连续	0.3	1.5
8	二圈孔	24	500	1.22	连续	0.3	7.2
9	周边孔	43	600	1.21	间隔	0.2	8.6
10	底板孔	15	700	1.22	连续	0.3	4.5
断面面积 /m²	77.3	133		单耗	0.65		61.0
中台阶							
11	上抬孔 II	6	800	1.6	连续	0.3	1.8
12	下抬孔 II	7	850	1.6	连续	0.6	4.2
13	周边孔 II	5	900	1.6	间隔	0.3	1.5
14	底板孔 II	7	950	1.6	连续	0.6	4.2
15	上抬孔 III	5	1000	1.6	连续	0.3	1.5
16	下抬孔 III	5	1050	1.6	连续	0.6	3.0
17	周边孔 III	5	1100	1.6	间隔	0.3	1.5
18	底板孔 III	6	1150	1.6	连续	0.6	3.6
断面面积 /m²	53.3	46		单耗	0.25		21.3
下台阶							
19	上抬孔 IV	4	1100	1.6	连续	0.3	1.2
20	下抬孔 IV	6	1150	1.6	连续	0.6	3.6
21	周边孔 IV	4	1200	1.6	间隔	0.3	1.2
22	底板孔 IV	6	1250	1.6	连续	0.6	3.6
23	上抬孔 V	3	1300	1.6	连续	0.3	0.9
24	下抬孔 V	6	1350	1.6	连续	0.6	3.6
25	周边孔 V	4	1400	1.6	间隔	0.3	1.2
26	底板孔 V	7	1500	1.6	连续	0.6	4.2
断面面积 /m²	37.2	40		单耗	0.32		19.5

表 3.3-6   高速公路三车道隧道 V 级围岩三台阶法爆破开挖综合参数

爆破断面面积 /m²	总装药量 /kg	雷管总数 /个	单段最大药量 /kg	炮孔总数 /个	设计爆破进尺 /m
167.8	101.8	219	14.4	219	1.2
总延时 /ms	炮孔密度 /（个 /m³）	雷管单耗 /（个 /m³）	炸药单耗 /（kg/m³）	导爆索量 /m	周边孔线装药量 /（kg/m）
1500	1.08	1.08	0.50	0	0.2

第 4 章　高速公路 CD 工法隧道爆破设计

高速公路 CD 工法隧道爆破设计特点

高速公路采用 CD 工法一般用于围岩较差的地质条件下，虽然能有效控制隧道变形，但是分部开挖会使施工进度相对较慢。因此，在爆破开挖过程中，需要在保证爆破效果和施工安全的前提下，提高爆破效率，合理安排爆破循环时间，以加快整体施工进度，同时要确保各分部之间的施工衔接紧密，避免出现施工延误。

（1）采用 CD 工法在设备选型上一般选用小型凿岩台车或者双曲臂凿岩台车进行爆破施工。

（2）分部开挖 CD 工法将隧道断面分成多个部分进行开挖，每个部分的爆破都需要精确控制，以避免对相邻已开挖部分或未开挖部分造成影响。要根据各分部的形状、尺寸和围岩条件，合理设计炮孔布置和爆破参数，严格控制爆破的单段最大药量和总药量，减少爆破振动对围岩和临时支护结构的破坏。

（3）在 CD 工法中，临时支护（如中隔壁、临时仰拱等）对隧道的稳定起着关键作用。爆破作业要与临时支护施工保持一定的距离，或者采用空孔减振，避免爆破对已施工的临时支护产生过大冲击。爆破参数的调整需要考虑对临时支护的影响，确保支护结构的安全性和可靠性。

（4）采用 CD 工法采用分部开挖，每个施工区域的空间相对较小，施工设备和爆破器材的布置受到限制，钻孔、装药、连线等操作空间狭小，需要施工人员具备较高水平的操作技能和丰富的经验，以保证爆破作业的顺利进行。

（5）高速公路隧道对围岩的稳定性要求较高，采用 CD 工法进行爆破开挖时，要尽可能减少对围岩的扰动。通过优化爆破参数，采用微差爆破、光面爆破等技术，使爆破能量均匀分布，降低爆破应力波对围岩的破坏作用，保持围岩的自承能力，减少后期支护的难度和工作量。

高速公路三车道隧道 V 级围岩 CD 法 I 、II 部爆破设计见图 3.4-1。

高速公路三车道隧道Ⅴ级围岩CD法Ⅰ、Ⅱ部爆破设计参数见表3.4-1。高速公路三车道隧道Ⅴ级围岩CD法Ⅰ、Ⅱ部爆破开挖综合参数见表3.4-2。

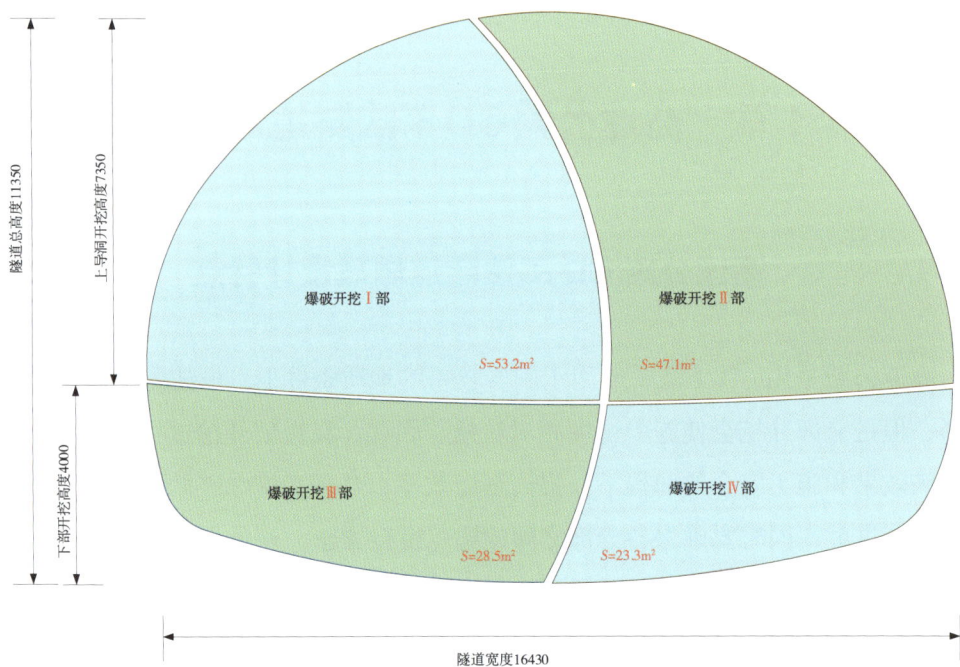

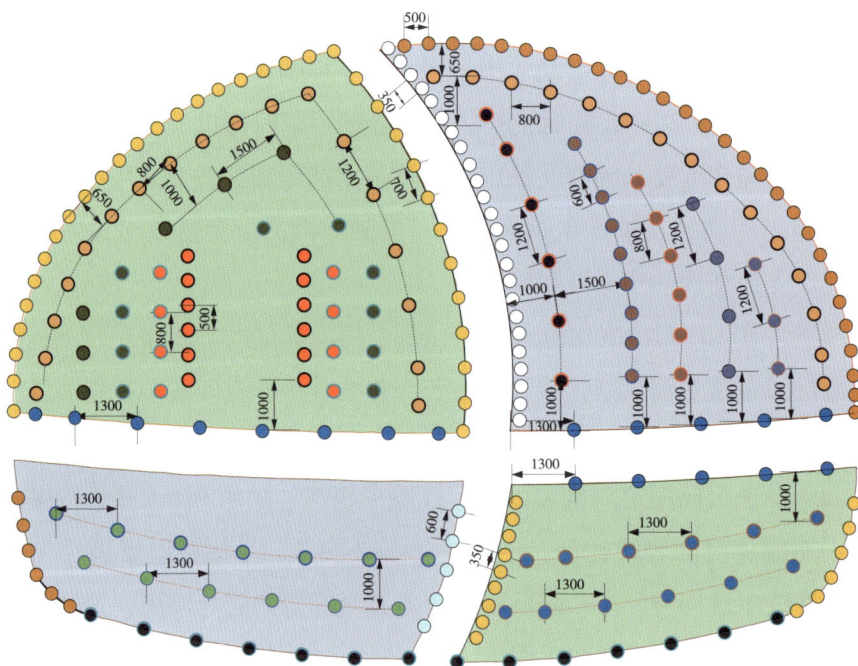

单位：mm

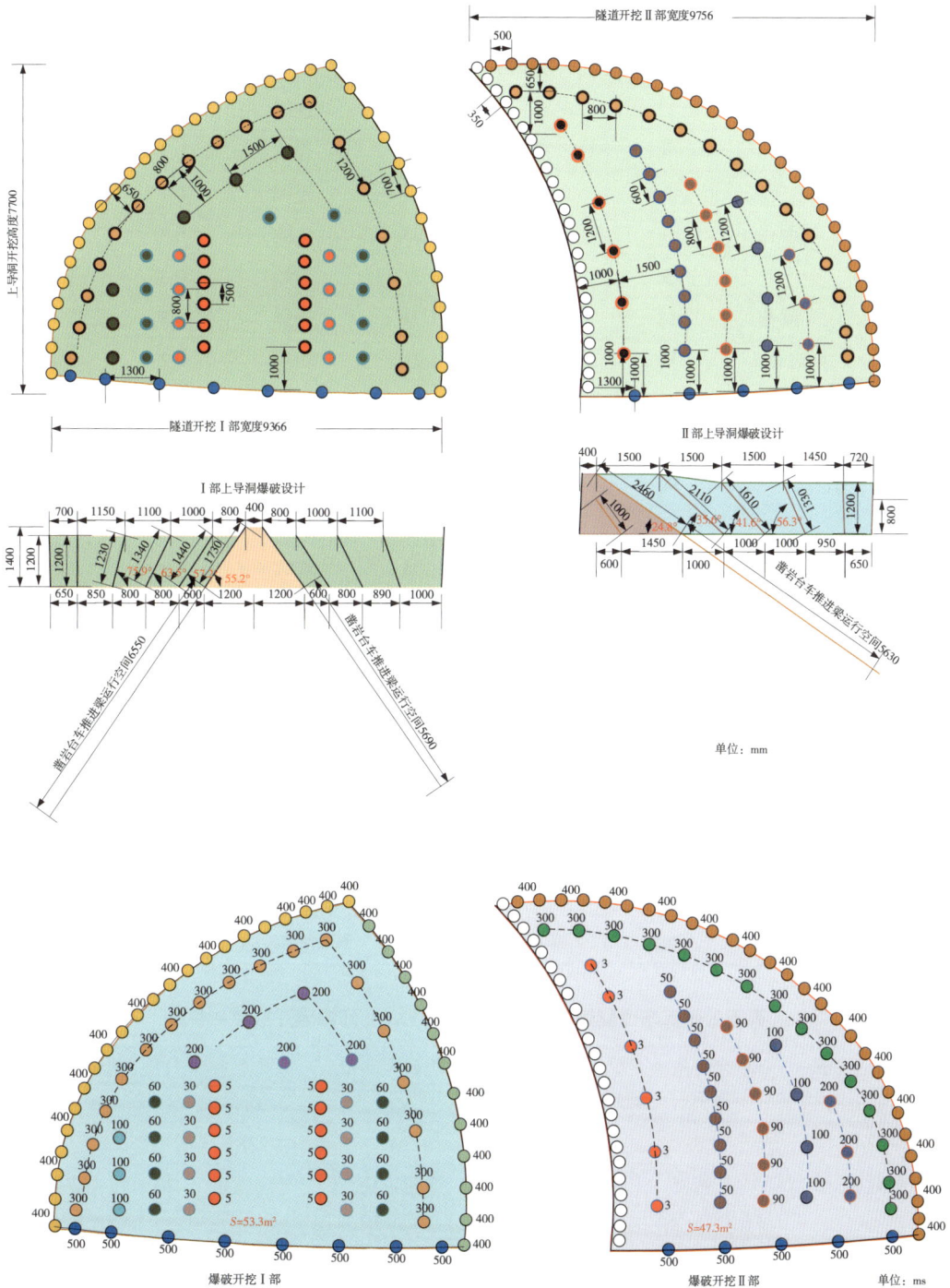

图 3.4-1　高速公路三车道隧道Ⅴ级围岩 CD 法Ⅰ、Ⅱ部爆破设计

表 3.4-1　　　　　　高速公路三车道隧道Ⅴ级围岩 CD 法Ⅰ、Ⅱ部爆破设计参数

序号	炮孔名称	孔数/个	延时/ms	孔深/m	装药结构	装药量/kg	
						单孔	段装药
爆破开挖Ⅰ部							
1	掏槽孔	12	5	1.73	连续	0.6	7.2
2		8	30	1.44	连续	0.3	2.4
3	辅助孔	8	60	1.34	连续	0.3	2.4
4		3	100	1.23	连续	0.3	0.9
5		5	200	1.21	连续	0.3	1.5
6	二圈孔	18	300	1.21	连续	0.3	5.4
7	周边孔 1	12	400	1.21	间隔	0.2	2.4
8	周边孔 2	22	400	1.21	间隔	0.2	4.4
9	底板孔	8	500	1.26	连续	0.3	2.4
小计		96	单耗	0.45	断面面积/m²	53.3	29.0
爆破开挖Ⅱ部							
10	掏槽孔	6	3	1.05	连续	0.3	1.8
11		9	50	2.46	连续	0.6	5.4
12		6	90	2.11	连续	0.3	1.8
13	辅助孔	4	100	1.61	连续	0.3	1.2
14		3	200	1.33	连续	0.3	0.9
15	二圈孔	15	300	1.21	连续	0.3	4.5
16	周边孔 3	28	400	1.21	间隔	0.2	5.6
17	底板孔	5	500	1.26	连续	0.3	1.5
18	空孔	（24）	说明		减振炮孔		
小计		76	单耗	0.39	断面面积/m²	47.3	22.7

表 3.4-2　　　高速公路三车道隧道Ⅴ级围岩 CD 法Ⅰ、Ⅱ部爆破开挖综合参数

爆破断面面积/m²	总装药量/kg	雷管总数/个	单段最大药量/kg	炮孔总数/个	设计爆破进尺/m
152.1	79.6	228	5.4	228	1.2
总延时/ms	炮孔密度/(个/m³)	雷管单耗/(个/m³)	炸药单耗/(kg/m³)	导爆索量/m	周边孔线装药量/(kg/m)
500	1.24	1.24	0.43	0	0.2

高速公路三车道隧道Ⅴ级围岩 CD 法Ⅲ、Ⅳ部爆破设计见图 3.4–2。高速公路三车道隧道Ⅴ级围岩 CD 法Ⅲ、Ⅳ部爆破设计参数见表 3.4–3 。

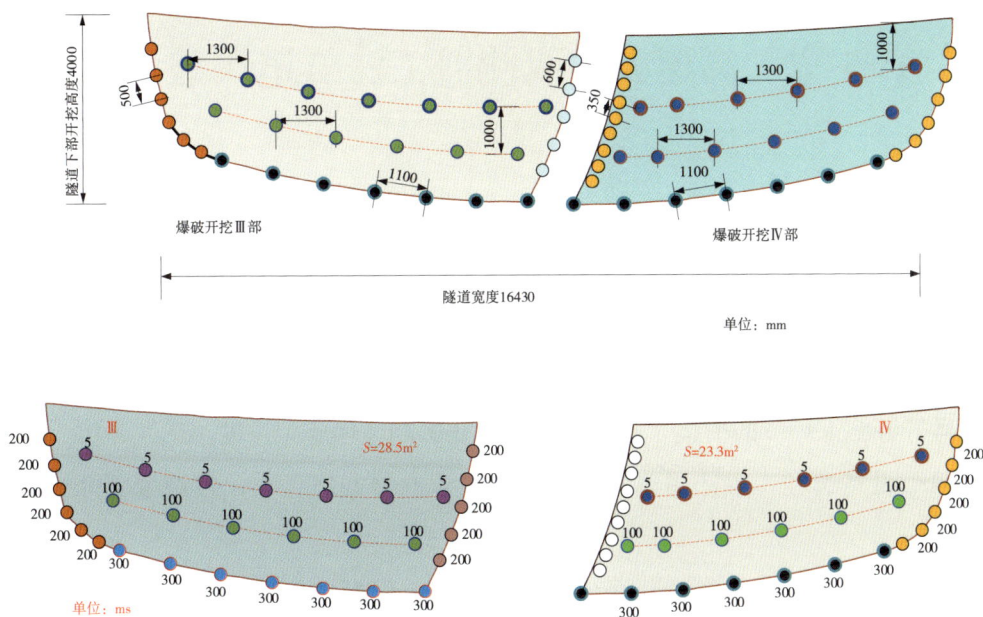

图 3.4–2　高速公路三车道隧道Ⅴ级围岩 CD 法Ⅲ、Ⅳ部爆破设计

表 3.4–3　　　　　高速公路三车道隧道Ⅴ级围岩 CD 法Ⅲ、Ⅳ部爆破设计参数

序号	炮孔名称	孔数 /个	延时 /ms	孔深 /m	装药结构	装药量 /kg	
						单孔	段装药
爆破开挖Ⅲ部							
1	上抬孔	7	5	2.0	连续	0.6	4.2
2	下抬孔	6	100	2.0	连续	0.6	3.6
3	周边孔	11	200	2.0	间隔	0.3	3.3
4	底板孔	7	300	2.1	连续	0.6	4.2
小计		31	单耗	0.26	断面面积 /m²	28.5	15.3
爆破开挖Ⅳ部							
5	上抬孔	6	5	2.0	连续	0.6	3.6
6	下抬孔	6	100	2.0	连续	0.6	3.6
7	周边孔	6	200	2.0	间隔	0.3	1.8
8	底板孔	7	300	2.1	连续	0.6	4.2
小计		25	单耗	0.28	断面面积 /m²	23.3	13.2

第5章　高速公路双侧壁工法隧道爆破设计

高速公路双侧壁工法隧道爆破设计特点

高速公路双侧壁工法施工工序复杂，施工进度相对较慢。在爆破开挖时，要在确保安全和质量的前提下，合理安排爆破循环，提高爆破效率，加快施工进度，同时要做好各施工环节的衔接，避免因爆破作业影响整体施工进度。

（1）设备选型一般选用单臂凿岩台车或双曲臂凿岩台车，控制爆破开挖进尺小于1.5m。

（2）双侧壁工法将隧道断面分成多个部分，先开挖两侧导坑，再逐步进行中间部分的开挖。这种分部开挖方式要求对每个部分的爆破进行精确控制，需要根据各分部的具体形状、尺寸和围岩特性，动态设计和调整爆破参数，严格控制单段最大药量和总药量，以减少爆破振动对围岩及已施工部分的影响。

（3）保护临时支护结构，在爆破作业过程中，要避免对这些临时支护产生过大冲击，防止其变形或损坏，确保临时支护能有效发挥作用，维护其在隧道施工过程中的稳定性。

（4）在分部开挖的情况下，各施工区域空间较为狭小，这给爆破作业带来诸多不便。

（5）需要严格控制爆破对围岩的扰动。通过采用光面爆破等技术，优化爆破参数，保护围岩的完整性和自承能力。

高速公路双侧壁导坑法A、B部爆破设计见图3.5-1。高速公路双侧壁导坑法A、B部爆破设计参数见表3.5-1。高速公路双侧壁导坑法A、B部爆破开挖综合参数见表3.5-2。高速公路双侧壁导坑法C部爆破设计见图3.5-2。高速公路双侧壁导坑法C部爆破设计参数见表3.5-3。高速公路双侧壁导坑法D部爆破设计见图3.5-3。高速公路双侧壁导坑法D部爆破设计参数见表3.5-4。

爆破开挖C部

$S=33.1m^2$

爆破开挖A部

爆破开挖D部

爆破开挖B部

$S=32.3m^2$

$S=31.8m^2$

$S=32.1m^2$

隧道爆破开挖总高度11750

隧道宽度16430

单位：mm

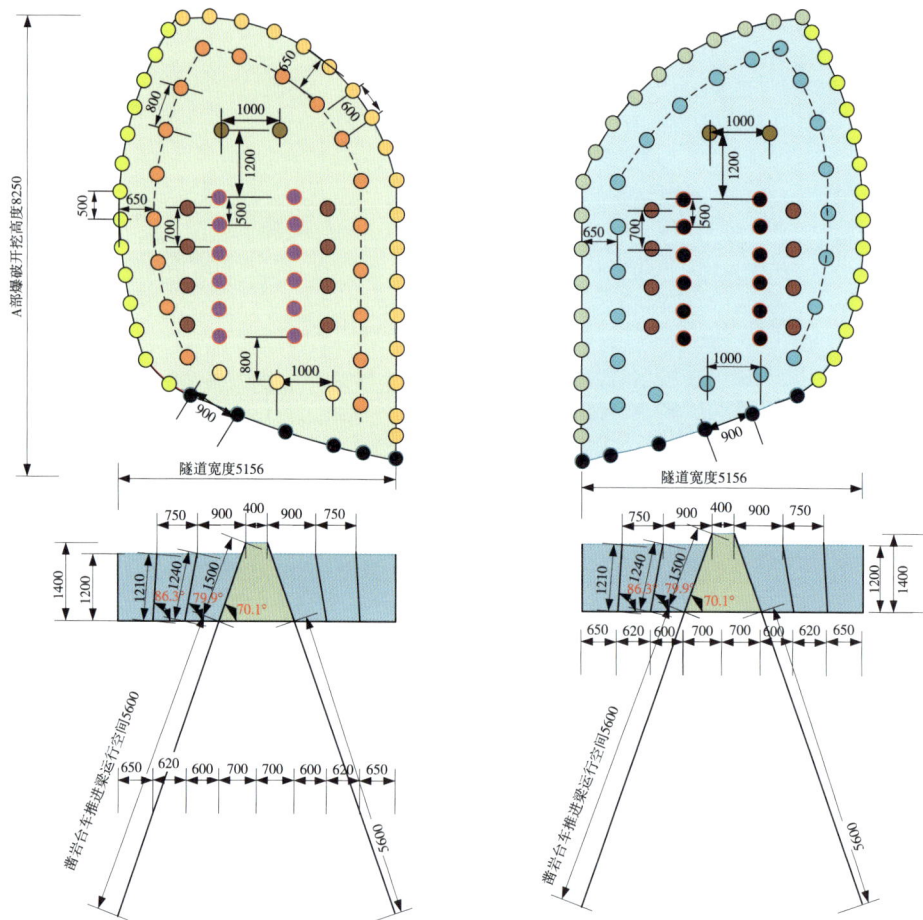

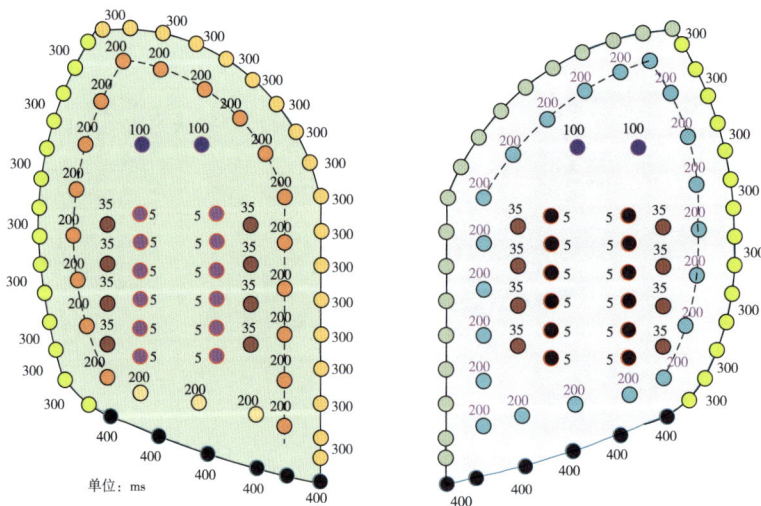

图 3.5-1　高速公路双侧壁导坑法 A、B 部爆破设计

表 3.5-1　　　　　　　　高速公路双侧壁导坑法 A、B 部爆破设计参数

序号	炮孔名称	孔数 /个	延时 /ms	孔深 /m	装药结构	装药量 /kg	
						单孔	段装药
A 部							
1	掏槽孔	12	5	1.50	连续	0.6	7.2
2		8	35	1.24	连续	0.5	4.0
3	辅助孔	2	100	1.21	连续	0.3	0.6
4	二圈孔	21	200	1.21	连续	0.3	6.3
5	周边孔	32	300	1.21	间隔	0.2	6.4
6	底板孔	6	400	1.26	连续	0.5	3.0
小计		81	单耗	0.71	断面面积 /m^2	32.3	27.5
B 部							
7	掏槽孔	12	5	1.50	连续	0.6	7.2
8		8	35	1.24	连续	0.5	4.0
9	辅助孔	2	100	1.21	连续	0.3	0.6
10	二圈孔	21	200	1.21	连续	0.3	6.3
11	周边孔	32	300	1.21	间隔	0.2	6.4
12	底板孔	6	400	1.26	连续	0.5	3.0
小计		81	单耗	0.71	断面面积 /m^2	32.1	27.5

表 3.5-2　　　　　　　高速公路双侧壁导坑法 A、B 部爆破开挖综合参数

爆破断面面积 /m^2	总装药量 /kg	雷管总数 /个	单段最大药量 /kg	炮孔总数 /个	设计爆破进尺 /m
129.3	100.7	285	7.2	285	1.2
总延时 /ms	炮孔密度 /（个 /m^3）	雷管单耗 /（个 /m^3）	炸药单耗 /（kg/m^3）	导爆索量 /m	周边孔线装药量 /（kg/m）
600	1.84	1.84	0.64	0	0.2

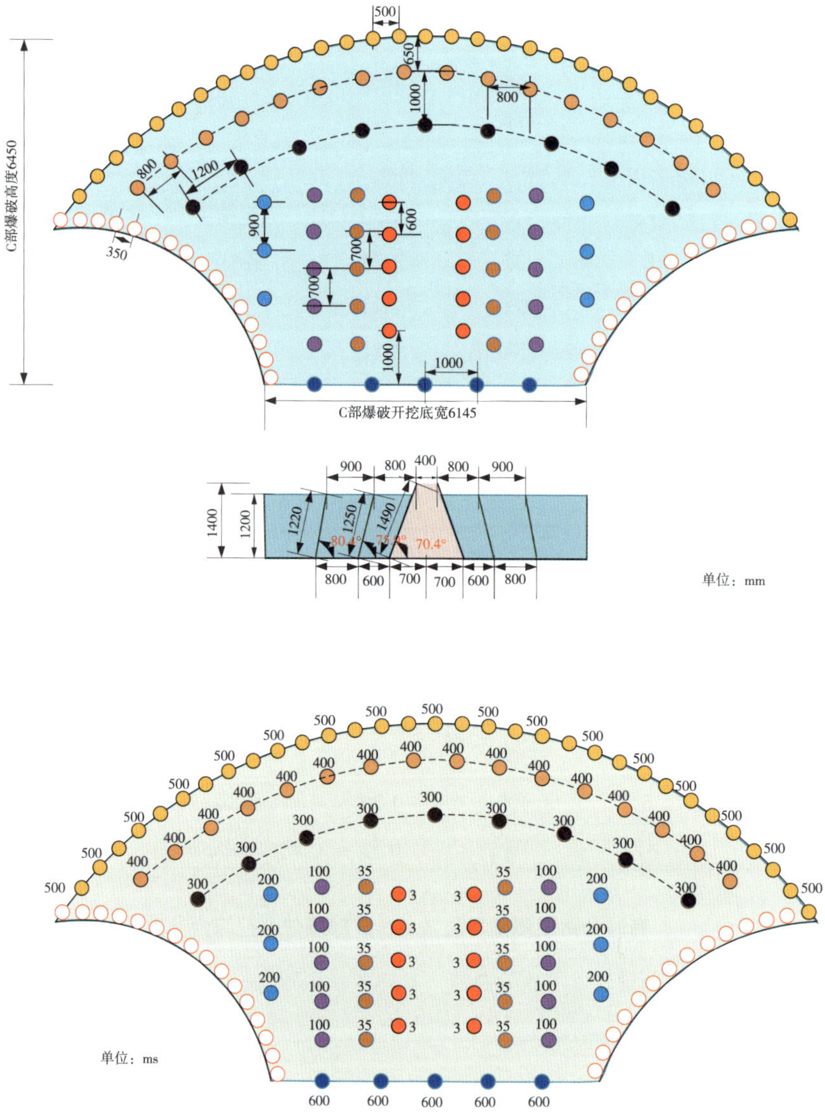

图 3.5-2　高速公路双侧壁导坑法 C 部爆破设计

表 3.5–3　　　　　　　　　高速公路双侧壁导坑法 C 部爆破设计参数

序号	炮孔名称	孔数/个	延时/ms	孔深/m	装药结构	装药量 /kg	
						单孔	段装药
1	掏槽孔	10	3	1.49	连续	0.6	6.0
2		10	35	1.25	连续	0.3	3.0
3		10	100	1.22	连续	0.3	3.0
4	辅助孔	6	200	1.21	连续	0.3	1.8
5		9	300	1.21	连续	0.3	2.7
6	二圈孔	16	400	1.21	连续	0.3	4.8
7	周边孔	32	500	1.21	间隔	0.2	6.4
8	底板孔	5	600	1.26	连续	0.6	3.0
小计		98	单耗	0.77	断面面积 /m²	33.1	30.7

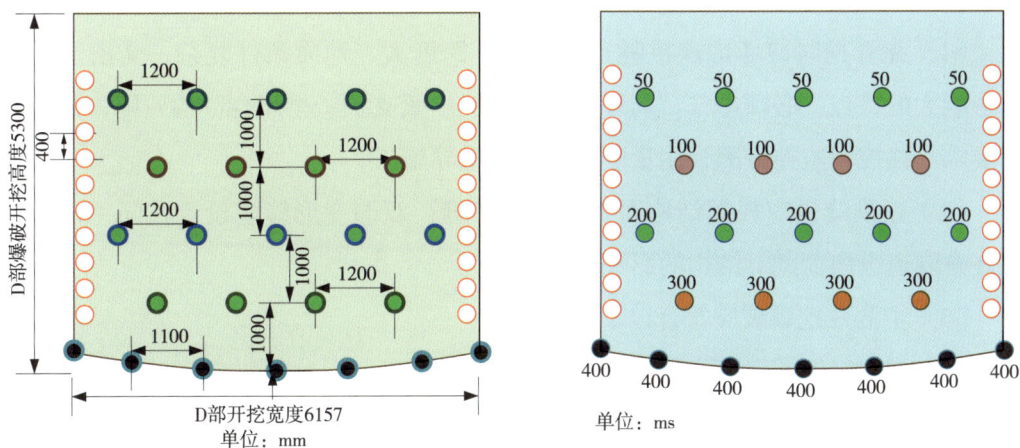

图 3.5–3　高速公路双侧壁导坑法 D 部爆破设计

表 3.5–4　　　　　　　　　高速公路双侧壁导坑法 D 部爆破设计参数

序号	炮孔名称	孔数/个	延时/ms	孔深/m	装药结构	装药量 /kg	
						单孔	段装药
1	上抬孔	5	50	2.0	连续	0.6	3.0
2	中抬孔 1	4	100	2.0	连续	0.6	2.4
3	中抬孔 2	5	200	2.0	连续	0.6	3.0
4	下抬孔	4	300	2.0	连续	0.6	2.4
5	周边孔	空孔 22		2.0	间隔		
6	底板孔	7	400	2.1	连续	0.6	4.2
小计		25	单耗	0.23	断面面积 /m²	31.8	15.0

第6章　高速公路双连拱隧道爆破设计

公路双连拱隧道爆破设计特点

双连拱隧道受力复杂，施工中工序转换较多，对支护的质量要求高，施工步骤、施工工序应紧密结合，以避免受力体系在转化过程中出现问题；在设计时应对各施工工序交代清楚，使施工人员能够充分理解设计意图。

（1）在开挖时应考虑连拱隧道埋深浅、跨度大、地质条件复杂、受雨季地表水影响大的特点，必须遵守"弱爆破、短进尺、紧支护、早闭合"的原则，按照设计要求严格控制监控量测，用量测分析结果指导施工。

（2）连拱隧道应根据结构需要设置变形缝，双洞变形缝应设置在同一位置，并注意隧道纵向荷载对结构的影响。

（3）主洞开挖爆破应符合以下规定：

1）后开挖的一侧中隔墙侧边应回填或支撑顶紧，以防止拱部不平衡推力对中墙结构造成危害；

2）爆破设计时，不得以中导洞作为爆破临空面；

3）相临洞室的最大临界震动速度不宜大于 15m/s。

公路双连拱隧道爆破施工工艺

高速公路双连拱隧道爆破开挖工艺见图 3.6-1。

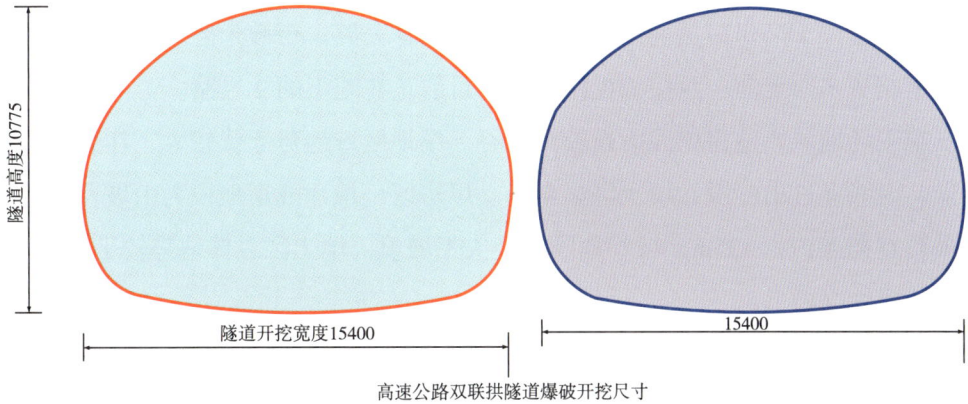

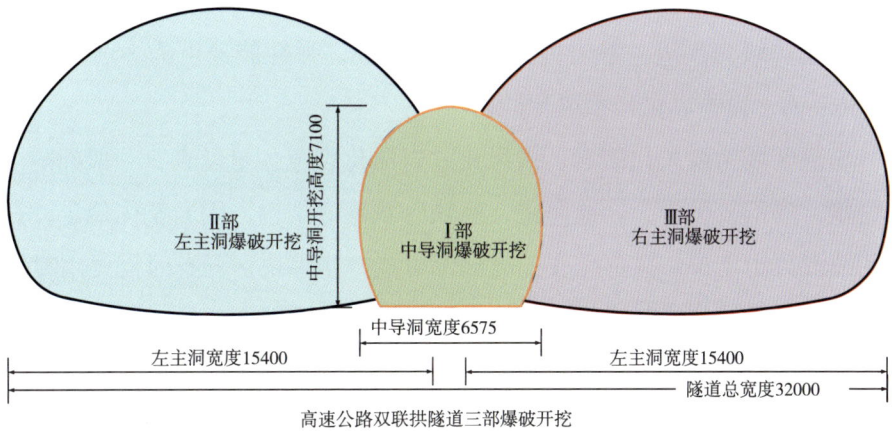

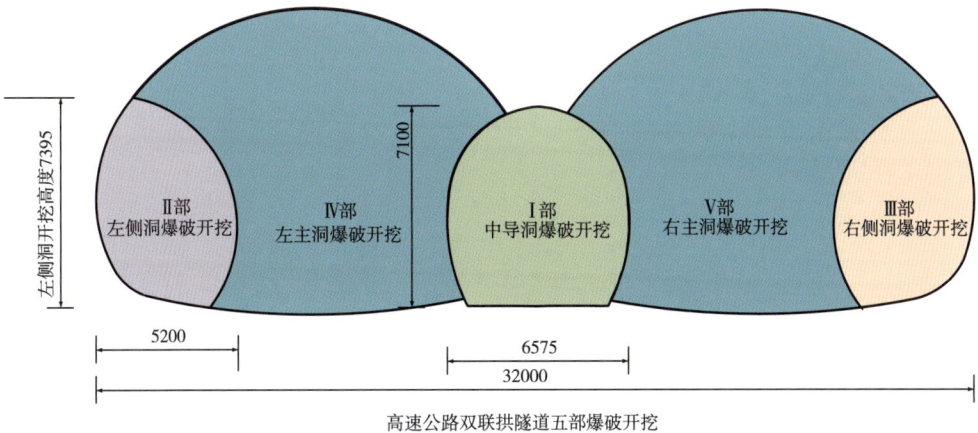

图 3.6-1 高速公路双连拱隧道爆破开挖工艺（单位：mm）

工程概况

　　某项目位于广州市黄埔区内。该片区由高速公路、市政道路和广深铁路围合而成，道路呈东西走向，西接长夜路，东至目前正在施工的 2 号路。

　　施工场地原始地貌单元为丘陵及沟谷。场地区域地势起伏较大，在总体上东高西低。沿线穿过山岭段、填土区、果场、厂房区。拟建隧道地段为山坡及坡谷，山坡最高点高程约为 125m，坡谷地段已经人工堆填，填土区总体地势较平坦。

　　地质情况如下。

　　基本分为中风化砂岩：青灰色、褐黄色，块状构造，薄层—中厚层状结构，硅质胶结，风化裂隙发育，岩芯呈碎块状和短柱状，锤击较易碎，较破碎，岩质较软，合金可钻进，岩石质量指标（Rock Quality Designation，RQD）为 12~33，岩体基本质量等级为Ⅳ级。基岩埋深为 5.5~51.5m，弹性波速度为 3037~3692m/s，平均为 3365m/s，为中风化和微风化砂岩。

　　局部区域为微风化砂岩，微风化砂岩风化裂隙少量发育，一般间隔 30~50cm。较完整，局部较破碎，岩质坚硬，巨块碎状镶嵌结构，围岩整体稳定，开挖时需要采用喷混凝土支护，拱部无支护时局部可能产生掉块，开挖时需要用喷锚支护。

　　高速公路双连拱隧道Ⅲ级围岩中导洞爆破设计图 3.6-2。

高速公路双连拱隧道Ⅲ级围岩爆破开挖总宽度32000

单位：mm

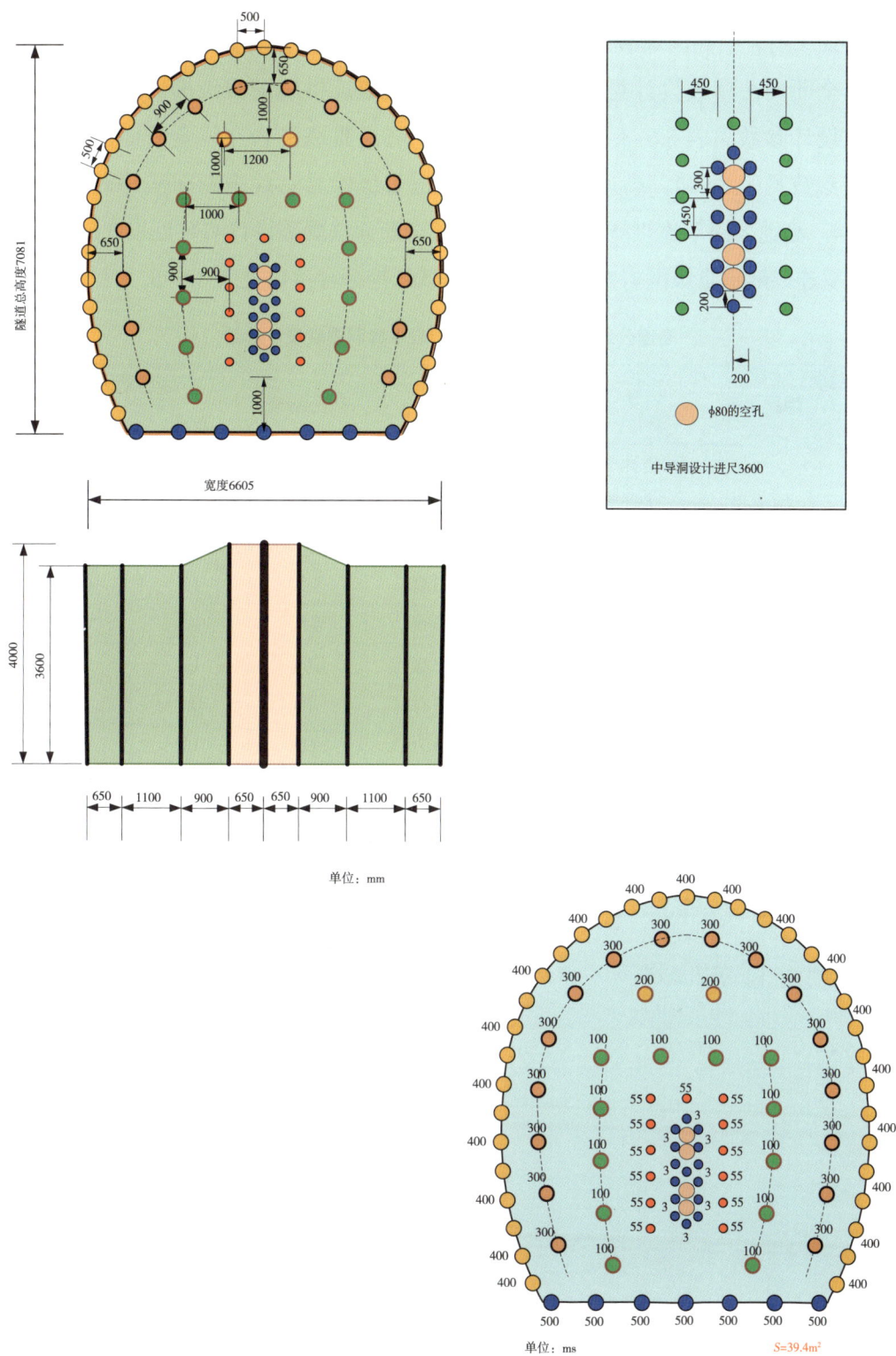

500

650

900

1000

500

1000

1200

1000

650

650

900

900

隧道总高度7081

1000

宽度6605

4000

3600

650　1100　900　650　650　900　1100　650

单位：mm

450　450

300

450

200

200

φ80的空孔

中导洞设计进尺3600

400　400　400

400　400

400　300　300　400

400　300　200　200　300　400

400　300　100　100　100　100　300　400

400　300　100　55　55　55　100　300　400

400　300　100　55　3　3　55　100　300　400

400　300　100　55　3　3　55　100　300　400

400　300　100　55　3　3　55　100　300　400

400　300　100　55　3　3　55　100　300　400

400　300　100　55　55　55　100　300　400

400　300　100　3　100　300　400

400　300　100　400

400　400

500　500　500　500　500　500　500

单位：ms　　　　　S=39.4m²

图 3.6-2　高速公路双连拱隧道Ⅲ级围岩中导洞爆破设计

107

高速公路双连拱隧道Ⅲ级围岩中导洞爆破设计参数见表3.6-1。高速公路双连拱隧道Ⅲ级围岩中导洞爆破开挖综合参数见表3.6-2。高速公路双连拱隧道Ⅲ级围岩左线全断面法爆破设计见图3.6-3。高速公路双连拱隧道Ⅲ级围岩左线全断面法爆破设计参数见表3.6-3。高速公路双连拱隧道Ⅲ级围岩左线全断面法爆破开挖综合参数见表3.6-4。高速公路双连拱隧道Ⅲ级围岩右线全断面法爆破设计见图3.6-4。高速公路双连拱隧道Ⅲ级围岩右线全断面法爆破设计参数见表3.6-5。高速公路双连拱隧道Ⅲ级围岩右线全断面法爆破开挖综合参数见表3.6-6。

表3.6-1　　　　　　高速公路双连拱隧道Ⅲ级围岩中导洞爆破设计参数

序号	炮孔名称	孔数 /个	延时 /ms	孔深 /m	装药结构	装药量 /kg	
						单孔	段装药
1	掏槽孔	4（空孔）	0	4.00	连续	0	0
2		15	3	4.00	连续	3.0	45.0
3		13	55	4.00	连续	2.1	27.3
4	辅助孔	12	100	3.60	连续	1.5	18.0
5		2	200	3.60	连续	1.5	3.0
6	二圈孔	16	300	3.60	连续	1.2	19.2
7	周边孔	35	400	3.60	间隔	0.6	21.0
8	底板孔	7	500	3.70	连续	1.8	12.6

表3.6-2　　　　　　高速公路双连拱隧道Ⅲ级围岩中导洞爆破开挖综合参数

爆破断面面积 /m²	总装药量 /kg	雷管总数 /个	单段最大药量 /kg	炮孔总数 /个	设计爆破进尺 /m
39.4	146.1	80	45.0	104	3.6
总延时 /ms	炮孔密度 /（个/m³）	雷管单耗 /（个/m³）	炸药单耗 /（kg/m³）	导爆索量 /m	周边孔线装药量 /（kg/m）
500	0.73	0.56	1.03	200	0.2

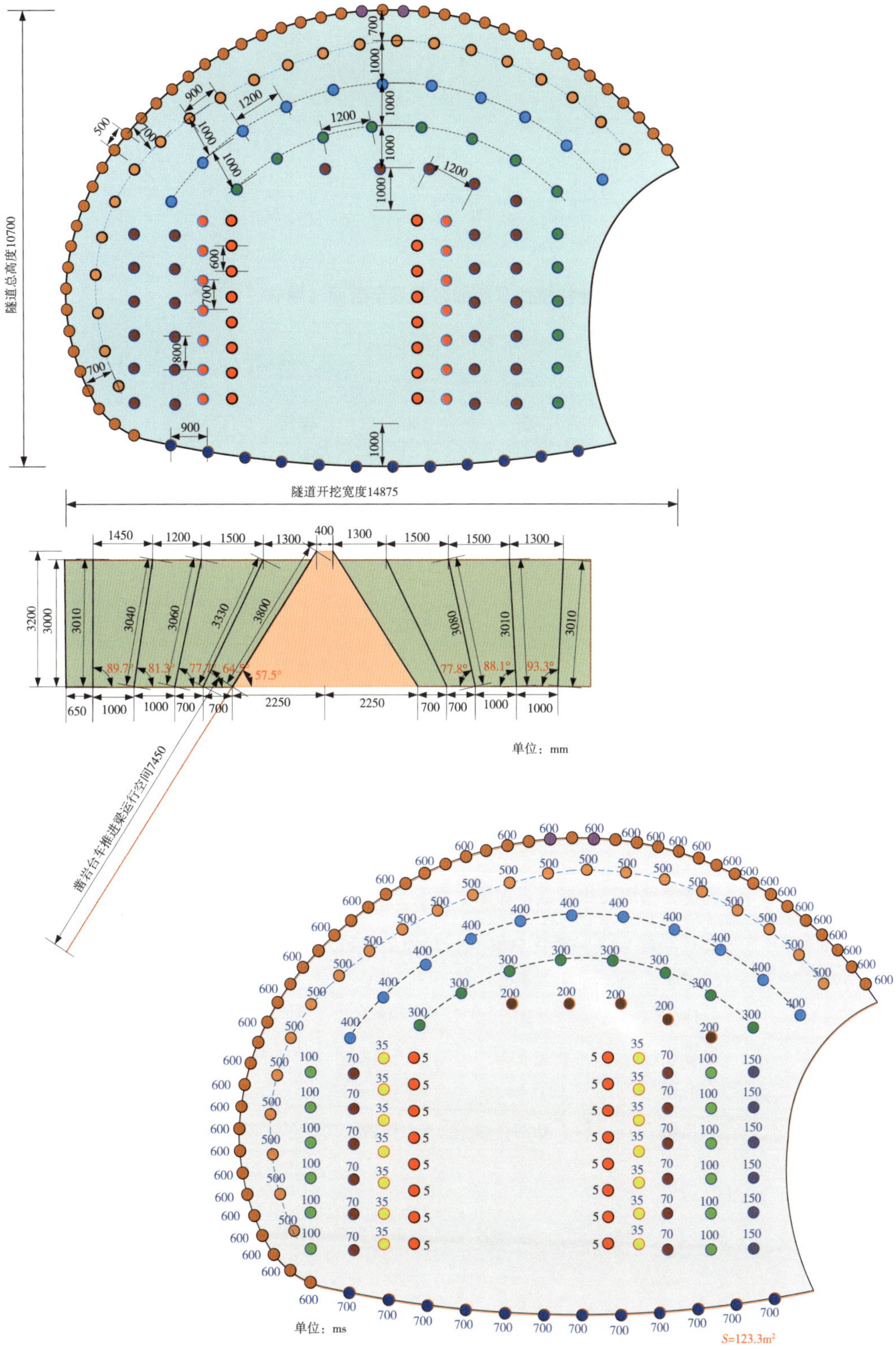

图 3.6-3　高速公路双连拱隧道Ⅲ级围岩左线全断面法爆破设计

表 3.6-3　　　　　　　　　高速公路双连拱隧道Ⅲ级围岩左线全断面法爆破设计参数

序号	炮孔名称	孔数/个	延时/ms	孔深/m	装药结构	装药量/kg	
						单孔	段装药
1	掏槽孔	16	5	3.80	连续	2.4	38.4
2		14	35	3.33	连续	1.8	25.2
3		12	70	3.06	连续	1.6	19.2
4	辅助孔	12	100	3.04	连续	1.2	14.4
5		12	150	3.02	连续	1.2	14.4
6		5	200	3.02	连续	0.9	4.5
7		8	300	3.02	连续	0.9	7.2
8		11	400	3.02	连续	0.9	9.9
9	二圈孔	22	500	3.02	连续	0.7	15.4
10	周边孔	47	600	3.02	间隔	0.5	23.5
11	底板孔	12	700	3.10	连续	1.2	14.4

表 3.6-4　　　　　　高速公路双连拱隧道Ⅲ级围岩左线全断面法爆破开挖综合参数

爆破断面面积/m²	总装药量/kg	雷管总数/个	单段最大药量/kg	炮孔总数/个	设计爆破进尺/m
123.3	186.5	110	38.4	171	3.0
总延时/ms	炮孔密度/（个/m³）	雷管单耗/（个/m³）	炸药单耗/（kg/m³）	导爆索量/m	周边孔线装药量/（kg/m）
700	0.46	0.29	0.49	200	0.2

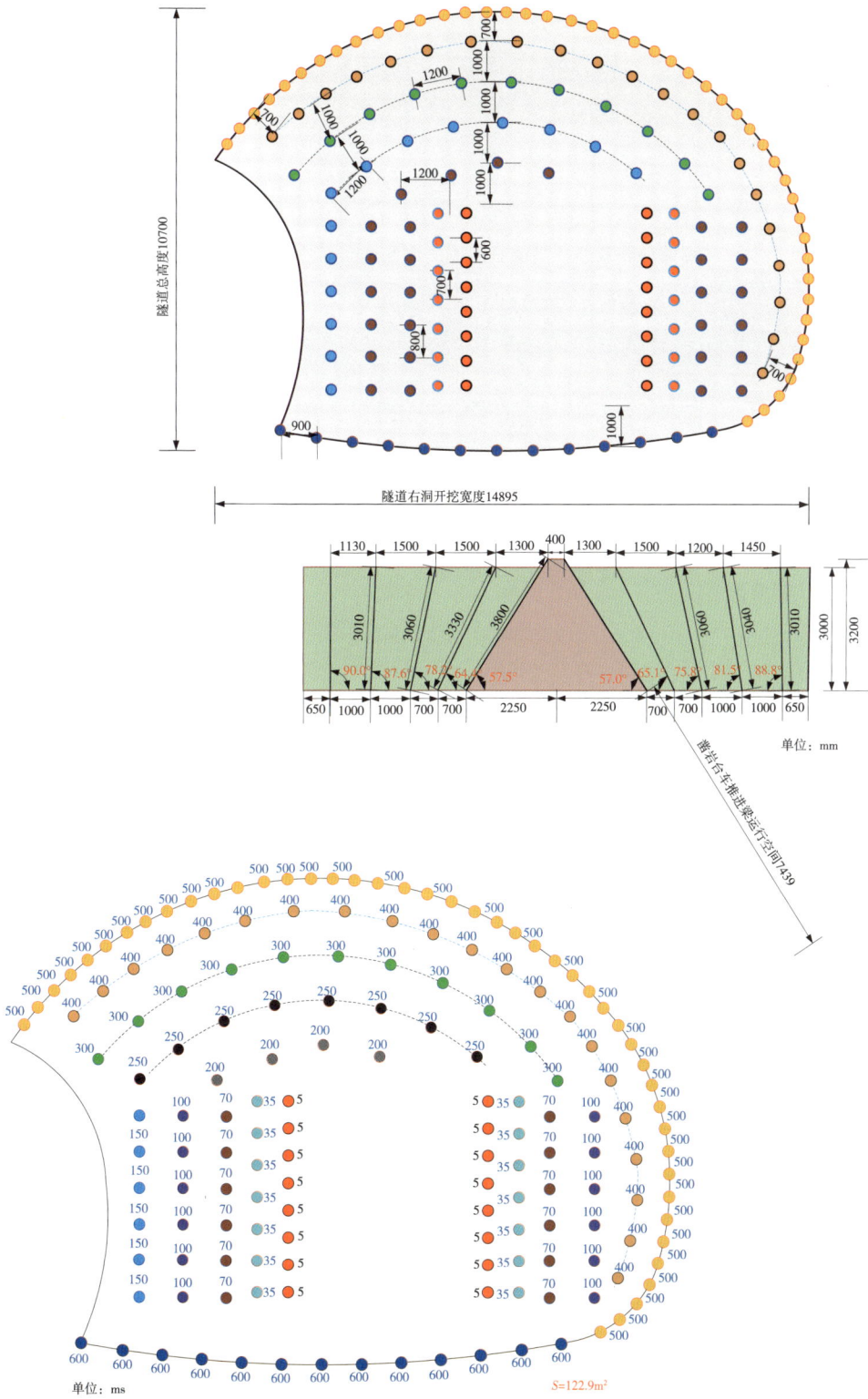

图 3.6-4　高速公路双连拱隧道Ⅲ级围岩右线全断面法爆破设计

表 3.6-5　　　　　　　　　高速公路双连拱隧道 Ⅲ 级围岩右线全断面法爆破设计参数

序号	炮孔名称	孔数/个	延时/ms	孔深/m	装药结构	装药量/kg	
						单孔	段装药
1	掏槽孔	16	5	3.80	连续	2.4	38.4
2		14	35	3.33	连续	1.8	25.2
3		12	70	3.06	连续	1.6	19.2
4	辅助孔	12	100	3.04	连续	1.2	14.4
5		12	150	3.02	连续	1.2	14.4
6		4	200	3.02	连续	0.9	3.6
7		8	250	3.02	连续	0.9	7.2
8		11	300	3.02	连续	0.9	9.9
9	二圈孔	21	400	3.02	连续	0.7	14.7
10	周边孔	45	500	3.02	间隔	0.5	23.5
11	底板孔	13	600	3.10	连续	1.2	15.6

表 3.6-6　　　　　　　　　高速公路双连拱隧道 Ⅲ 级围岩右线全断面法爆破开挖综合参数

爆破断面面积/m²	总装药量/kg	雷管总数/个	单段最大药量/kg	炮孔总数/个	设计爆破进尺/m
122.9	186.1	110	38.4	168	3.0
总延时/ms	炮孔密度/（个/m³）	雷管单耗/（个/m³）	炸药单耗/（kg/m³）	导爆索量/m	周边孔线装药量/（kg/m）
600	0.46	0.29	0.49	200	0.2

高速公路双连拱隧道Ⅳ、Ⅴ级围岩工程概况

　　某项目位于广州市黄埔区内。该片区由高速公路、市政道路和广深铁路围合而成，道路呈东西走向，西接长夜路，东至目前正在施工的 2 号路。

　　施工场地原始地貌单元为丘陵及沟谷。场地区域地势起伏较大，在总体上东高西低。沿线穿过山岭段、填土区、果场、厂房区。拟建隧道地段为山坡及坡谷，山坡最高点高程约为 125m，坡谷地段已经人工堆填，填土区总体地势较平坦。

　　地质情况如下。

　　基本分为：强风化砂岩和中风化砂岩。灰褐色，裂隙很发育，岩芯呈坚硬土状、土混碎块状、碎块混土状和碎块状，合金可钻进，软岩，岩体基本质量等级为Ⅴ级。岩芯采取率为 73% ~ 84%。现场标准贯入试验平均值为 69.0 击；围岩为强风化砂岩和少量中风化砂岩，强风化砂岩呈碎块混土状，裂隙极发育，软岩。破碎，角砾状松散结构，围岩开挖后，不稳定，易坍塌，支护时边墙、拱顶易坍塌变形，需要采用稳固的支护。地下水主要以第四系上层滞水为主。围岩中风化砂岩区域，较破碎，岩质较软，镶嵌碎裂结构，节理裂隙发育，一般间隔 20~30cm，围岩整体较稳定，开挖时需用喷锚支护。地下渗水或滴水。

　　高速公路双连拱隧道Ⅳ、Ⅴ级围岩Ⅰ部爆破设计见图 3.6-5。高速公路双连拱隧道Ⅳ、Ⅴ围岩Ⅰ部爆破设计参数见表 3.6-7。高速公路双连拱隧道Ⅳ、Ⅴ围岩Ⅰ部爆破开挖综合参数见表 3.6-8。高速公路双连拱隧道Ⅳ、Ⅴ级围岩Ⅱ左部Ⅲ右部爆破设计见图 3.6-6。高速公路双连拱隧道Ⅳ、Ⅴ级围岩Ⅱ左部Ⅲ右部爆破设计参数见表 3.6-9。高速公路双连拱隧道Ⅳ、Ⅴ级围岩Ⅱ左部Ⅲ右部爆破开挖综合参数见表 3.6-10。高速公路双连拱隧道Ⅳ、Ⅴ级围岩Ⅳ左上部Ⅴ右上部爆破设计见图 3.6-7。高速公路双连拱隧道Ⅳ、Ⅴ级围岩Ⅳ左上部Ⅴ右上部爆破设计参数见表 3.6-11。高速公路双连拱隧道Ⅳ、Ⅴ级围岩Ⅳ左上部Ⅴ右上部爆破开挖综合参数见表 3.6-12。高速公路双连拱隧道Ⅳ、Ⅴ级围岩下部爆破设计见图 3.6-8。高速公路双连拱隧道Ⅳ、Ⅴ级围岩下部爆破设计参数见表 3.6-13。高速公路双连拱隧道Ⅳ、Ⅴ级围岩下部爆破开挖综合参数见表 3.6-14。

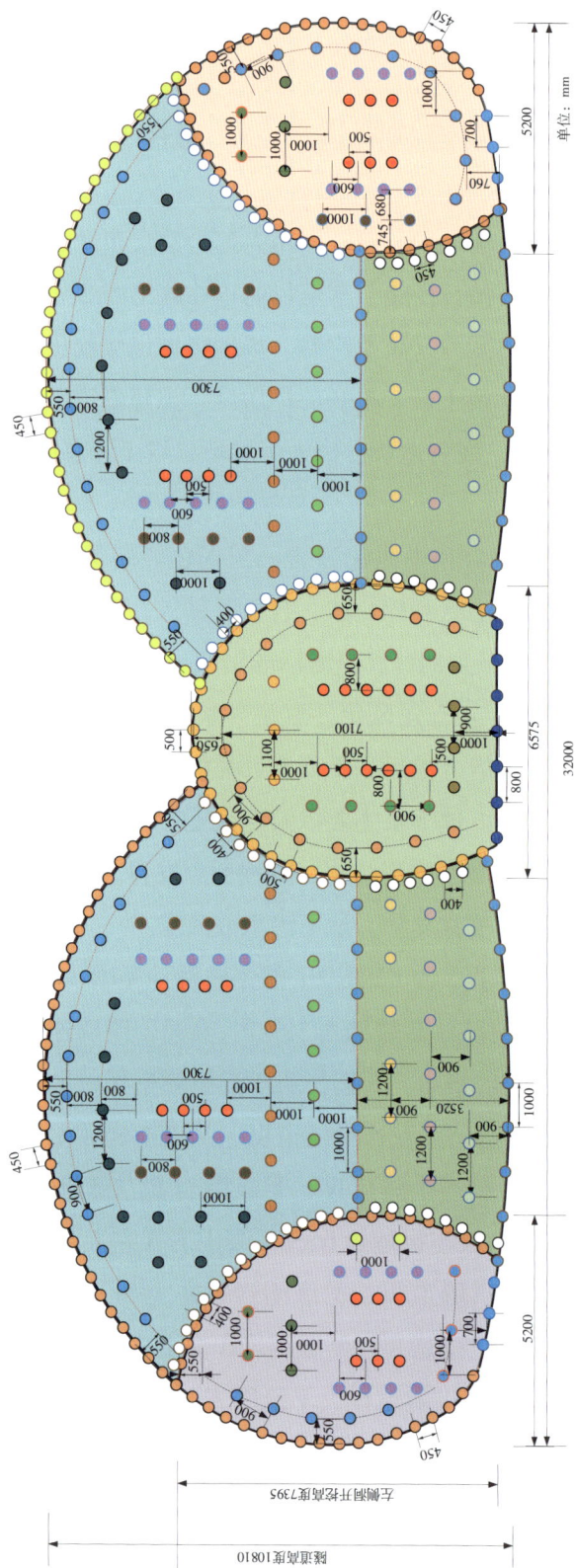

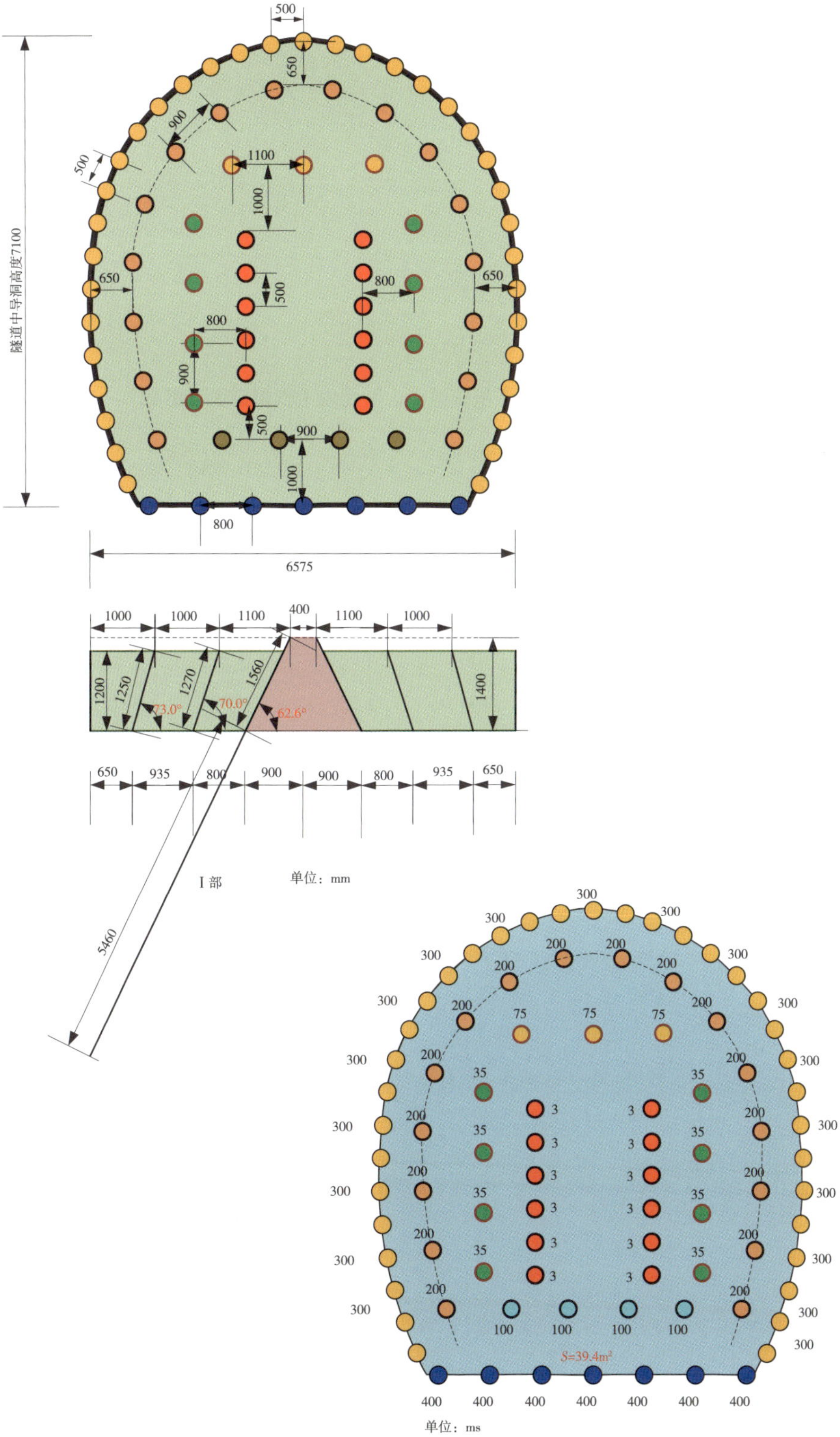

图 3.6-5　高速公路双连拱隧道Ⅳ、Ⅴ级围岩Ⅰ部爆破设计

表 3.6-7 高速公路双连拱隧道Ⅳ、Ⅴ围岩Ⅰ部爆破设计参数

序号	炮孔名称	孔数/个	延时/ms	孔深/m	装药结构	装药量/kg	
						单孔	段装药
1	掏槽孔	6	3	1.56	连续	0.6	3.6
2		4	35	1.27	连续	0.3	1.2
3	辅助孔	3	75	1.21	连续	0.3	0.9
4		4	100	1.21	连续	0.3	1.2
5	二圈孔	16	200	1.25	连续	0.2	3.2
6	周边孔	35	300	1.21	间隔	0.2	7.0
7	底板孔	7	400	1.26	连续	0.3	2.1

表 3.6-8 高速公路双连拱隧道Ⅳ、Ⅴ围岩Ⅰ部爆破开挖综合参数

爆破断面面积/m²	总装药量/kg	雷管总数/个	单段最大药量/kg	炮孔总数/个	设计爆破进尺/m
39.4	19.2	75	7.0	75	1.2
总延时/ms	炮孔密度/（个/m³）	雷管单耗/（个/m³）	炸药单耗/（kg/m³）	导爆索量/m	周边孔线装药量/（kg/m）
400	1.58	1.58	0.41	0	0.2

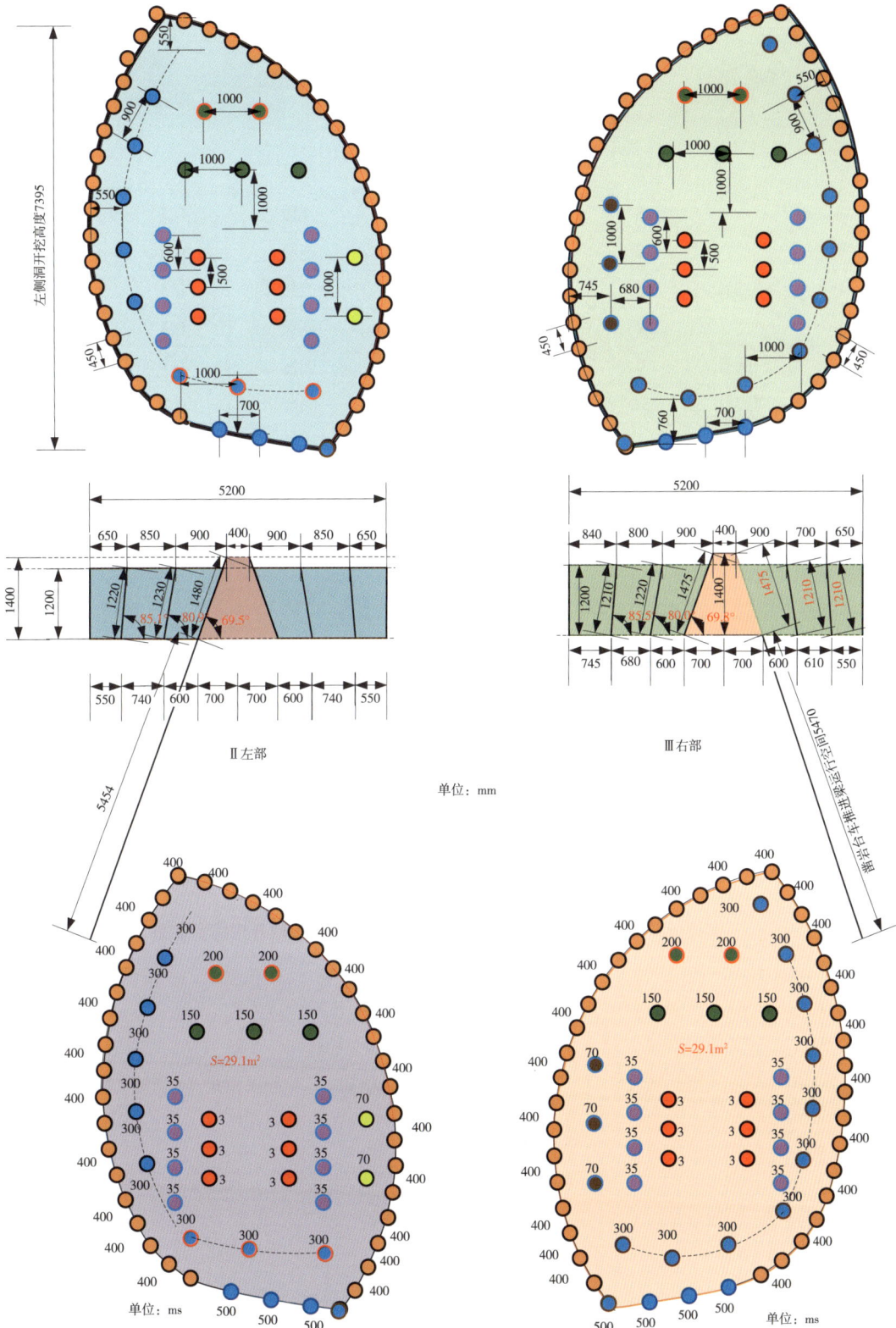

图 3.6-6　高速公路双连拱隧道Ⅳ、Ⅴ级围岩Ⅱ左部Ⅲ右部爆破设计

表 3.6–9　　　　　　　高速公路双连拱隧道Ⅳ、Ⅴ级围岩Ⅱ左部Ⅲ右部爆破设计参数

序号	炮孔名称	孔数/个	延时/ms	孔深/m	装药结构	装药量 /kg	
						单孔	段装药
Ⅱ左部							
1	掏槽孔	6	5	1.48	连续	0.5	3.0
2		8	35	1.23	连续	0.3	2.4
3	辅助孔	2	70	1.21	连续	0.3	0.6
4		3	150	1.21	连续	0.3	0.9
5		2	200	1.21	连续	0.3	0.6
6	二圈孔	9	300	1.22	连续	0.3	2.7
7	周边孔	38	400	1.21	间隔	0.2	7.6
8	底板孔	4	500	1.26	连续	0.5	2.0
小计		72	单耗	0.56	断面面积 /m²	29.1	19.8
Ⅲ右部							
9	掏槽孔	6	3	1.48	连续	0.5	3.0
10		8	35	1.24	连续	0.3	2.4
11	辅助孔	3	70	1.21	连续	0.3	0.9
12		3	150	1.21	连续	0.3	0.9
13		2	200	1.21	连续	0.3	0.6
14	二圈孔	10	300	1.22	连续	0.3	3.0
15	周边孔	38	400	1.21	间隔	0.2	7.6
16	底板孔	4	500	1.26	连续	0.5	2.0
小计		74	单耗	0.58	断面面积 /m²	29.1	20.4

表 3.6–10　　　　　　　高速公路双连拱隧道Ⅳ、Ⅴ级围岩Ⅱ左部Ⅲ右部爆破开挖综合参数

爆破断面面积/m²	总装药量/kg	雷管总数/个	单段最大药量/kg	炮孔总数/个	设计爆破进尺/m
58.2	40.2	146	7.6	146	1.2
总延时/ms	炮孔密度/（个/m³）	雷管单耗/（个/m³）	炸药单耗/（kg/m³）	导爆索量/m	周边孔线装药量/（kg/m）
500	2.09	2.09	0.57	0	0.2

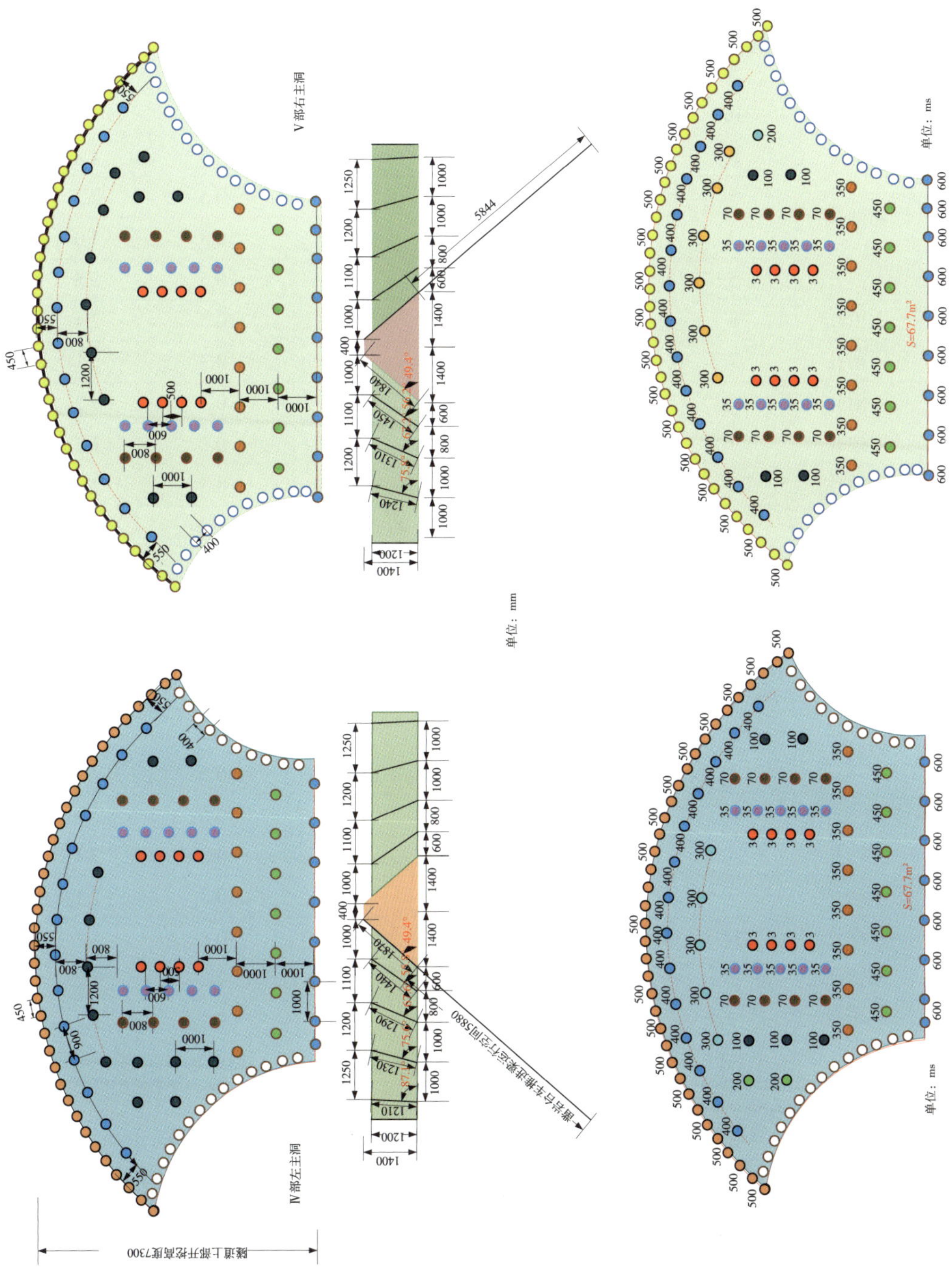

图 3.6-7　高速公路双连拱隧道Ⅳ、Ⅴ级围岩Ⅳ左上部Ⅴ右上部爆破设计

表 3.6-11　　　高速公路双连拱隧道Ⅳ、Ⅴ级围岩Ⅳ左上部Ⅴ右上部爆破设计参数

序号	炮孔名称	孔数/个	延时/ms	孔深/m	装药结构	装药量/kg	
						单孔	段装药
Ⅳ左上部							
1	掏槽孔	8	3	1.87	连续	1.5	12.0
2		10	35	1.44	连续	0.9	9.0
3	辅助孔	8	70	1.28	连续	0.6	4.8
4		5	100	1.23	连续	0.5	2.5
5		2	200	1.22	连续	0.5	1.0
6		5	300	1.21	连续	0.5	2.5
7	上抬孔	8	350	1.21	连续	0.3	2.4
8	下抬孔	7	450	1.21	连续	0.3	2.1
9	二圈孔	14	400	1.21	连续	0.3	4.2
10	周边孔	36	500	1.21	间隔	0.2	7.2
11	底板孔	8	600	1.25	连续	0.3	2.4
小计		111	单耗	0.62	断面面积/m²	67.7	50.1
Ⅴ右上部							
12	掏槽孔	8	3	1.84	连续	1.5	12.0
13		10	35	1.45	连续	0.9	9.0
14	辅助孔	8	70	1.31	连续	0.6	4.8
15		4	100	1.24	连续	0.5	2.0
16		1	200	1.22	连续	0.5	0.5
17		6	300	1.21	连续	0.5	3.0
18	上抬孔	8	350	1.21	连续	0.3	2.4
19	下抬孔	7	450	1.21	连续	0.3	2.1
20	二圈孔	14	400	1.21	连续	0.3	4.2
21	周边孔	36	500	1.21	间隔	0.2	7.2
22	底板孔	9	600	1.25	连续	0.3	2.7
小计		111	单耗	0.64	断面面积/m²	67.7	49.9

表 3.6-12　　　高速公路双连拱隧道Ⅳ、Ⅴ级围岩Ⅳ左上部Ⅴ右上部爆破开挖综合参数

爆破断面面积/m²	总装药量/kg	雷管总数/个	单段最大药量/kg	炮孔总数/个	设计爆破进尺/m
135.4	100.0	222	12.0	222	1.2
总延时/ms	炮孔密度/（个/m³）	雷管单耗/（个/m³）	炸药单耗/（kg/m³）	导爆索量/m	周边孔线装药量/（kg/m）
600	1.36	1.36	0.62	0	0.2

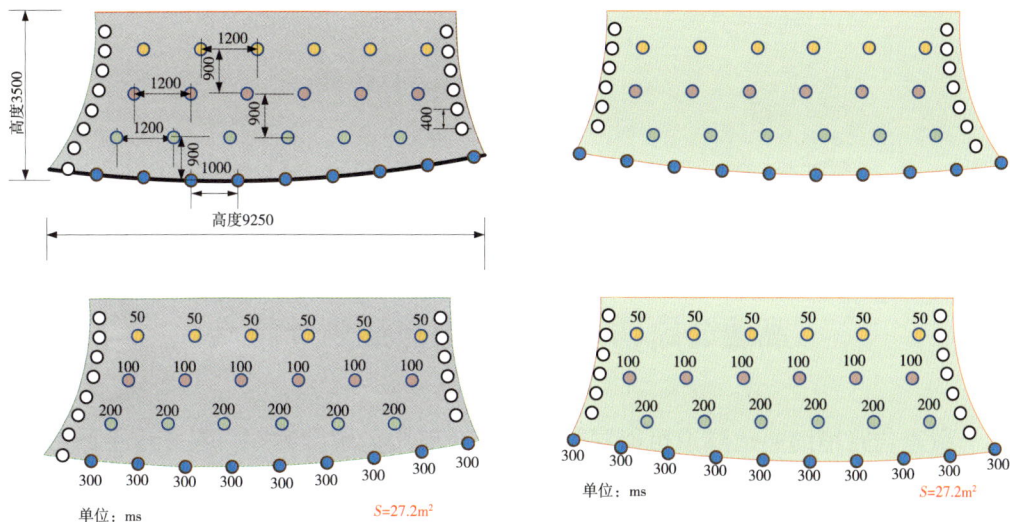

图 3.6–8　高速公路双连拱隧道Ⅳ、Ⅴ级围岩下部爆破设计

表 3.6–13　　　　　高速公路双连拱隧道Ⅳ、Ⅴ级围岩下部爆破设计参数

序号	炮孔名称	孔数 /个	延时 /ms	孔深 /m	装药结构	装药量 /kg	
						单孔	段装药
下台阶 A 部							
1	上抬孔	6	50	2.0	连续	0.9	5.4
2	中抬孔	6	100	2.0	连续	0.9	5.4
3	下抬孔	6	200	2.0	连续	0.9	5.4
4	底板孔	9	300	2.1	连续	0.9	8.1
小计		27	单耗	0.44	断面面积 /m²	27.2	24.3
下台阶 B 部							
5	上抬孔	6	50	2.0	连续	0.9	5.4
6	中抬孔	6	100	2.0	连续	0.9	5.4
7	下抬孔	6	200	2.0	连续	0.9	5.4
8	底板孔	10	300	2.1	连续	0.8	8.0
小计		28	单耗	0.44	断面面积 /m²	27.2	24.2

注：空孔是爆破减振孔，根据需要可多布设。

表 3.6–14　　　　　高速公路双连拱隧道Ⅳ、Ⅴ级围岩下部爆破开挖综合参数

爆破断面面积 /m²	总装药量 /kg	雷管总数 /个	单段最大药量 /kg	炮孔总数 /个	设计爆破进尺 /m
54.4	48.5	55	8.1	55	2.0
总延时 /ms	炮孔密度 /（个 /m³）	雷管单耗 /（个 /m³）	炸药单耗 /（kg/m³）	导爆索量 /m	周边孔线装药量 /（kg/m）
300	0.51	0.51	0.45	0	0

第7章 高速公路辅助隧道爆破设计

高速公路辅助通道隧道爆破设计特点

高速公路辅助通道隧道可能穿越多种复杂地质区域。例如，斜井或平洞可能会穿越更多复杂的地质断裂带，要充分利用凿岩台车的钻孔优势，多打探孔完善地质资料，在爆破设计时要针对不同地质情况制定相应的爆破方案，通过爆破实验确定围岩的特性，为主洞隧道爆破提供更加完善的爆破设计。高速公路辅助通道隧道爆破设计有以下特点。

（1）高速公路辅助通道隧道的断面尺寸通常比高速公路主洞隧道小。在进行较小断面的爆破设计时，要充分考虑凿岩台车推进梁的限制。在有限空间上，炮孔布置相对紧凑，要更加注重炮孔的位置、角度和深度控制，以确保爆破效果。

（2）辅助通道隧道的爆破开挖要与高速公路主线的施工进度、施工工艺相协调。例如，在与主线隧道交叉部位，爆破设计需要考虑对主线隧道已施工部分的影响，采取减震爆破等措施，确保主线隧道的结构安全和施工质量。

（3）由于凿岩台车的钻头相对于手持风动凿岩机钻头尺寸更大，因此要选择性价比高的爆破器材，优化爆破参数，提高爆破效率，减少爆破材料的浪费和不必要的施工工序，以降低工程成本。

高速公路人行通道Ⅲ级围岩全断面法爆破设计见图3.7–1。高速公路人行通道Ⅲ级围岩全断面法爆破设计参数见表3.7–1。高速公路人行通道Ⅲ级围岩全断面法爆破开挖综合参数见表3.7–2。高速公路车行通道Ⅲ级围岩全断面法爆破设计见图3.7–2。高速公路车行通道Ⅲ级围岩全断面法爆破设计参数见表3.7–3。高速公路车行通道Ⅲ级围岩全断面法爆破开挖综合参数见表3.7–4。高速公路Ⅳ级围岩斜井台阶法爆破设计见图3.7–3。高速公路Ⅳ级围岩斜井台阶法爆破设计参数见表3.7–5。高速公路Ⅳ级围岩斜井台阶法爆破开挖综合参数见表3.7–6。

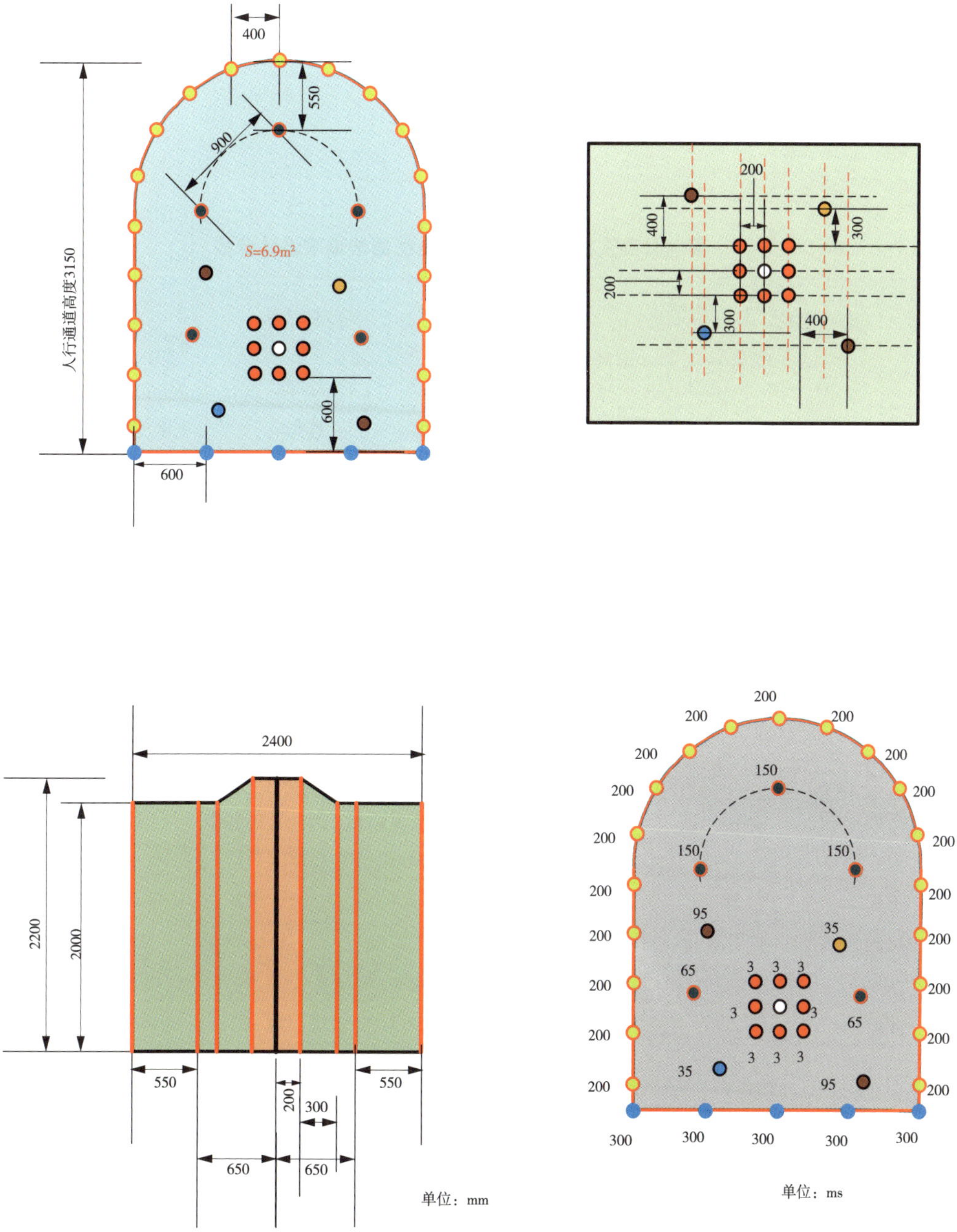

単位：mm

単位：ms

图 3.7-1　高速公路人行通道 Ⅲ 级围岩全断面法爆破设计

表 3.7-1　　　　　　　　　高速公路人行通道Ⅲ级围岩全断面法爆破设计参数

序号	炮孔名称	孔数 /个	延时 /ms	孔深 /m	装药结构	装药量 /kg	
						单孔	段装药
1	掏槽孔	1	（空孔）0	2.20	连续	0	0
2		8	3	2.20	连续	1.8	14.4
3		2	35	2.05	连续	1.2	2.4
4	辅助孔	2	65	2.05	连续	1.2	2.4
5		2	95	2.05	连续	1.2	2.4
6	二圈孔	3	150	2.05	连续	0.9	2.7
7	周边孔	19	200	2.05	间隔	0.4	7.6
8	底板孔	5	300	2.10	连续	1.0	5.0

表 3.7-2　　　　　　　高速公路人行通道Ⅲ级围岩全断面法爆破开挖综合参数

爆破断面面积 /m²	总装药量 /kg	雷管总数 /个	单段最大药量 /kg	炮孔总数 /个	设计爆破进尺 /m
6.9	36.9	41	14.4	42	2.0
总延时 /ms	炮孔密度 /（个/m³）	雷管单耗 /（个/m³）	炸药单耗 /（kg/m³）	导爆索量 /m	周边孔线装药量 /（kg/m）
300	2.97	2.97	2.67	0	0.2

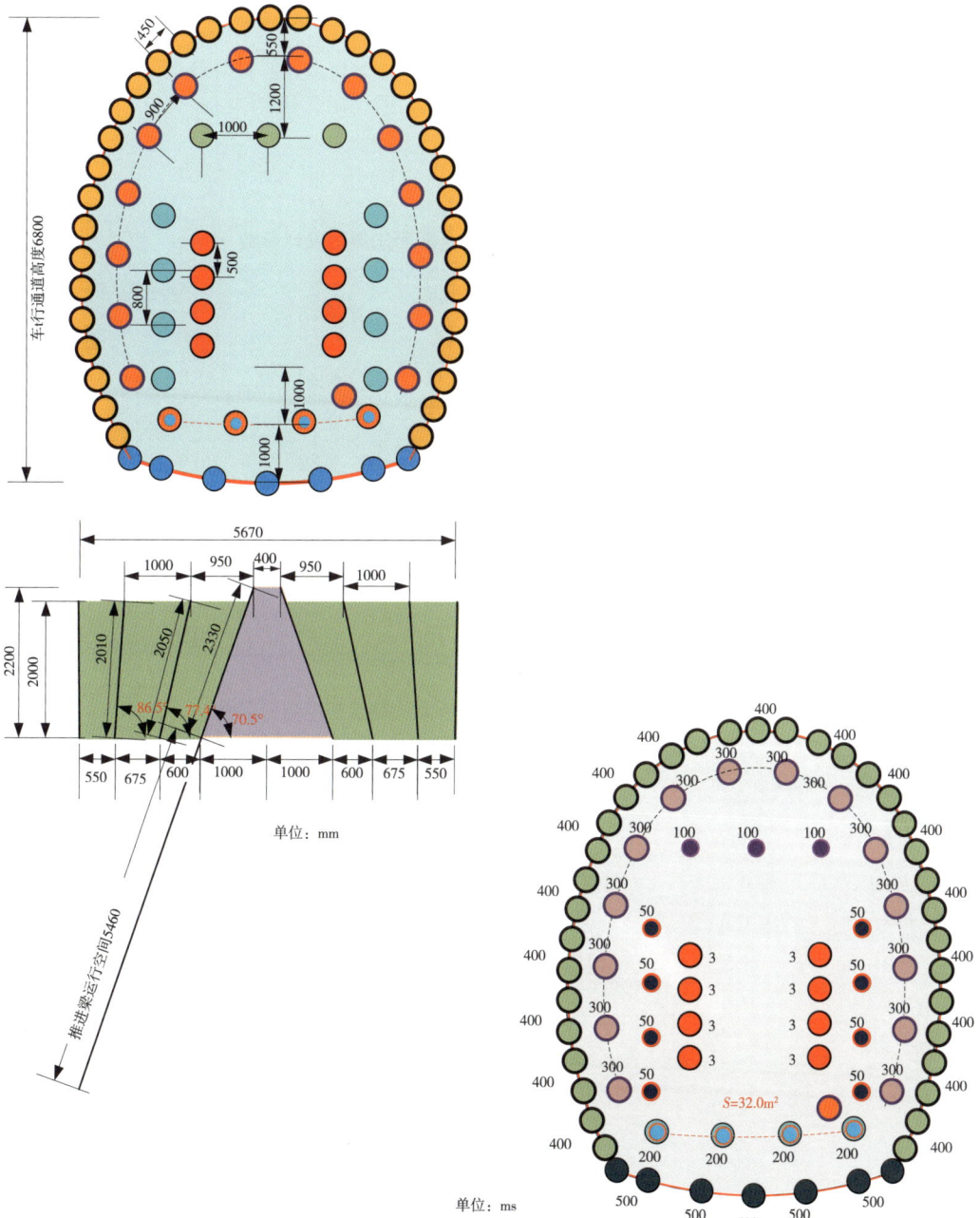

单位：mm

单位：ms

图 3.7-2　高速公路车行通道Ⅲ级围岩全断面法爆破设计

表 3.7-3　　　　　　　　　高速公路车行通道Ⅲ级围岩全断面法爆破设计参数

序号	炮孔名称	孔数/个	延时/ms	孔深/m	装药结构	装药量 /kg	
						单孔	段装药
1	掏槽孔	8	3	2.33	连续	1.8	14.4
2		8	50	2.05	连续	1.2	9.6
3	辅助孔	3	100	2.02	连续	0.9	2.7
4		4	200	2.01	连续	0.9	3.6
5	二圈孔	14	300	2.02	连续	0.6	8.4
6	周边孔	35	400	2.02	间隔	0.4	14.0
7	底板孔	7	500	2.10	连续	0.9	6.3

表 3.7-4　　　　　　　　　高速公路车行通道Ⅲ级围岩全断面法爆破开挖综合参数

爆破断面面积/m²	总装药量/kg	雷管总数/个	单段最大药量/kg	炮孔总数/个	设计爆破进尺/m
32.0	59.0	50	14.4	79	2.0
总延时/ms	炮孔密度/（个/m³）	雷管单耗/（个/m³）	炸药单耗/（kg/m³）	导爆索量/m	周边孔线装药量/（kg/m）
500	1.23	0.78	0.92	100	0.2

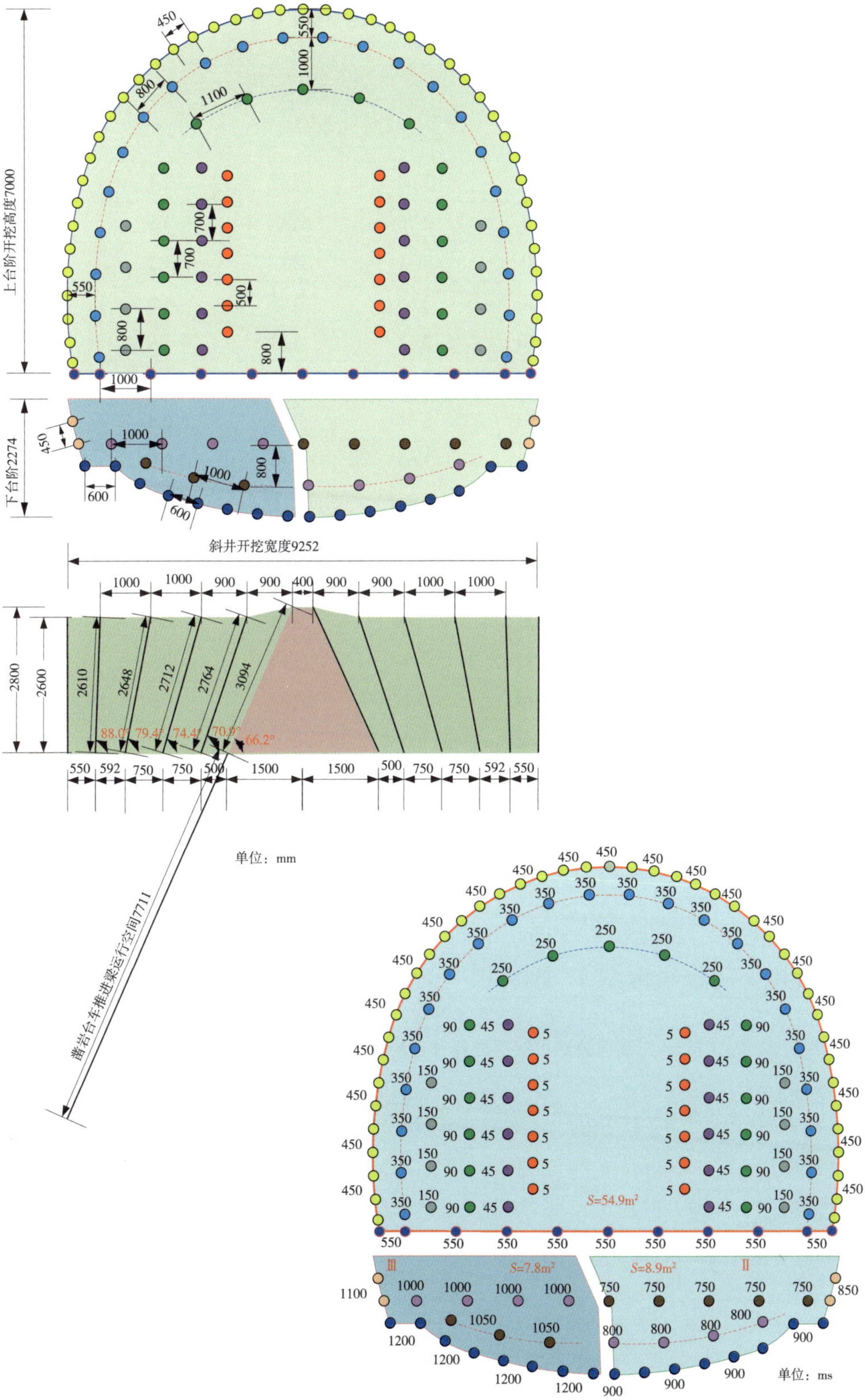

图 3.7-3　高速公路Ⅳ级围岩斜井台阶法爆破设计

表 3.7-5　　　　　　　　　　高速公路Ⅳ级围岩斜井台阶法爆破设计参数

序号	炮孔名称	孔数/个	延时/ms	孔深/m	装药结构	装药量/kg	
						单孔	段装药
上台阶							
1	掏槽孔	14	5	3.09	连续	2.1	29.4
2		12	45	2.76	连续	1.5	18.0
3		12	90	2.71	连续	1.2	14.4
4	辅助孔	8	150	2.65	连续	1.0	8.0
5		5	250	2.61	连续	1.0	5.0
6	二圈孔	22	350	2.61	连续	0.6	13.2
7	周边孔	43	450	2.61	间隔	0.4	17.2
8	底板孔	11	550	2.66	连续	0.9	9.9
小计		127	单耗	0.81	断面面积/m²	54.9	115.1
下台阶Ⅱ部							
9	上抬孔	5	750	3.0	连续	0.9	4.5
10	下抬孔	4	800	3.0	连续	0.9	3.6
11	周边孔	2	850	3.0	间隔	0.4	0.8
12	底板孔	8	900	3.1	连续	0.9	7.2
小计		19	单耗	0.6	断面面积/m²	8.9	16.1
下台阶Ⅲ部							
13	上抬孔	4	1000	3.0	连续	0.9	3.6
14	下抬孔	3	1050	3.0	连续	0.9	2.7
15	周边孔	2	1100	3.0	间隔	0.4	0.8
16	底板孔	7	1200	3.1	连续	0.9	6.3
小计		16	单耗	0.57	断面面积/m²	7.8	13.4

表 3.7-6　　　　　　　　　　高速公路Ⅳ级围岩斜井台阶法爆破开挖综合参数

爆破断面面积/m²	总装药量/kg	雷管总数/个	单段最大药量/kg	炮孔总数/个	设计爆破进尺/m
71.6	144.6	130	29.4	162	2.6
总延时/ms	炮孔密度/（个/m³）	雷管单耗/（个/m³）	炸药单耗/（kg/m³）	导爆索量/m	周边孔线装药量/（kg/m）
1200	0.84	0.67	0.74	150	0.2

04

第4篇

地铁隧道爆破设计

第1章 地铁辅助通道爆破设计

地铁辅助通道爆破开挖的特点

地铁辅助通道是指地铁车站与地面之间通过暗挖的方式开挖的一条连接地下车站与地铁地面出入口的通道。地铁辅助通道通常位于城市地下，周围可能有密集的建筑物、地下管线等。在爆破施工过程中必须确保这些设施的安全，防止爆破振动、飞石等对其造成破坏，同时要保障施工人员的安全。隧道内空间相对狭小，爆破后会产生大量的粉尘和有害气体。为了保证施工人员的健康和施工环境，需要有良好的通风系统及时排出粉尘和有害气体，同时采取喷雾洒水等降尘措施。

地铁辅助施工通道一般断面面积较小，采用单臂或两臂凿岩台车施工。爆破设计有以下特点。

（1）地铁辅助施工通道需要接近地面或市区的闹市区域，人员车流量大，需要采用控制爆破。

（2）辅助施工通道采用短进尺、弱松动、及时封闭的控制爆破技术，爆破进尺小于2.0m。

（3）辅助通道需要采用光面爆破技术，确保隧道轮廓平顺，降低支护成本。

（4）辅助通道一般采用全断面法和台阶法进行爆破设计，根据周边环境条件控制单段最大一段装药量，确保爆破振速在合理范围，保障周边建筑物的安全。

（5）根据爆破监测数据，及时调整辅助隧道爆破开挖的延时时间设计，动态调整爆破参数，确保施工安全。

地铁Ⅲ级围岩施工通道全断面法爆破设计见图4.1-1。地铁Ⅲ级围岩施工通道全断面法爆破设计参数见表4.1-1。地铁Ⅲ级围岩施工通道全断面法爆破开挖综合参数见表4.1-2。地铁Ⅳ级围岩施工通道台阶法爆破设计见图4.1-2。地铁Ⅳ级围岩施工通道台阶法爆破设计参数见表4.1-3。地铁Ⅳ级围岩施工通道台阶法爆破开挖综合参数见表4.1-4。

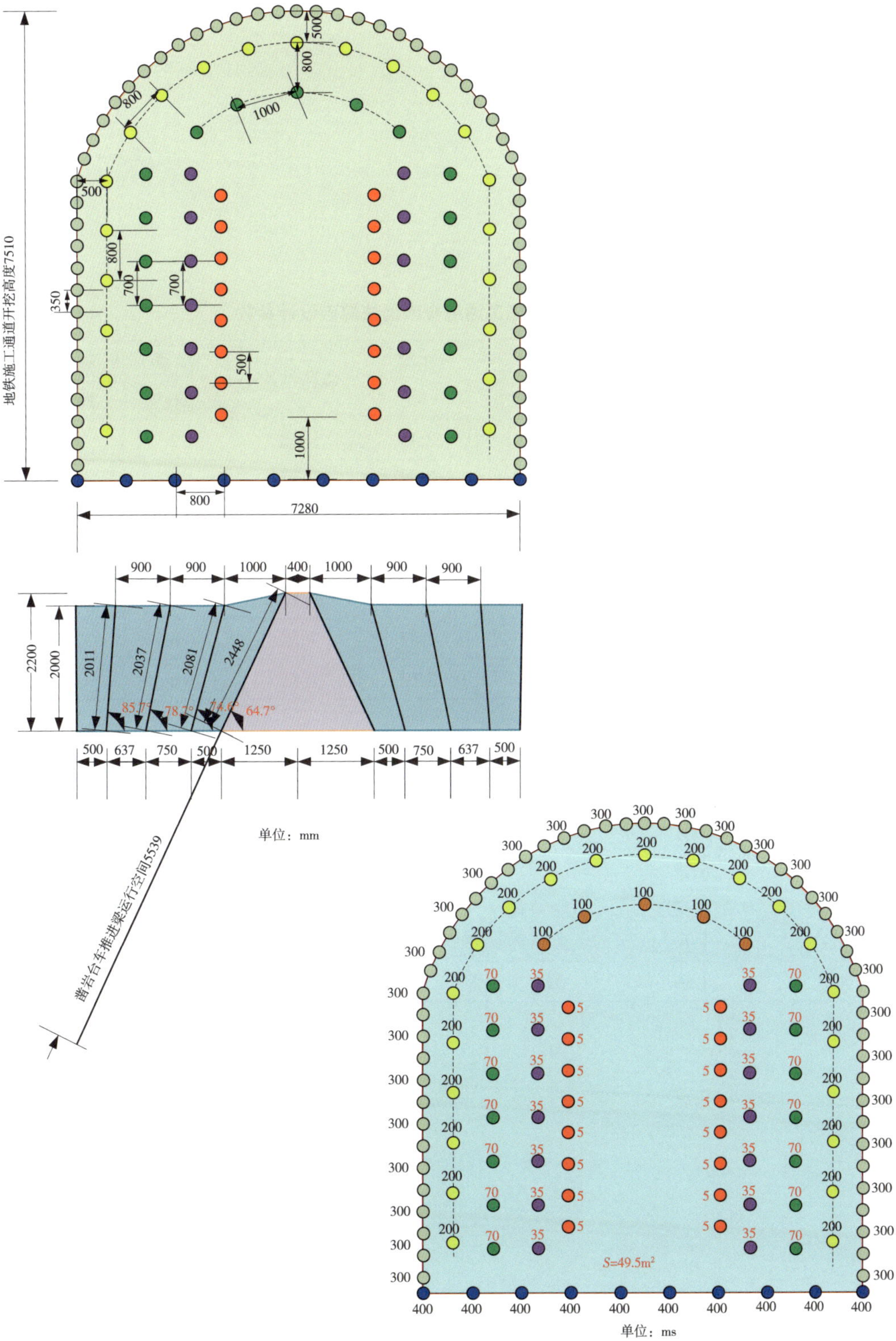

图 4.1-1　地铁Ⅲ级围岩施工通道全断面法爆破设计

表 4.1-1　　　　　　　　地铁Ⅲ级围岩施工通道全断面法爆破设计参数

序号	炮孔名称	孔数/个	延时/ms	孔深/m	装药结构	装药量 /kg	
						单孔	段装药
1	掏槽孔	16	5	2.45	连续	1.2	19.2
2		14	35	2.08	连续	1.0	14.0
3		14	70	2.04	连续	0.9	12.6
4	辅助孔	5	100	2.02	连续	0.6	3.0
5	二圈孔	21	200	2.02	连续	0.5	10.5
6	周边孔	55	300	2.02	间隔	0.4	22.0
7	底板孔	10	400	2.10	连续	0.6	6.0

表 4.1-2　　　　　　　　地铁Ⅲ级围岩施工通道全断面法爆破开挖综合参数

爆破断面面积/m²	总装药量/kg	雷管总数/个	单段最大药量/kg	炮孔总数/个	设计爆破进尺/m
49.5	87.3	80	22.0	135	2.0
总延时/ms	炮孔密度/(个/m³)	雷管单耗/(个/m³)	炸药单耗/(kg/m³)	导爆索量/m	周边孔线装药量/(kg/m)
400	1.36	0.80	0.88	150	0.2

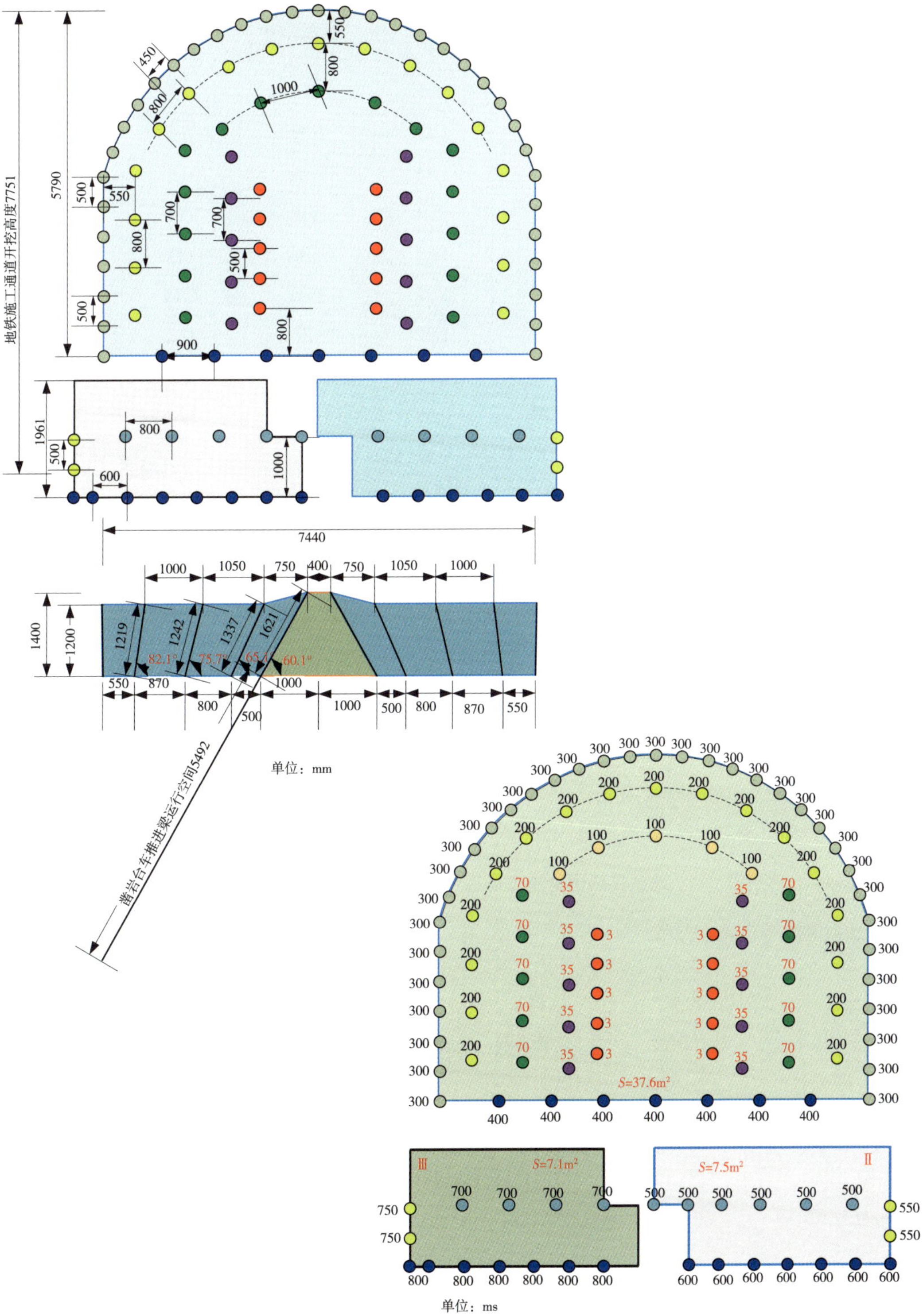

单位：mm

单位：ms

图 4.1-2　地铁Ⅳ级围岩施工通道台阶法爆破设计

表 4.1-3　　　　　　　　　　　地铁Ⅳ级围岩施工通道台阶法爆破设计参数

序号	炮孔名称	孔数 /个	延时 /ms	孔深 /m	装药结构	装药量 /kg	
						单孔	段装药
上台阶							
1	掏槽孔	10	3	1.62	连续	0.9	9.0
2		10	35	1.34	连续	0.6	6.0
3		10	70	1.24	连续	0.3	3.0
4	辅助孔	5	100	1.22	连续	0.3	1.5
5	二圈孔	17	200	1.22	连续	0.15	2.6
6	周边孔	35	300	1.22	间隔	0.2	7.0
7	底板孔	7	400	1.30	连续	0.3	2.1
	小计	94	单耗	0.69	断面面积 /m²	37.6	31.2
下台阶Ⅱ部							
8	上抬孔	6	500	2.0	连续	0.45	2.7
9	周边孔	2	550	2.0	间隔	0.2	0.4
10	底板孔	7	600	2.0	连续	0.3	2.1
	小计	15	单耗	0.34	断面面积 /m²	7.5	5.2
下台阶Ⅲ部							
11	上抬孔	4	700	2.0	连续	0.45	1.8
12	周边孔	2	750	2.0	间隔	0.2	0.4
13	底板孔	7	800	2.0	连续	0.3	2.1
	小计	13	单耗	0.30	断面面积 /m²	7.1	4.3

表 4.1-4　　　　　　　　　　　地铁Ⅳ级围岩施工通道台阶法爆破开挖综合参数

爆破断面面积 /m²	总装药量 /kg	雷管总数 /个	单段最大药量 /kg	炮孔总数 /个	设计爆破进尺 /m
52.2	40.7	122	9.0	122	1.2
总延时 /ms	炮孔密度 /（个 /m³）	雷管单耗 /（个 /m³）	炸药单耗 /（kg/m³）	导爆索量 /m	周边孔线装药量 /（kg/m）
800	1.64	1.64	0.55	0	0.2

第 2 章　地铁正洞隧道爆破设计

地铁正洞爆破设计的特点

　　暗挖是地铁隧道施工中较为常用的方法。地铁隧道需要穿越城区重要的建筑物。确保地铁隧道在爆破开挖施工过程中不会对地表建（构）筑物造成影响是爆破设计的难点，需要考虑地下水水位、地表预加固处理、掌子面开挖爆破设计、围岩的加固与支护等方面。严控爆破对周围产生较大冲击波导致建筑物发生倾斜、开裂及沉降。

　　炸药爆炸作用使周围被保护物产生振动，爆破振动的大小与爆破方法、爆破规模、到爆源的距离、地质地形条件等因索有关，振动的传播极为复杂。根据爆破振动产生的原因和传播观律，一般采取以下技术措施降低爆破振动产生的影响。

　　（1）采用毫秒延期控制爆破，微差爆破以达到降振的作用，确保围岩初期支护和周围建（构）筑物不受损坏。

　　（2）贯彻密布孔、少装药、多分段的指导思想，提高爆破效果和安全效益。

　　（3）起爆顺序的原则为先起爆的炮孔应为后起爆的炮孔创造自由面。

　　（4）严格控制爆破振动，最大一段允许起爆药量要根据萨道夫斯基爆破振动速度公式确定。

　　（5）周边孔采用预裂爆破或光面爆破，以减小爆破对围岩的扰动，确保围岩轮廓平顺。

　　（6）采取不耦合装药、空气间隔装药等装药结构，或多打空孔，阻隔爆破振动。

　　地铁Ⅲ级围岩全断面法爆破设计见图 4.2-1。地铁Ⅲ级围岩全断面法爆破设计参数见表 4.2-1。地铁Ⅲ级围岩全断面法爆破开挖综合参数见表 4.2-2。地铁Ⅳ级围岩台阶法爆破设计见图 4.2-2。地铁Ⅳ级围岩台阶法爆破设计参数见表 4.2-3。地铁Ⅳ级围岩台阶法爆破开挖综合参数见表 4.2-4。地铁Ⅲ级围岩直眼掏槽爆破设计见图 4.2-3。地铁Ⅲ级围岩直眼掏槽爆破设计参数见表 4.2-5。地铁Ⅲ级围岩直眼掏槽爆破开挖综合参数见表 4.2-6。

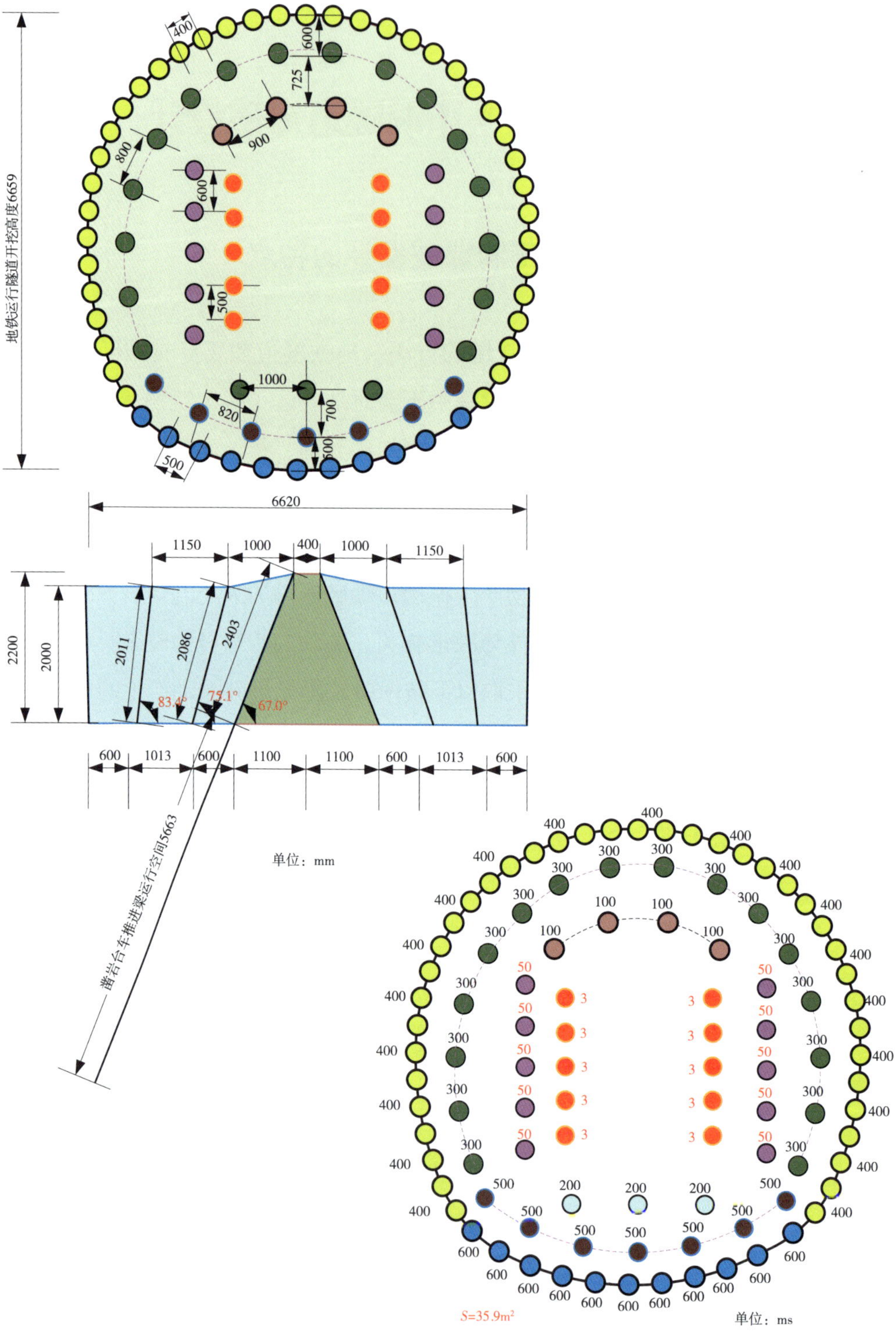

单位：mm

单位：ms

$S=35.9m^2$

图 4.2-1　地铁Ⅲ级围岩全断面法爆破设计

表 4.2-1　　　　　　　　　　　　地铁Ⅲ级围岩全断面法爆破设计参数

序号	炮孔名称	孔数 /个	雷管段别 / 延时 /ms	孔深 /m	装药结构	装药量 /kg	
						单孔	段装药
1	掏槽孔	10	3	2.41	连续	1.2	12.0
2		10	50	2.09	连续	0.9	9.0
3	辅助孔	4	100	2.02	连续	0.6	2.4
4		3	200	2.02	连续	0.6	1.8
5	二圈孔	16	300	2.02	连续	0.5	8.0
6	底圈孔	7	500	2.02	连续	0.5	3.5
7	周边孔	39	400	2.01	间隔	0.4	15.6
8	底板孔	11	600	2.06	连续	0.6	6.6

表 4.2-2　　　　　　　　　　　　地铁Ⅲ级围岩全断面法爆破开挖综合参数

爆破断面面积 /m²	总装药量 /kg	雷管总数 /个	单段最大药量 /kg	炮孔总数 /个	设计爆破进尺 /m
35.9	58.9	61	15.6	100	2.0
总延时 /ms	炮孔密度 /（个 /m³）	雷管单耗 /（个 /m³）	炸药单耗 /（kg/m³）	导爆索量 /m	周边孔线装药量 /（kg/m）
600	1.39	0.84	0.82	100	0.2

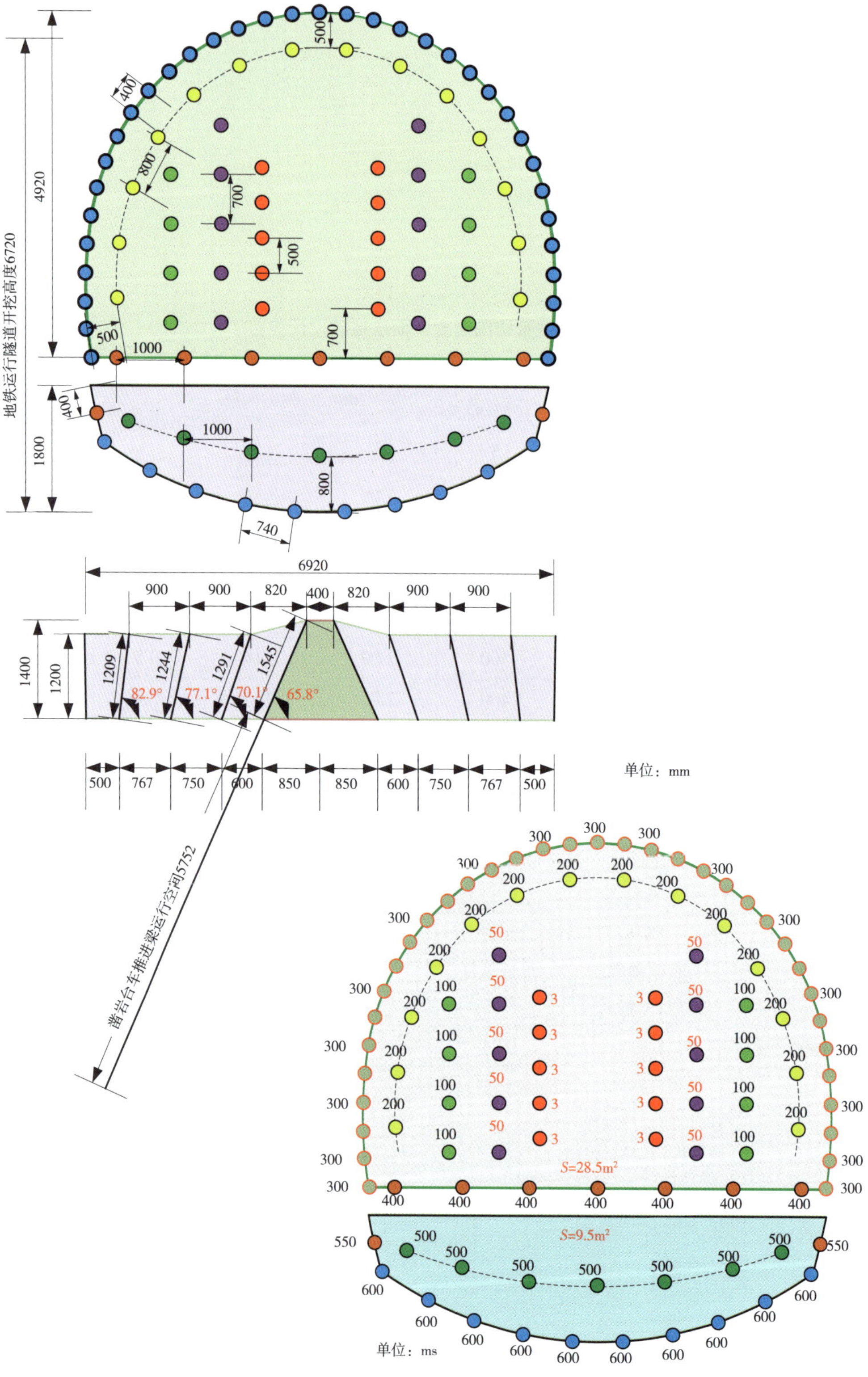

图 4.2-2　地铁Ⅳ级围岩台阶法爆破设计

表 4.2-3　　　　　　　　　　地铁Ⅳ级围岩台阶法爆破设计参数

序号	炮孔名称	孔数/个	延时/ms	孔深/m	装药结构	装药量/kg	
						单孔	段装药
上台阶							
1	掏槽孔	10	3	1.55	连续	0.9	9.0
2	辅助孔	10	50	1.29	连续	0.6	6.0
3		8	100	1.21	连续	0.3	2.4
4	二圈孔	14	200	1.21	连续	0.2	2.8
5	周边孔	35	300	1.21	间隔	0.2	7.0
6	底板孔	7	400	1.25	连续	0.3	2.1
小计		84	单耗	0.85	断面面积/m²	28.5	29.3
下台阶							
7	上抬孔	7	500	2.0	连续	0.6	4.2
8	周边孔	2	550	2.0	间隔	0.4	0.8
9	底板孔	10	600	2.1	连续	0.6	6.0
小计		19	单耗	0.57	断面面积/m²	9.5	11.0

表 4.2-4　　　　　　　　　　地铁Ⅳ级围岩台阶法爆破开挖综合参数

爆破断面面积/m²	总装药量/kg	雷管总数/个	单段最大药量/kg	炮孔总数/个	设计爆破进尺/m
38.0	40.3	103	9.0	103	1.2
总延时/ms	炮孔密度/(个/m³)	雷管单耗/(个/m³)	炸药单耗/(kg/m³)	导爆索量/m	周边孔线装药量/(kg/m)
600	1.94	1.94	0.75	0	0.2

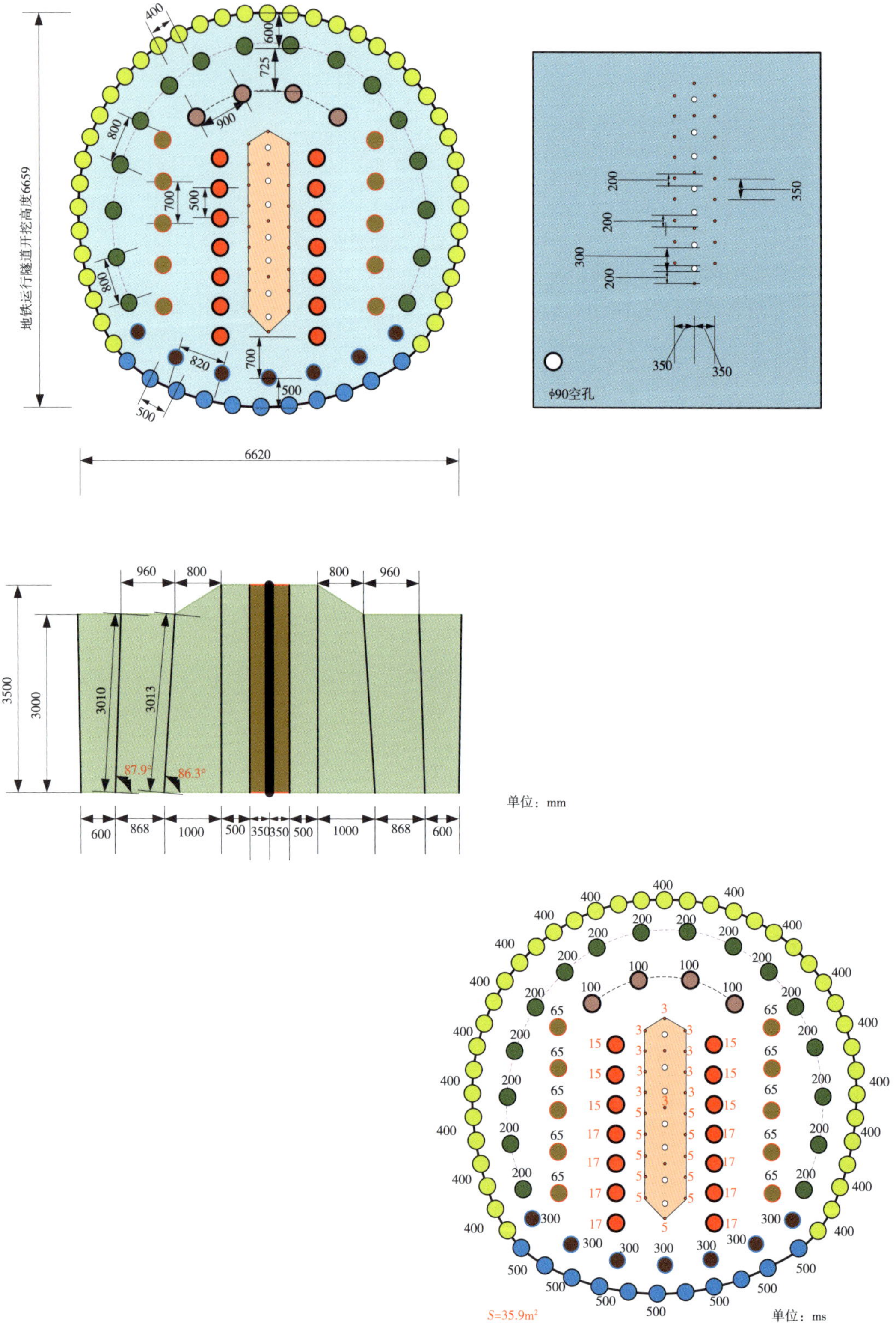

图 4.2-3 地铁Ⅲ级围岩直眼掏槽爆破设计

表 4.2-5　　　　　　　　　地铁Ⅲ级围岩直眼掏槽爆破设计参数

序号	炮孔名称	孔数 /个	延时 /ms	孔深 /m	装药结构	装药量 /kg	
						单孔	段装药
1	∮80 空孔	7		3.50			
2	掏槽孔	10	3	3.50	连续	2.7	27.0
3		11	5	3.50	连续	2.7	29.7
4		6	15	3.50	连续	1.8	10.8
5		8	17	3.50	连续	1.8	14.4
6	辅助孔	10	65	3.04	连续	1.2	12.0
7		4	100	3.02	连续	1.2	4.8
8	二圈孔	16	200	3.02	连续	0.9	14.4
9	底圈孔	7	300	3.02	连续	0.9	6.3
10	周边孔	39	400	3.02	间隔	0.6	23.4
11	底板孔	11	500	3.10	连续	0.6	6.6

表 4.2-6　　　　　　　　　地铁Ⅲ级围岩直眼掏槽爆破开挖综合参数

爆破断面面积 /m^2	总装药量 /kg	雷管总数 /个	单段最大药量 /kg	炮孔总数 /个	设计爆破进尺 /m
35.9	149.4	90	29.7	129	3.0
总延时 /ms	炮孔密度 /（个 /m^3）	雷管单耗 /（个 /m^3）	炸药单耗 /（kg/m^3）	导爆索量 /m	周边孔线装药量 /（kg/m）
500	1.20	0.83	1.39	150	0.2

第3章 地铁车站暗挖标准站隧道爆破设计

地铁暗挖标准站爆破设计特点

地铁暗挖标准站指不涉及多条地铁线间以及与公交的换乘，无地铁综合上盖物业开发，只提供单条地铁线停靠，车站长度和外包尺寸均为标准大小的普通车站，一般设置在郊区和客流不大的地区。车站隧道断面为单洞双线马蹄形，隧道断面面积约为 $200m^2$。

地铁暗挖标准站相对于地铁换乘站隧道爆破开挖断面面积小，开挖的深度也相对浅。但是地铁隧道主要集中在城区，车站的周围不仅有各种复杂的地下管线需要保护，而且地铁暗挖标准站隧道附近还有大量的建筑物需要保护，因此地铁暗挖标准站的爆破有以下设计特点。

（1）地铁暗挖标准站隧道的爆破开挖周边环境复杂，必须采用控制爆破技术。

（2）由于地铁标准站爆破开挖的断面面积相对较大，加之受到围岩和周边复杂环境的限制，因此一般采用分部法进行爆破开挖。

（3）根据地质情况，地下车站的爆破设计采用短进尺、弱爆破的设计。

（4）采用光面爆破设计，在相邻开挖界面，不允许直接用初支面作为临空面，应设置空孔作为减振炮孔。

（5）严格控制爆破的振动速度，确保爆破开挖不损伤周边建（构）筑物。

地铁暗挖标准站Ⅲ、Ⅳ级围岩Ⅰ部爆破设计见图 4.3–1。地铁暗挖标准站Ⅲ、Ⅳ级围岩Ⅰ部爆破设计参数见表 4.3–1。地铁暗挖标准站Ⅲ、Ⅳ级围岩Ⅰ部爆破开挖综合参数见表 4.3–2。地铁暗挖标准站Ⅲ、Ⅳ级围岩Ⅱ部爆破设计见图 4.3–2。地铁暗挖标准站Ⅲ、Ⅳ级围岩Ⅱ部爆破设计参数见表 4.3–3。铁暗挖标准站Ⅲ、Ⅳ级围岩Ⅱ部爆破开挖综合参数见表 4.3–4。地铁暗挖标准站Ⅲ、Ⅳ级围岩Ⅲ、Ⅳ部爆破设计见图 4.3–3。地铁暗挖标准站Ⅲ、Ⅳ级围岩Ⅲ、Ⅳ部爆破设计参数见表 4.3–5。地铁暗挖标准站Ⅲ、Ⅳ级围岩Ⅲ、Ⅳ部爆破开挖综合参数见表 4.3–6。

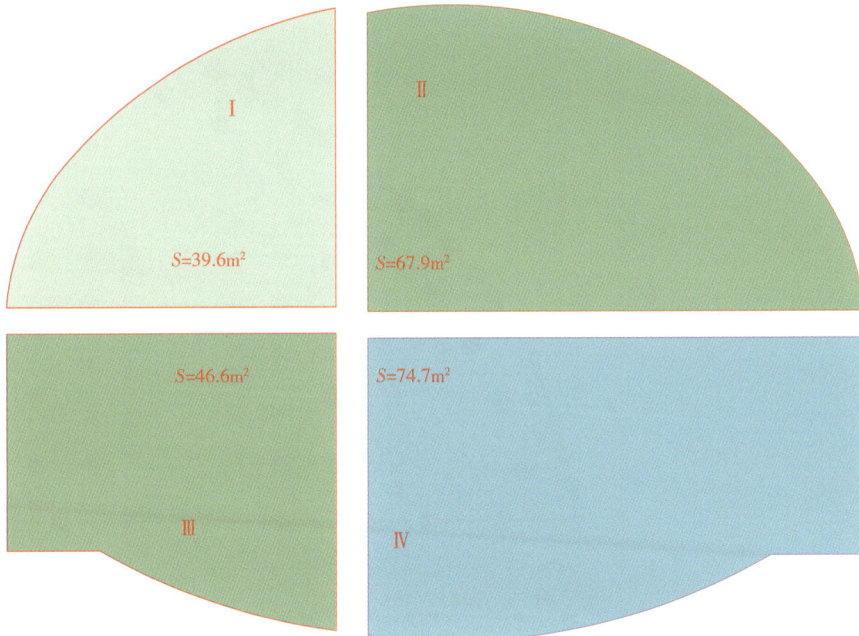

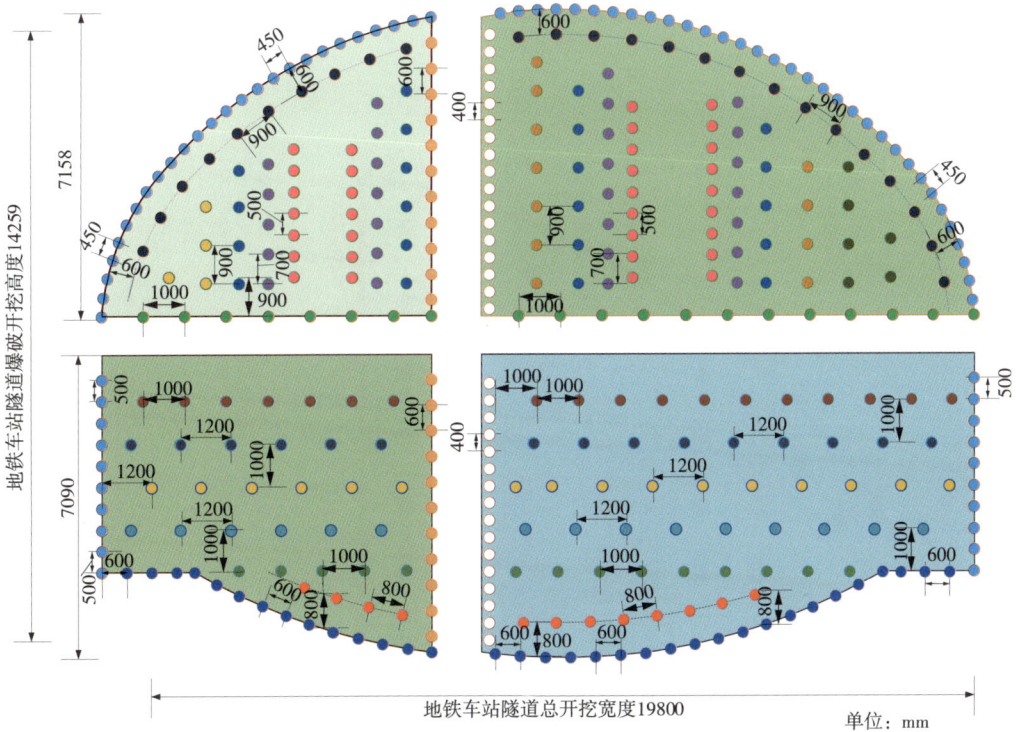

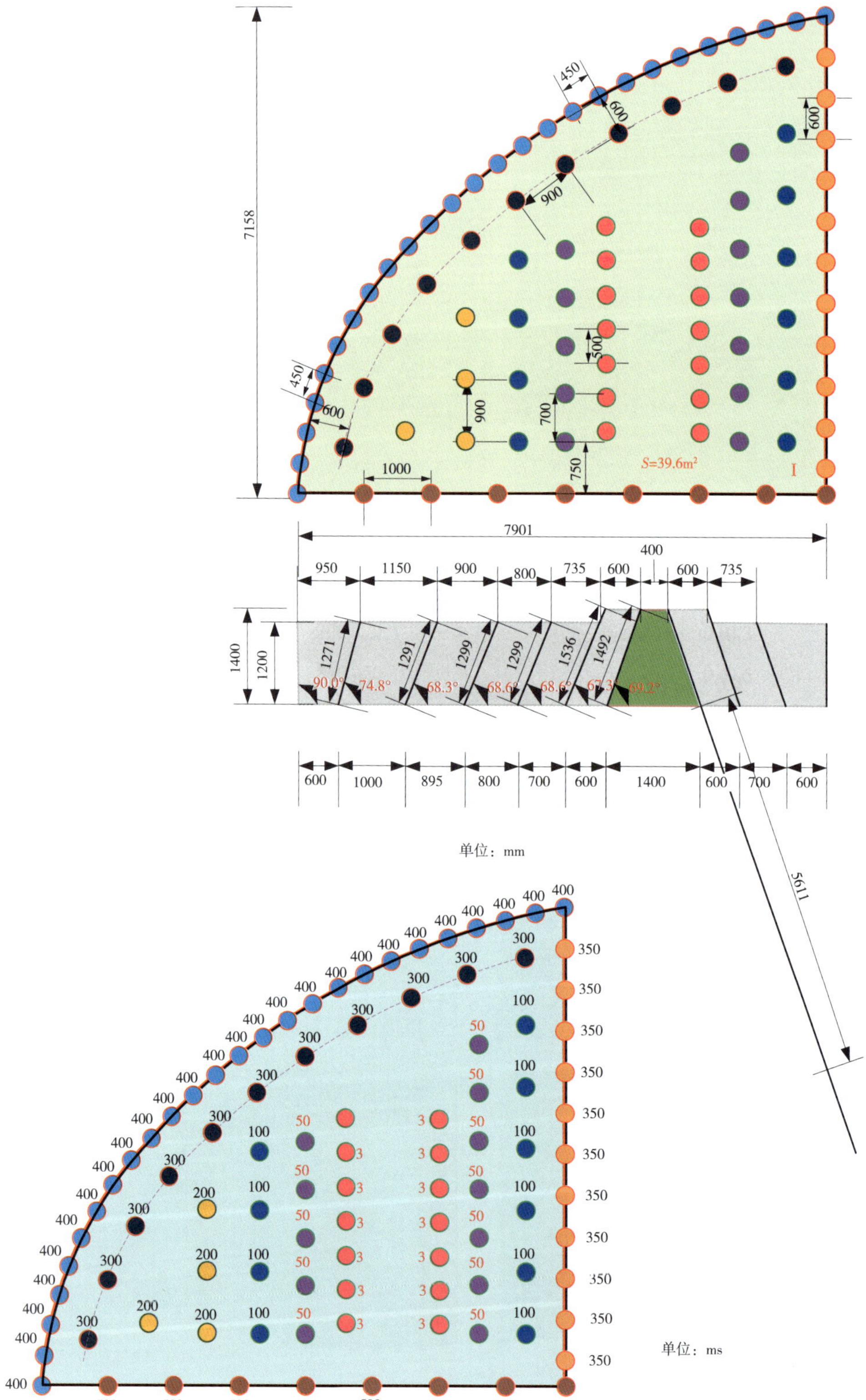

单位：mm

单位：ms

图 4.3-1 地铁暗挖标准站Ⅲ、Ⅳ级围岩Ⅰ部爆破设计

表 4.3-1 　地铁暗挖标准站Ⅲ、Ⅳ级围岩Ⅰ部爆破设计参数

序号	炮孔名称	孔数 /个	延时 /ms	孔深 /m	装药结构	装药量 /kg	
						单孔	段装药
1	掘槽孔	14	5	1.49	连续	0.9	12.6
2		12	35	1.54	连续	0.6	7.2
3		10	100	1.30	连续	0.3	3.0
4	辅助孔	3	200	1.29	连续	0.3	0.9
5		1	200	1.29	连续	0.3	0.3
6	二圈孔	11	300	1.27	连续	0.3	3.3
7	周边孔 1	11	350	1.21	间隔	0.2	2.2
8	周边孔 2	26	400	1.21	间隔	0.2	5.2
9	底板孔	8	500	1.26	连续	0.3	2.4

表 4.3-2 　地铁暗挖标准站Ⅲ、Ⅳ级围岩Ⅰ部爆破开挖综合参数

爆破断面面积 /m²	总装药量 /kg	雷管总数 /个	单段最大药量 /kg	炮孔总数 /个	设计爆破进尺 /m
39.6	37.1	96	12.6	96	1.2
总延时 /ms	炮孔密度 /（个 /m³）	雷管单耗 /（个 /m³）	炸药单耗 /（kg/m³）	导爆索量 /m	周边孔线装药量 /（kg/m）
500	2.02	2.02	0.78	0	0.2

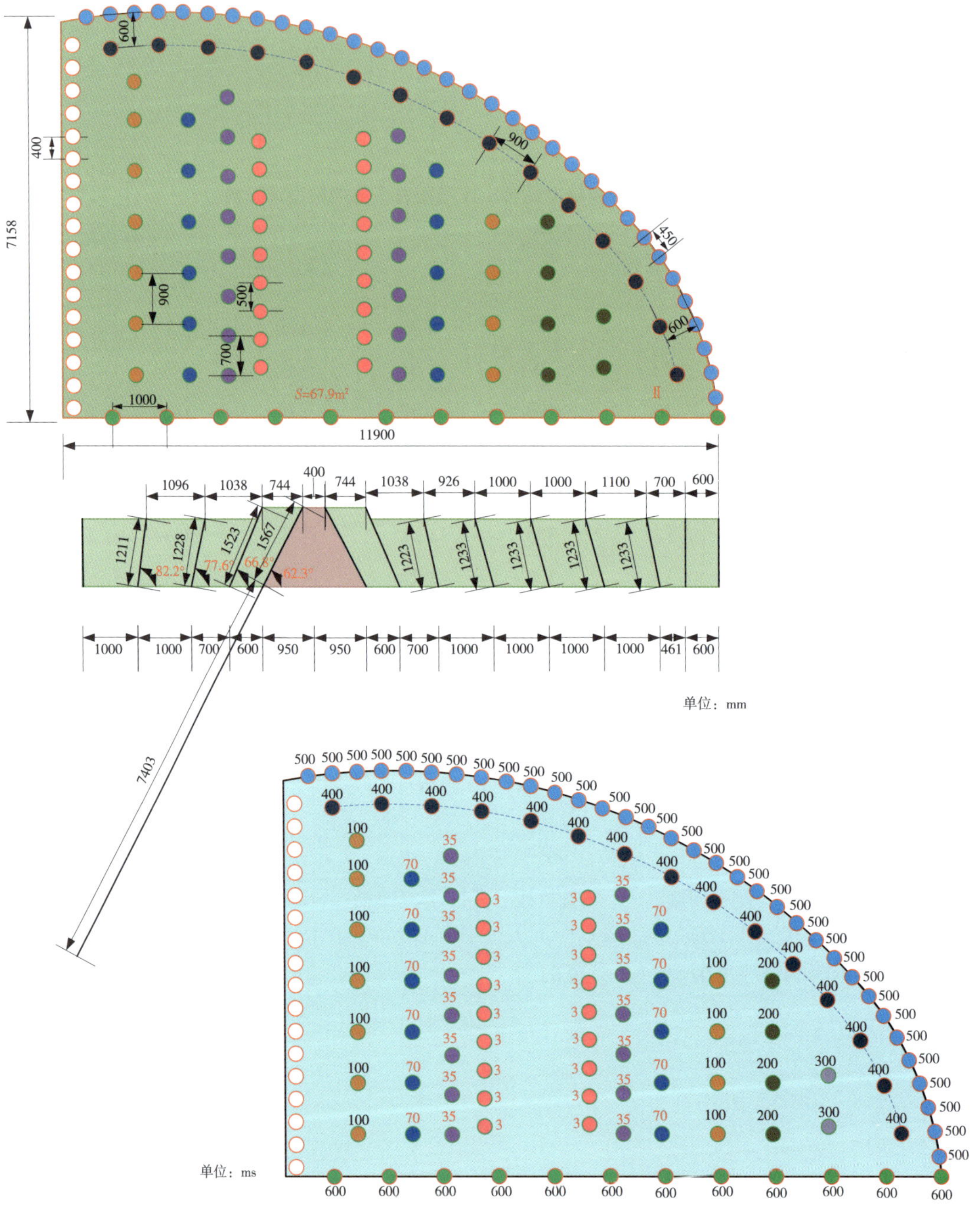

单位：mm

单位：ms

图 4.3-2　地铁暗挖标准站Ⅲ、Ⅳ级围岩Ⅱ部爆破设计

表 4.3-3　　　　地铁暗挖标准站Ⅲ、Ⅳ级围岩Ⅱ部爆破设计参数

序号	炮孔名称	孔数 /个	延时 /ms	孔深 /m	装药结构	装药量 /kg	
						单孔	段装药
1	掏槽孔	18	5	1.57	连续	0.9	16.2
2		15	35	1.52	连续	0.6	9.0
3		11	70	1.23	连续	0.3	3.3
4	辅助孔	11	100	1.23	连续	0.3	3.3
5		3	200	1.23	连续	0.3	0.9
6		2	300	1.23	连续	0.3	0.6
7	二圈孔	15	400	1.21	连续	0.2	3.0
8	周边孔	33	500	1.21	间隔	0.2	6.6
9	底板孔	12	600	1.25	连续	0.3	3.6
10	空孔	17					

注：空孔为减振孔。

表 4.3-4　　　　地铁暗挖标准站Ⅲ、Ⅳ级围岩Ⅱ部爆破开挖综合参数

爆破断面面积 /m²	总装药量 /kg	雷管总数 /个	单段最大药量 /kg	炮孔总数 /个	设计爆破进尺 /m
67.9	46.5	120	16.2	137	1.2
总延时 /ms	炮孔密度 /（个/m³）	雷管单耗 /（个/m³）	炸药单耗 /（kg/m³）	导爆索量 /m	周边孔线装药量 /（kg/m）
600	1.68	1.47	0.57	0	0.2

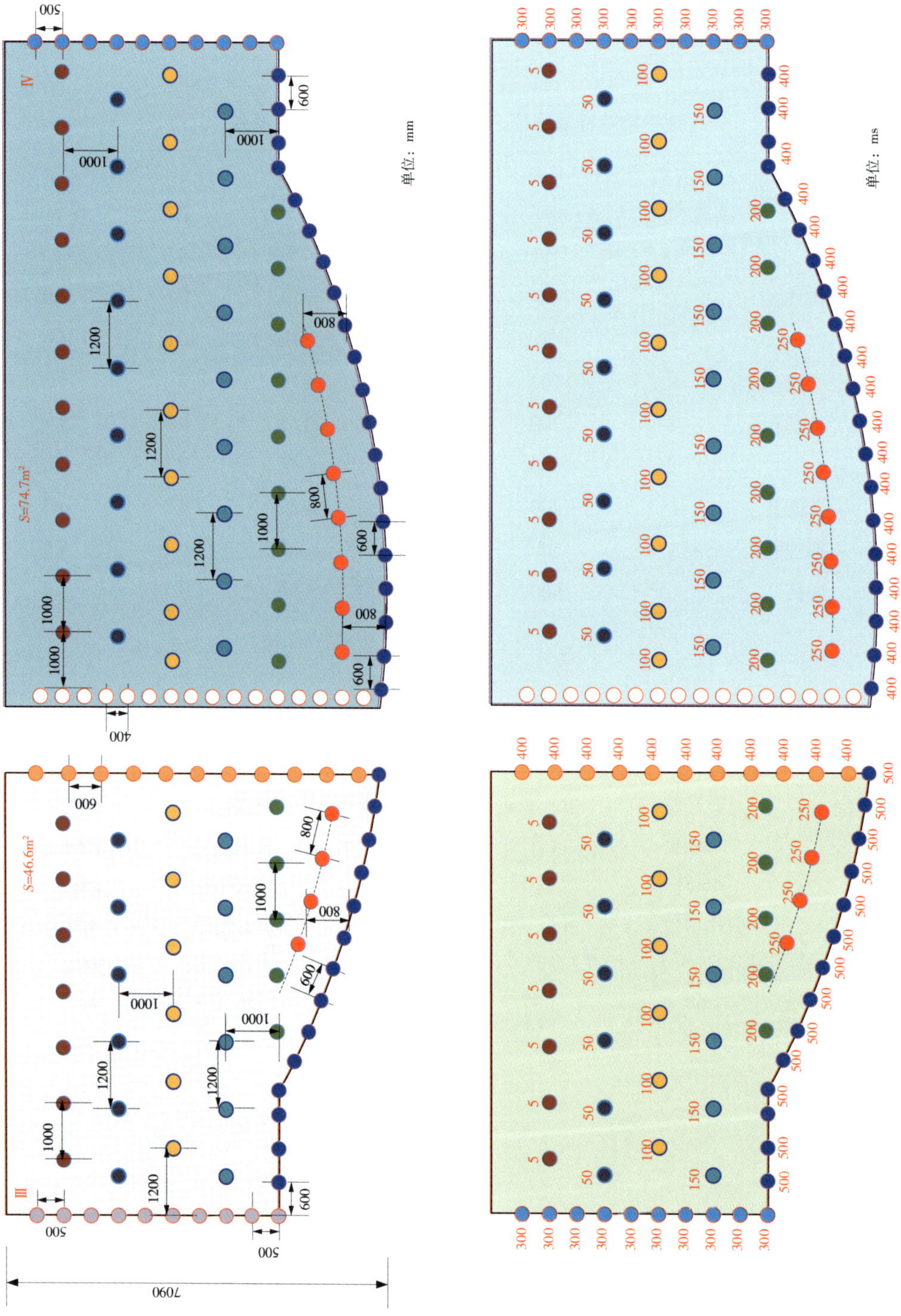

图 4.3-3 地铁暗挖标准站Ⅲ、Ⅳ级围岩Ⅲ、Ⅳ部爆破设计

表 4.3-5　　　　　　　　　地铁暗挖标准站Ⅲ、Ⅳ级围岩Ⅲ、Ⅳ部爆破设计参数

序号	炮孔名称	孔数 /个	延时 /ms	孔深 /m	装药结构	装药量 /kg	
						单孔	段装药
下台阶Ⅲ部							
1	抬炮孔 1	7	5	2.0	连续	0.6	4.2
2	抬炮孔 2	6	50	2.0	连续	0.6	3.6
3	抬炮孔 3	6	100	2.0	连续	0.6	3.6
4	抬炮孔 4	6	150	2.0	连续	0.6	3.6
5	抬炮孔 5	5	200	2.0	连续	0.6	3.0
6	下抬孔	4	250	2.0	连续	0.6	2.4
7	周边孔 1	10	300	2.0	间隔	0.4	4.0
8	周边孔 2	11	400	2.0	间隔	0.4	4.4
9	底板孔	14	500	2.1	连续	0.6	8.4
小计		69	单耗	0.40	断面面积 /m²	46.6	37.2
下台阶Ⅳ部							
10	抬炮孔 1	11	5	2.0	连续	0.6	6.6
11	抬炮孔 2	9	50	2.0	连续	0.6	5.4
12	抬炮孔 3	10	100	2.0	连续	0.6	6.0
13	抬炮孔 4	9	150	2.0	连续	0.6	5.4
14	抬炮孔 5	9	200	2.0	连续	0.6	5.4
15	下抬孔	8	250	2.0	连续	0.6	4.8
16	周边孔	9	300	2.0	间隔	0.4	3.6
17	底板孔	20	400	2.1	连续	0.6	12.0
18	空孔	16					
小计		101	单耗	0.33	断面面积 /m²	74.7	49.2

表 4.3-6　　　　　　　　地铁暗挖标准站Ⅲ、Ⅳ级围岩Ⅲ、Ⅳ部爆破开挖综合参数

爆破断面面积 /m²	总装药量 /kg	雷管总数 /个	单段最大药量 /kg	炮孔总数 /个	设计爆破进尺 /m
121.3	86.4	154	7.6	170	2.0
总延时 /ms	炮孔密度 /（个 /m³）	雷管单耗 /（个 /m³）	炸药单耗 /（kg/m³）	导爆索量 /m	周边孔线装药量 /（kg/m）
500	0.63	0.70	0.36	100	0.2

第4章 地铁换乘车站爆破设计

地铁换乘车站爆破设计特点

地铁换乘车站是指一个或多个地铁车站，可供乘客在不同路线之间，在不离开车站付费区及不另行购买车票的情况下，进行跨线乘坐列车。

地铁换乘车站是城市交通网络的重要组成部分，对于提高地铁系统的连通性和便捷性具有重要意义。地铁换乘车站按换乘方式可分为通道换乘、站厅换乘、站台换乘等类型，按线路数量分类可分为两线换乘站、三线换乘站等类型。

地铁换乘车站大多位于城区的中心交叉地带，周边环境很复杂，因此地铁换乘车站爆破有以下设计特点。

（1）由于所处位置周边环境的复杂性，地铁换乘车站隧道的爆破设计为控制爆破设计。

（2）需要严格控制爆破开挖进尺，采用微差爆破技术控制爆破振动速度，避免爆破振动对周边建（构）筑物造成损伤。

（3）采用有效的防护措施，避免爆破冲击波和爆破噪声对周边环境造成的重大危害。

地铁换乘车站Ⅳ、Ⅴ级围岩1、2部爆破设计见图4.4-1。地铁换乘车站Ⅳ、Ⅴ级围岩1、2部爆破设计参数见表4.4-1。地铁换乘车站Ⅳ、Ⅴ级围岩1、2部爆破开挖综合参数见表4.4-2。地铁换乘车站Ⅳ、Ⅴ级围岩3部爆破设计见图4.4-2。地铁换乘车站Ⅳ、Ⅴ级围岩3部爆破设计参数见表4.4-3。地铁换乘车站Ⅳ、Ⅴ级围岩3部爆破开挖综合参数见表4.4-4。地铁换乘车站Ⅳ、Ⅴ级围岩4、6部爆破设计见图4.4-3。地铁换乘车站Ⅳ、Ⅴ级围岩4、6部爆破设计参数见表4.4-5。地铁换乘车站Ⅳ、Ⅴ级围岩4、6部爆破开挖综合参数见表4.4-6。地铁换乘车站Ⅳ、Ⅴ级围岩7、9部爆破设计见图4.4-4。地铁换乘车站Ⅳ、Ⅴ级围岩7、9部爆破设计参数见表4.4-7。地铁换乘车站Ⅳ、Ⅴ级围岩7、9部爆破开挖综合参数见表4.4-8。

$S=62.4m^2$

$S=44.4m^2$

$S=44.4m^2$

$S=53.6m^2$

$S=53m^2$

$S=53.6m^2$

$S=26.5m^2$

$S=35.3m^2$

$S=26.5m^2$

单位：mm

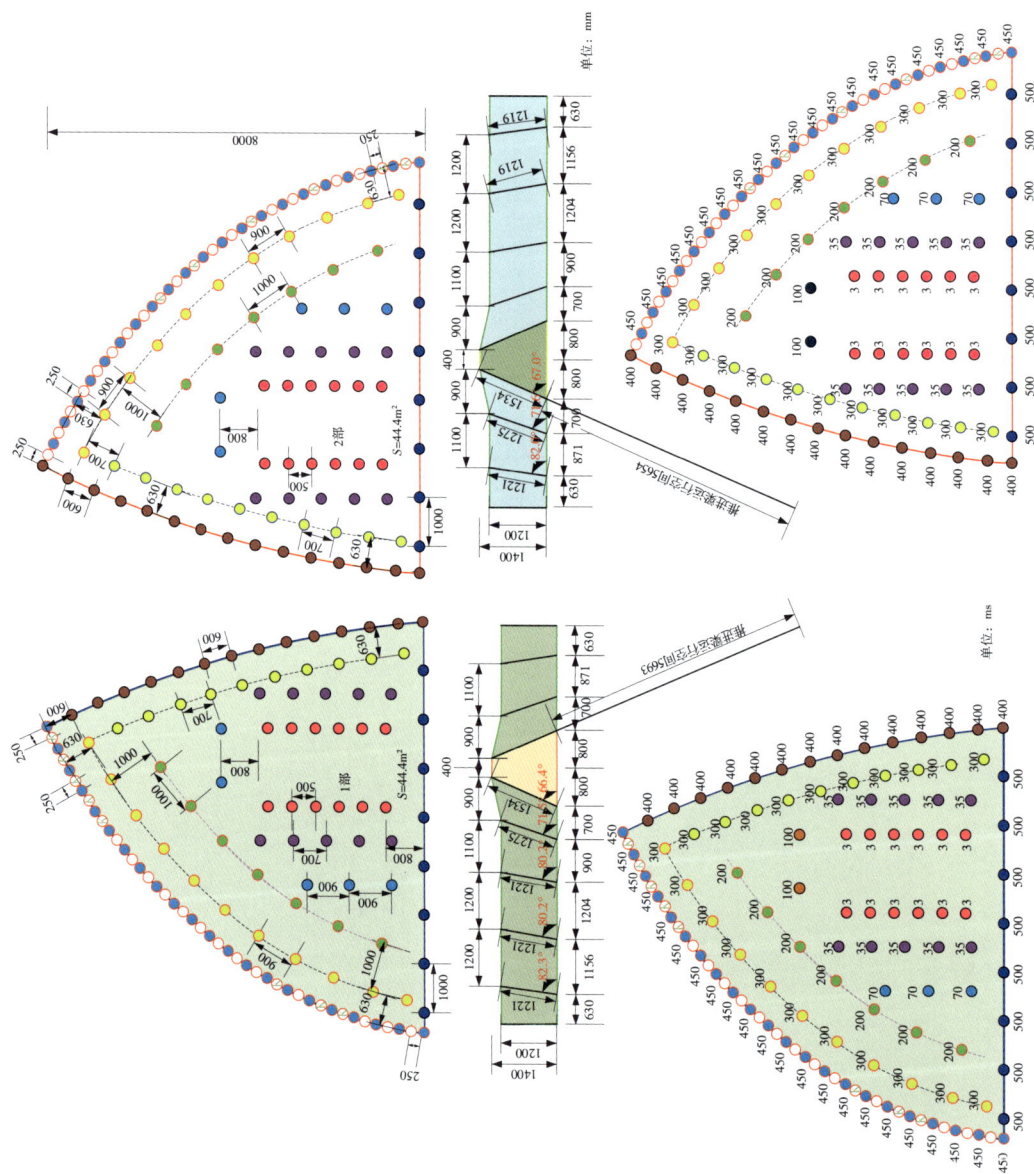

图 4.4-1 地铁换乘车站Ⅳ、Ⅴ级围岩 1、2 部爆破设计

表 4.4-1　　　　　　　　　　地铁换乘车站Ⅳ、Ⅴ级围岩 1、2 部爆破设计参数

序号	炮孔名称	孔数/个	延时/ms	孔深/m	装药结构	装药量/kg 单孔	装药量/kg 段装药
				1 部			
1	掏槽孔	12	3	1.53	连续	0.6	7.2
2		10	35	1.26	连续	0.3	3.0
3	辅助孔	3	70	1.22	连续	0.3	0.9
4		2	100	1.22	连续	0.3	0.6
5		7	200	1.22	连续	0.3	2.1
6	二圈孔	21	300	1.21	连续	0.2	4.2
7	周边孔 1	14	400	1.21	间隔	0.2	2.8
8	周边孔 2	22	450	1.21	间隔	0.2	4.4
9	周边孔空孔	21					
10	底板孔	8	500	1.26	连续	0.3	2.4
小计		120	单耗	0.52	断面面积/m²	44.4	27.6
				2 部			
11	掏槽孔	12	3	1.53	连续	0.6	7.2
12		10	35	1.26	连续	0.3	3.0
13	辅助孔	3	70	1.22	连续	0.3	0.9
14		2	100	1.22	连续	0.3	0.6
15		7	200	1.22	连续	0.3	2.1
16	二圈孔	21	300	1.21	连续	0.2	4.2
17	周边孔 3	15	400	1.21	间隔	0.2	3.0
18	周边孔 4	21	450	1.21	间隔	0.2	4.2
19	周边孔空孔	21					
20	底板孔	8	500	1.26	连续	0.3	2.4
小计		120	单耗	0.52	断面面积/m²	44.4	27.6

注：空孔是起到减振的作用。

表 4.4-2　　　　　　　　　地铁换乘车站Ⅳ、Ⅴ级围岩 1、2 部爆破开挖综合参数

爆破断面面积/m²	总装药量/kg	雷管总数/个	单段最大药量/kg	炮孔总数/个	设计爆破进尺/m
88.8	55.2	198	7.2	240	1.2
总延时/ms	炮孔密度/(个/m³)	雷管单耗/(个/m³)	炸药单耗/(kg/m³)	导爆索量/m	周边孔线装药量/(kg/m)
500	2.25	1.86	0.52	0	0.2

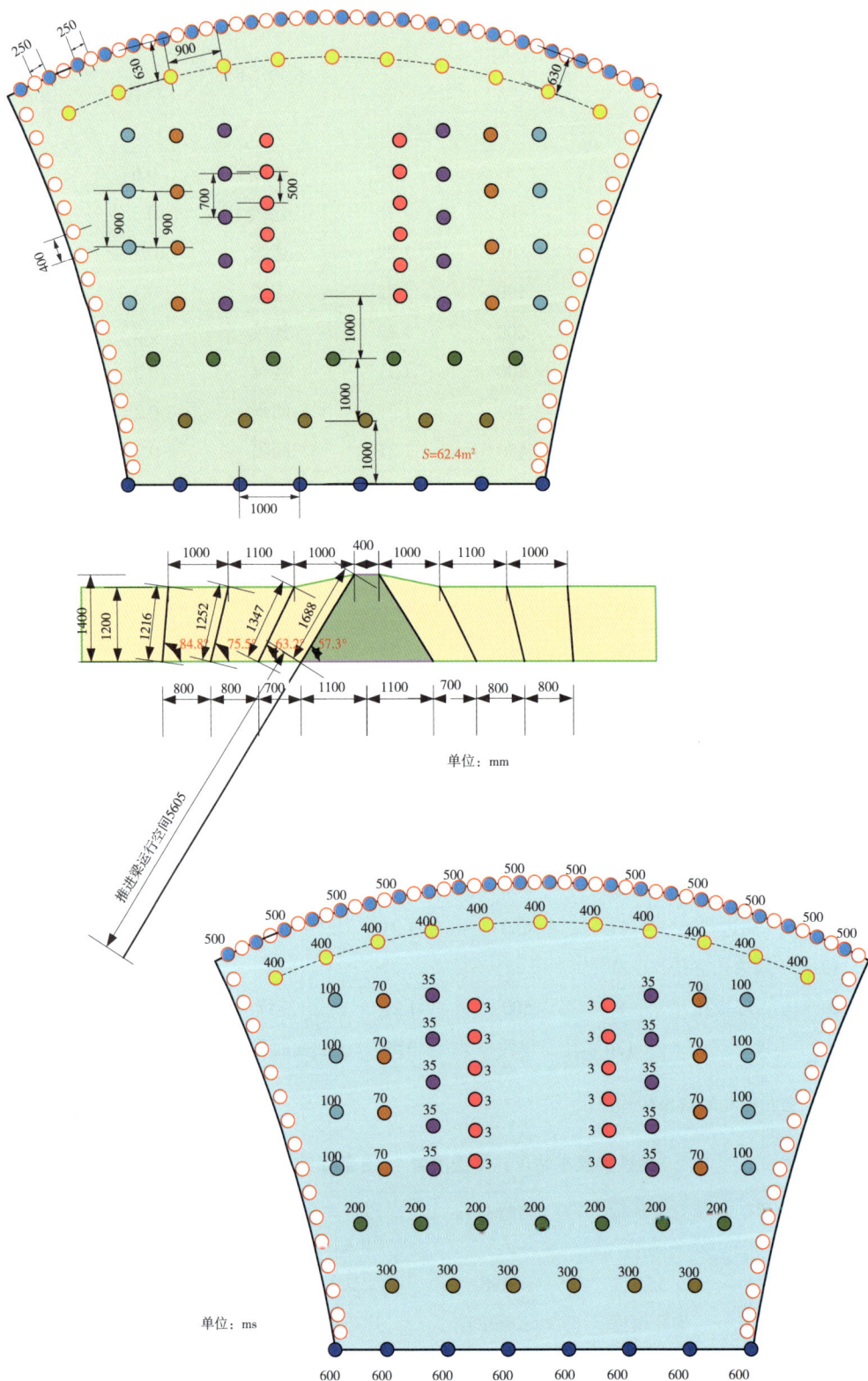

单位：mm

单位：ms

图 4.4-2　地铁换乘车站Ⅳ、Ⅴ级围岩 3 部爆破设计

表 4.4-3　　　　　　　地铁换乘车站Ⅳ、Ⅴ级围岩 3 部爆破设计参数

序号	炮孔名称	孔数 /个	延时 /ms	孔深 /m	装药结构	装药量 /kg	
						单孔	段装药
1	掏槽孔	12	3	1.69	连续	0.9	10.8
2		10	35	1.35	连续	0.6	6.0
3	辅助孔	8	70	1.25	连续	0.3	2.4
4		8	100	1.22	连续	0.3	2.4
5	上抬孔	7	200	1.21	连续	0.3	2.1
6	下抬孔	6	300	1.21	连续	0.3	1.8
7	二圈孔	11	400	1.21	连续	0.2	2.2
8	周边孔	22	500	1.21	间隔	0.2	4.4
9	底板孔	8	600	1.25	连续	0.3	2.4
10	空孔	54					

注：空孔是减振孔。

表 4.4-4　　　　　地铁换乘车站Ⅳ、Ⅴ级围岩 3 部爆破开挖综合参数

爆破断面面积 /m²	总装药量 /kg	雷管总数 /个	单段最大药量 /kg	炮孔总数 /个	设计爆破进尺 /m
62.4	34.5	92	10.8	146	1.2
总延时 /ms	炮孔密度 /（个 /m³）	雷管单耗 /（个 /m³）	炸药单耗 /（kg/m³）	导爆索量 /m	周边孔线装药量 /（kg/m）
600	1.95	1.23	0.46	0	0.2

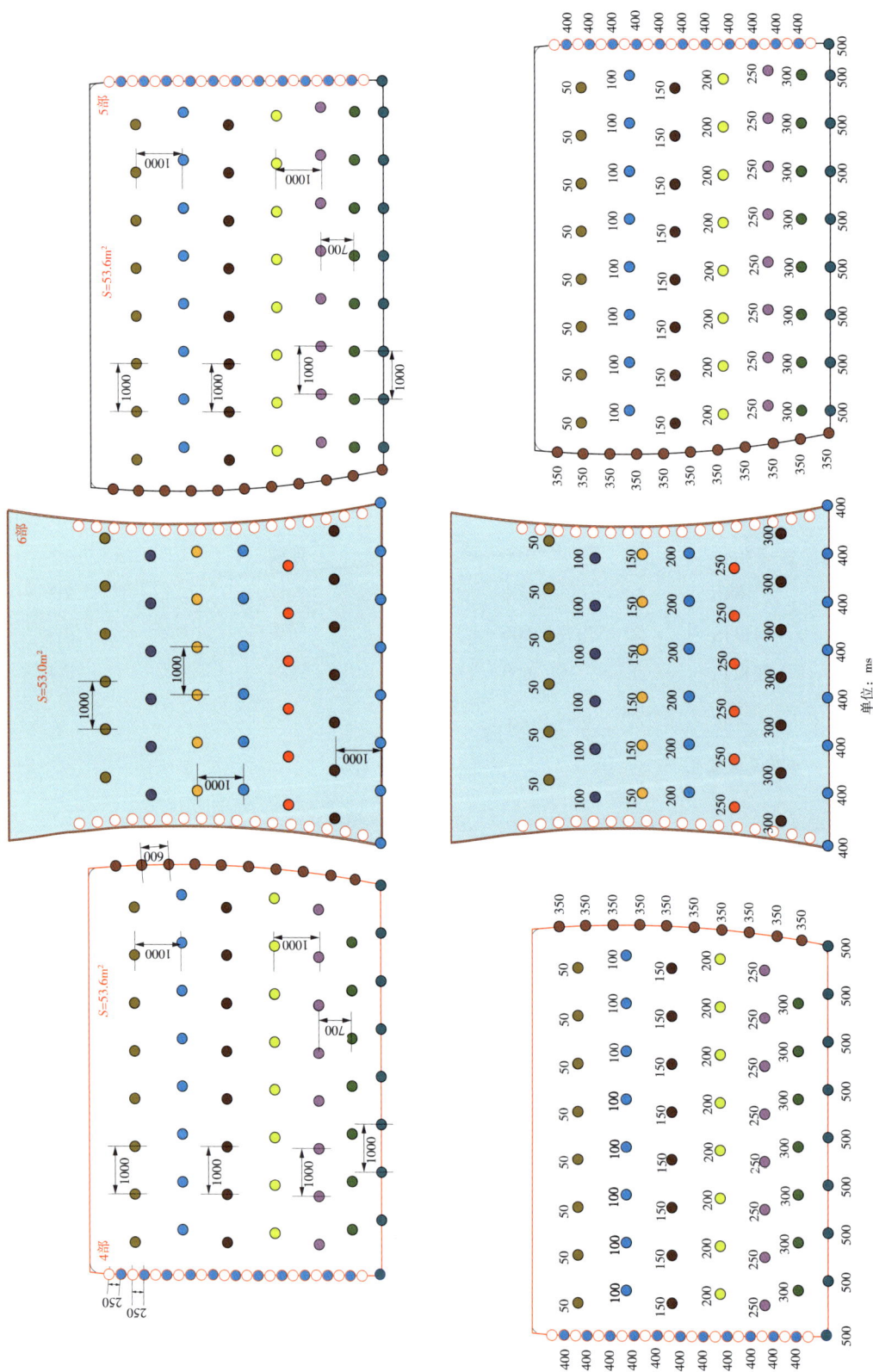

图 4.4-3　地铁换乘车站Ⅳ、Ⅴ级围岩 4、6 部爆破设计

单位：ms

表 4.4-5　　　　　　　　地铁换乘车站Ⅳ、Ⅴ级围岩 4、6 部爆破设计参数

序号	炮孔名称	孔数 /个	延时 /ms	孔深 /m	装药结构	装药量 /kg	
						单孔	段装药
中台阶 4 部							
1	抬炮孔 1	8	5	2.0	连续	0.6	4.8
2	抬炮孔 2	8	50	2.0	连续	0.6	4.8
3	抬炮孔 3	8	100	2.0	连续	0.6	4.8
4	抬炮孔 4	8	150	2.0	连续	0.6	4.8
5	抬炮孔 5	8	200	2.0	连续	0.6	4.8
6	下抬孔	7	250	2.0	连续	0.6	4.2
7	周边孔 1	10	300	2.0	间隔	0.4	4.0
8	周边孔 2	11	400	2.0	间隔	0.4	4.4
9	空孔	12		2.0			
10	底板孔	9	500	2.1	连续	0.6	5.4
小计		89	单耗	0.39	断面面积 /m²	53.6	42.0
中台阶 6 部							
10	抬炮孔 1	6	50	2.0	连续	0.6	3.6
11	抬炮孔 2	6	100	2.0	连续	0.6	3.6
12	抬炮孔 3	6	150	2.0	连续	0.6	3.6
13	抬炮孔 4	6	200	2.0	连续	0.6	3.6
14	抬炮孔 5	6	250	2.0	连续	0.6	3.6
15	下抬孔	7	300	2.0	连续	0.6	4.2
17	底板孔	8	400	2.1	连续	0.6	4.8
18	空孔	32		2.0			
小计		77	单耗	0.25	断面面积 /m²	53.0	27.0

表 4.4-6　　　　　　　　地铁换乘车站Ⅳ、Ⅴ级围岩 4、6 部爆破开挖综合参数

爆破断面面积 /m²	总装药量 /kg	雷管总数 /个	单段最大药量 /kg	炮孔总数 /个	设计爆破进尺 /m
106.6	69.0	122	5.4	166	2.0
总延时 /ms	炮孔密度 /(个/m³)	雷管单耗 /(个/m³)	炸药单耗 /(kg/m³)	导爆索量 /m	周边孔线装药量 /(kg/m)
500	0.57	0.78	0.32	50	0.2

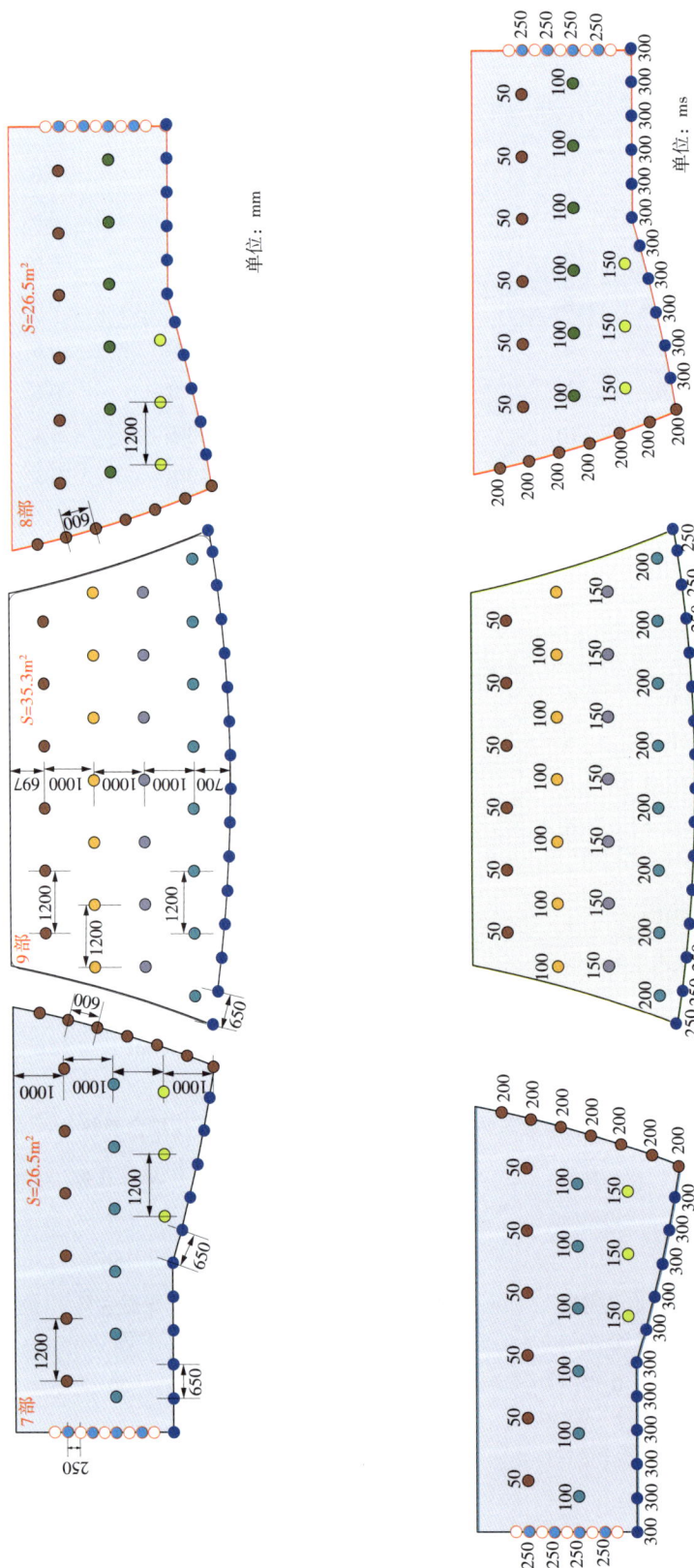

图 4.4-4 地铁换乘车站Ⅳ、Ⅴ级围岩 7、9 部爆破设计

表 4.4-7　　　　　　　　　地铁换乘车站Ⅳ、Ⅴ级围岩 7、9 部爆破设计参数

序号	炮孔名称	孔数/个	延时/ms	孔深/m	装药结构	装药量/kg	
						单孔	段装药
下台阶 7 部							
1	上抬孔	6	50	2.0	连续	0.6	3.6
2	中抬孔	6	100	2.0	连续	0.6	3.6
3	下抬孔	3	150	2.0	连续	0.6	3.6
4	周边孔 1	7	200	2.0	间隔	0.4	2.8
5	周边孔 2	4	250	2.0	间隔	0.4	1.6
6	周边孔空孔	5		2.0	连续		
7	底板孔	11	300	2.1	连续	0.6	6.6
	小计	42	单耗	0.41	断面面积 /m²	26.5	21.8
下台阶 9 部							
8	抬炮孔 1	6	50	2.0	连续	0.6	3.6
9	抬炮孔 2	7	100	2.0	连续	0.6	4.2
10	抬炮孔 3	7	150	2.0	连续	0.6	4.2
11	下抬孔	8	200	2.0	连续	0.6	4.8
12	底板孔	16	250	2.1	连续	0.6	9.6
	小计	44	单耗	0.37	断面面积 /m²	35.3	26.4

表 4.4-8　　　　　　　　地铁换乘车站Ⅳ、Ⅴ级围岩 7、9 部爆破开挖综合参数

爆破断面面积/m²	总装药量/kg	雷管总数/个	单段最大药量/kg	炮孔总数/个	设计爆破进尺/m
61.8	48.2	81	9.6	86	2.0
总延时/ms	炮孔密度/（个/m³）	雷管单耗/（个/m³）	炸药单耗/（kg/m³）	导爆索量/m	周边孔线装药量/（kg/m）
300	0.70	0.66	0.39	30	0.2

05

第5篇

地下硐室爆破设计

第 1 章　施工运输通道爆破设计

地下硐库液化气硐库爆破设计的特点

随着全球能源需求的增长和对能源安全和储存稳定性要求的提升，地下液化气硐库项目在能源领域扮演着愈发关键的角色。这种储存方式利用地下空间的天然优势，为液化气的安全、高效存储提供了可靠保障，对于调节能源供需、保障能源稳定供应具有重要意义。地下硐库一般都在地下 50~100m，除了硐库主库房断面面积非常大外，还包含施工通道、水幕通道、通风通道、检修通道及竖井等各种不同规格的小断面。在爆破开挖过程中，应根据实际揭露的地质情况，及时对爆破设计进行动态调整，确保爆破效果符合硐库建设的要求。地下硐库液化气硐库爆破设计有以下特点。

（1）液化气硐库项目岩石开挖与运输量大，因此在选择凿岩台车设备时，尽可能选择质量过硬、性能优良、能长期持续作业的三臂或四臂凿岩台车，以确保爆破开挖能迅速完成，保障工期。

（2）通过精确的测量和定位技术，采用控制爆破技术，严格控制炮孔的位置和角度，确保爆破后的硐库尺寸和形状符合设计要求，满足液化气储存和相关设备安装的需要。

（3）在爆破开挖过程中，要注意保护硐库的密封结构，避免爆破破坏导致硐库泄漏。对于需要进行衬砌或密封处理的部位，采用精细爆破技术，为后续的密封施工创造良好条件。

（4）硐库施工一般采用三臂凿岩台车双机并打模式，采取以大楔形掏槽为主的爆破方式，爆破进尺一般大于 4.0m，硐室内的爆破进尺可以大于 4.5m；对于其他辅助通道，根据地质条件，以提高爆破进尺为目的，减少爆破大块率，提高装卸效率。

（5）爆破进尺大，一次爆破用药量大，要做好爆破减振，保护好硐库在建设施。

地下硐室施工运输通道 Ⅱ、Ⅲ级围岩全断面法爆破设计见图 5.1-1。

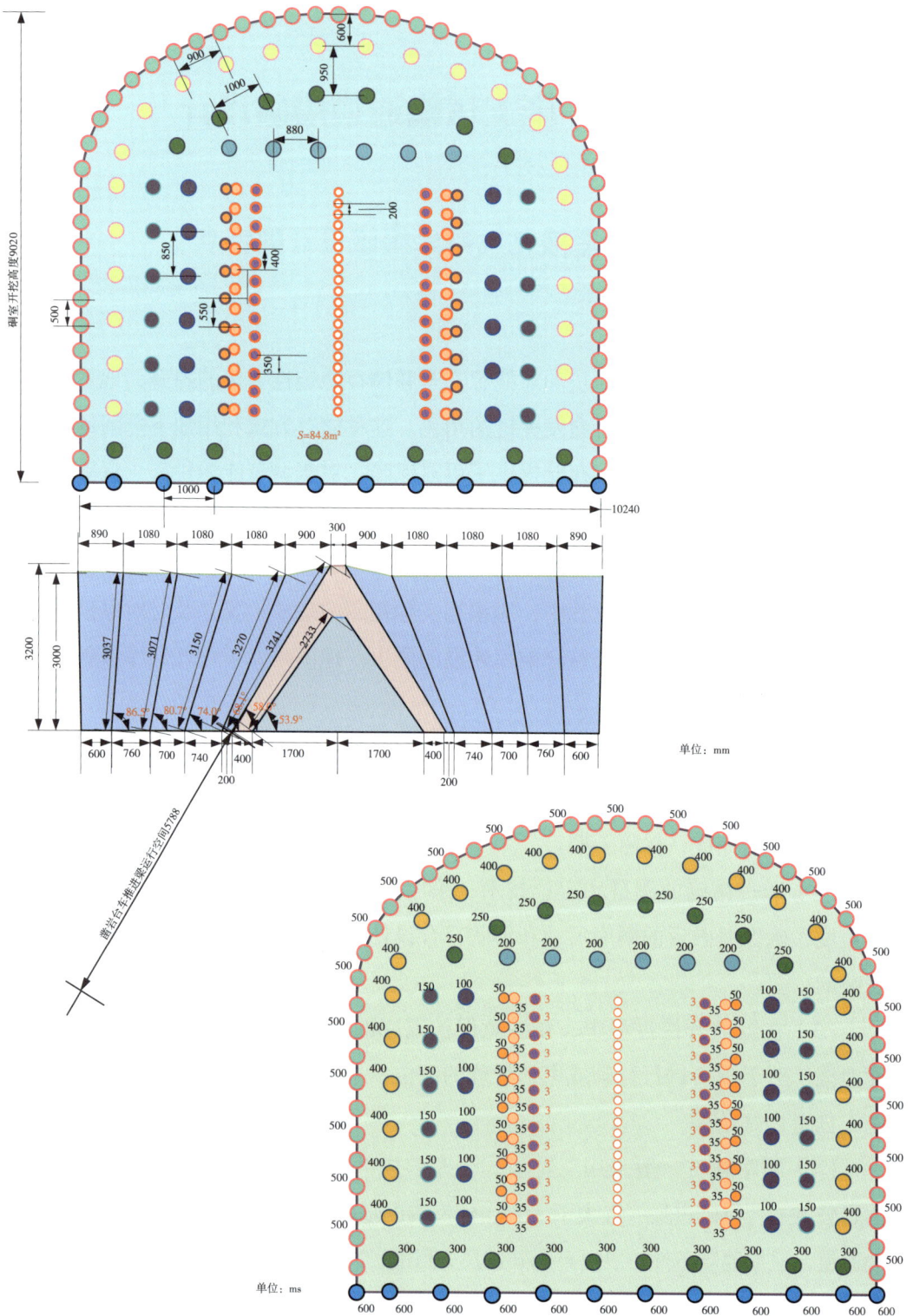

图 5.1-1 地下硐室施工运输通道Ⅱ、Ⅲ级围岩全断面法爆破设计

地下硐室施工运输通道Ⅱ、Ⅲ级围岩全断面法爆破设计参数见表 5.1–1。地下硐室施工运输通道Ⅱ、Ⅲ级围岩全断面法爆破开挖综合参数见表 5.1–2。地下硐室施工运输通道Ⅱ、Ⅲ级围岩直眼掏槽爆破设计见图 5.1–2。地下硐室施工运输通道Ⅱ、Ⅲ级围岩直眼掏槽爆破设计参数见表 5.1–3。地下硐室施工运输通道Ⅱ、Ⅲ级围岩直眼掏槽爆破开挖综合参数见表 5.1–4。地下硐室备用运输通道Ⅱ、Ⅲ级围岩全断面法爆破设计见图 5.1–3。地下硐室备用运输通道Ⅱ、Ⅲ级围岩全断面法爆破设计参数见表 5.1–5。地下硐室备用运输通道Ⅱ、Ⅲ级围岩全断面法爆破开挖综合参数见表 5.1–6。地下硐室应急运输通道Ⅱ、Ⅲ级围岩直眼掏槽爆破设计见图 5.1–4。地下硐室应急运输通道Ⅱ、Ⅲ级围岩直眼掏槽爆破设计参数见表 5.1–7。地下硐室应急运输通道Ⅱ、Ⅲ级围岩直眼掏槽爆破开挖综合参数见表 5.1–8。

表 5.1–1　　　　　　　地下硐室施工运输通道Ⅱ、Ⅲ级围岩全断面法爆破设计参数

序号	炮孔名称	孔数 /个	延时 /ms	孔深 /m	装药结构	装药量 /kg	
						单孔	段装药
1	掏槽孔	24	3	2.73	连续	1.8	43.2
2		22	35	3.74	连续	3.0	66.0
3		18	50	3.27	连续	2.4	43.2
4	辅助孔	12	100	3.15	连续	1.8	21.6
5		12	150	3.07	连续	1.5	18.0
6		6	200	3.02	连续	0.9	5.4
7		8	250	3.02	连续	0.9	7.2
8		10	300	3.02	连续	0.9	9.0
9	二圈孔	24	400	3.02	连续	0.7	16.8
10	周边孔	49	500	3.02	间隔	0.6	29.4
11	底板孔	12	600	3.10	连续	1.2	14.4
12	空孔						

注：空孔为解炮孔，可以根据需要钻凿或装药。

表 5.1–2　　　　　地下硐室施工运输通道Ⅱ、Ⅲ级围岩全断面法爆破开挖综合参数

爆破断面面积 /m²	总装药量 /kg	雷管总数 /个	单段最大药量 /kg	炮孔总数 /个	设计爆破进尺 /m
84.8	274.2	150	66.0	197	3.0
总延时 /ms	炮孔密度 /（个/m³）	雷管单耗 /（个/m³）	炸药单耗 /（kg/m³）	导爆索量 /m	周边孔线装药量 /（kg/m）
600	0.77	0.59	1.07	200	0.2

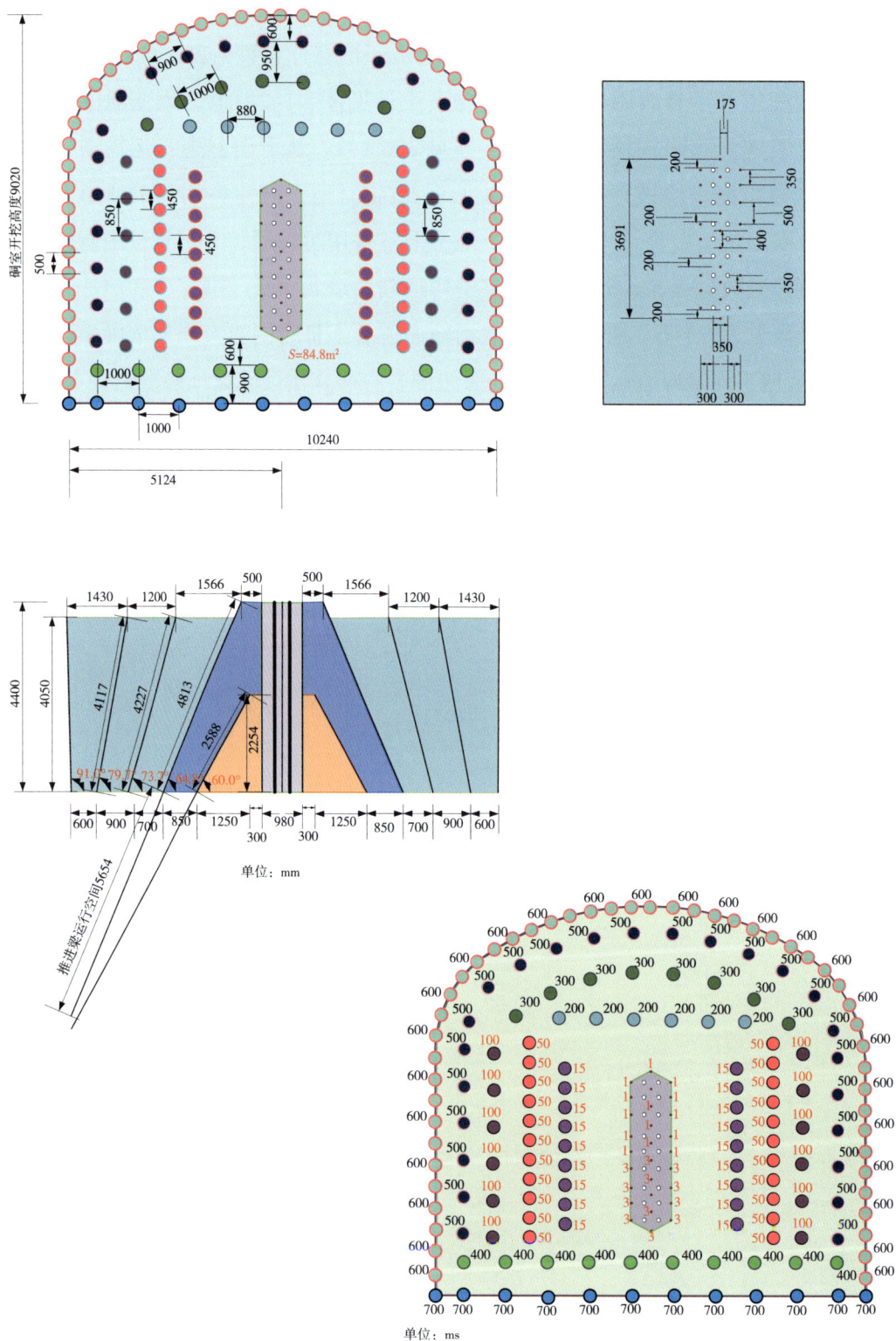

图 5.1-2　地下硐室施工运输通道Ⅱ、Ⅲ级围岩直眼掏槽爆破设计

表 5.1-3　　　　　地下硐室施工运输通道Ⅱ、Ⅲ级围岩直眼掏槽爆破设计参数

序号	炮孔名称	孔数/个	延时/ms	孔深/m	装药结构	装药量/kg	
						单孔	段装药
1	ф90 空孔	18		4.40			
2	掏槽孔	14	1	4.40	连续	3.0	42.0
3		12	3	4.40	连续	3.0	36.0
4		18	15	2.58	连续	1.8	32.4
5		22	50	4.82	连续	4.2	92.4
6	辅助孔	12	100	4.23	连续	2.7	32.4
7		6	200	4.11	连续	2.1	12.6
8		8	300	4.11	连续	1.8	14.4
9		10	400	4.11	连续	1.5	15.0
10	二圈孔	24	500	4.12	连续	1.2	28.8
11	周边孔	49	600	4.06	间隔	0.8	39.2
12	底板孔	12	700	4.20	连续	1.2	14.4

表 5.1-4　　　地下硐室施工运输通道Ⅱ、Ⅲ级围岩直眼掏槽爆破开挖综合参数

爆破断面面积/m²	总装药量/kg	雷管总数/个	单段最大药量/kg	炮孔总数/个	设计爆破进尺/m
84.8	359.6	160	92.4	205	4.05
总延时/ms	炮孔密度/（个/m³）	雷管单耗/（个/m³）	炸药单耗/（kg/m³）	导爆索量/m	周边孔线装药量/（kg/m）
700	0.60	0.47	1.09	240	0.2

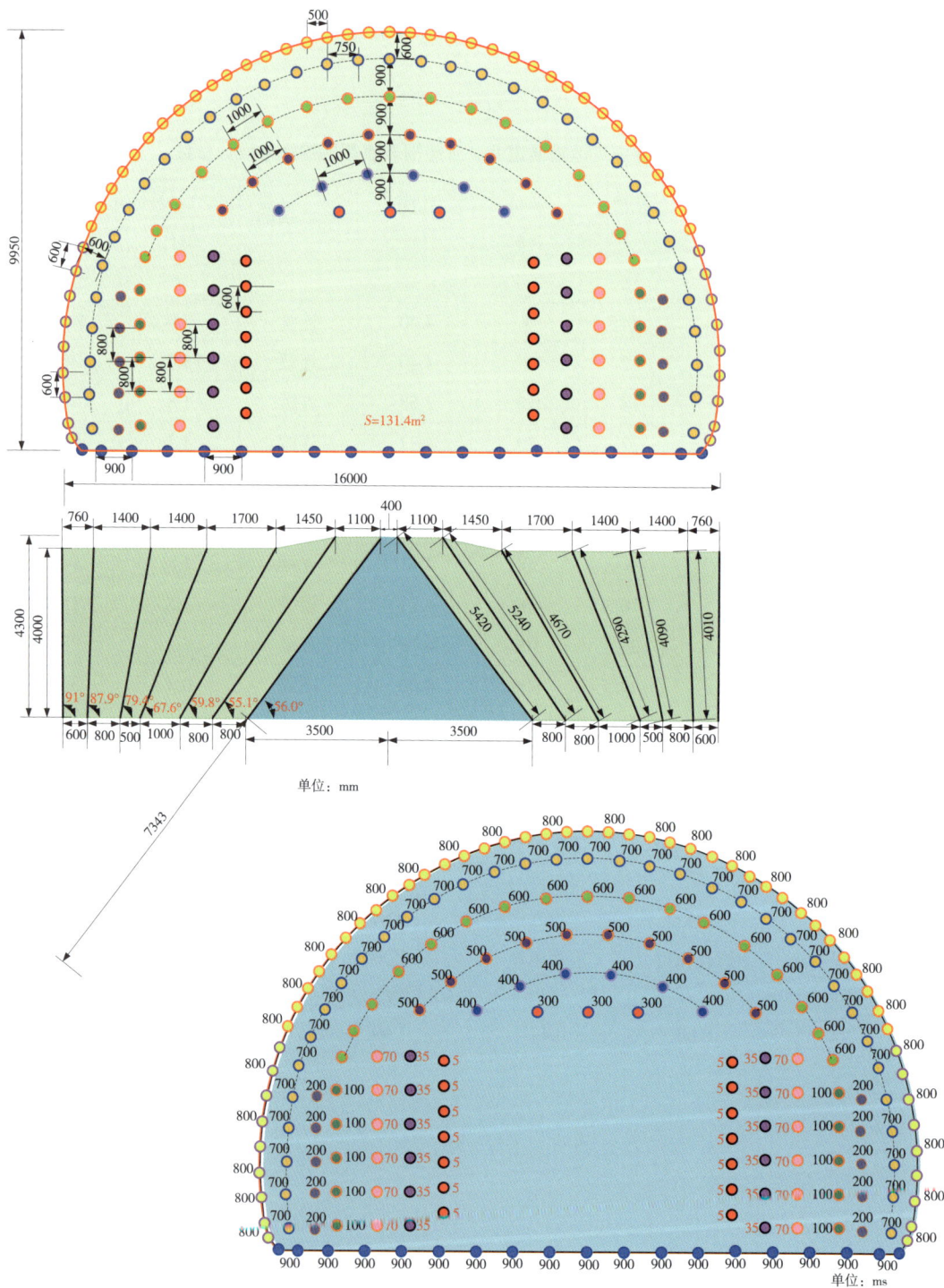

单位：mm

单位：ms

图 5.1-3 地下硐室备用运输通道Ⅱ、Ⅲ级围岩全断面法爆破设计

表 5.1-5　　　　　　　　地下硐室备用运输通道Ⅱ、Ⅲ级围岩全断面法爆破设计参数

序号	炮孔名称	孔数/个	延时/ms	孔深/m	装药结构	装药量/kg	
						单孔	段装药
1	掏槽孔	14	5	5.42	连续	4.2	58.8
2		12	35	5.24	连续	3.3	39.6
3		12	70	4.67	连续	3.0	36.0
4	辅助孔	10	100	4.29	连续	2.4	24.0
5		10	200	4.09	连续	1.8	18.0
6		3	300	4.02	连续	1.2	3.6
7		6	400	4.02	连续	1.2	7.2
8		10	500	4.02	连续	1.2	12.0
9		17	600	4.02	连续	1.2	20.4
10	二圈孔	35	700	4.03	连续	1.2	42.0
11	周边孔	55	800	4.01	间隔	0.8	44.0
12	底板孔	19	900	4.20	连续	1.2	22.8

表 5.1-6　　　　　地下硐室备用运输通道Ⅱ、Ⅲ级围岩全断面法爆破开挖综合参数

爆破断面面积/m²	总装药量/kg	雷管总数/个	单段最大药量/kg	炮孔总数/个	设计爆破进尺/m
131.4	328.4	150	58.8	203	4.0
总延时/ms	炮孔密度/（个/m³）	雷管单耗/（个/m³）	炸药单耗/（kg/m³）	导爆索量/m	周边孔线装药量/（kg/m）
900	0.39	0.29	0.62	250	0.2

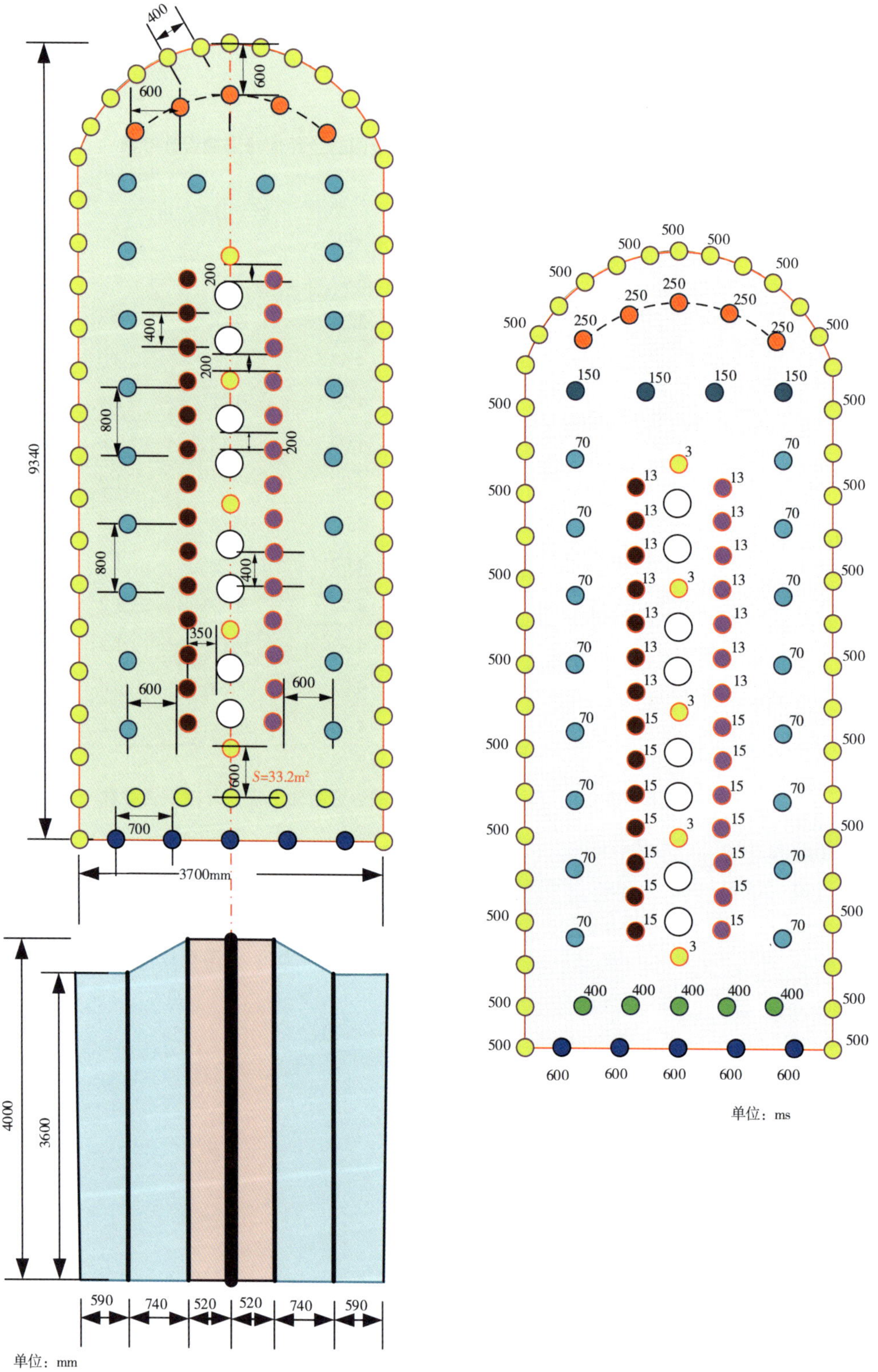

图 5.1–4　地下硐室应急运输通道Ⅱ、Ⅲ级围岩直眼掏槽爆破设计

表 5.1-7　　　地下硐室应急运输通道Ⅱ、Ⅲ级围岩直眼掏槽爆破设计参数

序号	炮孔名称	孔数 /个	延时 /ms	孔深 /m	装药结构	装药量 /kg	
						单孔	段装药
1	φ90 空孔	8		4.00			
2	掏槽孔	5	3	4.00	连续	3.0	15.0
3		14	13	4.00	连续	2.7	37.8
4		14	15	4.00	连续	2.7	37.8
5	辅助孔	16	70	3.62	连续	1.5	24.0
6		4	150	3.62	连续	1.5	6.0
7		5	250	3.62	连续	1.2	6.0
8		5	400	3.62	连续	1.2	6.0
9	周边孔	45	500	3.62	间隔	0.6	27.0
10	底板孔	5	600	3.70	连续	1.2	6.0

表 5.1-8　　　地下硐室应急运输通道Ⅱ、Ⅲ级围岩直眼掏槽爆破开挖综合参数

爆破断面面积 /m²	总装药量 /kg	雷管总数 /个	单段最大药量 /kg	炮孔总数 /个	设计爆破进尺 /m
33.2	165.6	80	37.8	121	3.6
总延时 /ms	炮孔密度 /(个/m³)	雷管单耗 /(个/m³)	炸药单耗 /(kg/m³)	导爆索量 /m	周边孔线装药量 /(kg/m)
600	1.01	0.67	1.39	200	0.2

第2章　辅助通道爆破设计

地下硐室辅助通道Ⅱ、Ⅲ级围岩全断面法爆破设计见图5.2-1。地下硐室辅助通道Ⅱ、Ⅲ级围岩全断面法爆破设计参数见表5.2-1。地下硐室辅助通道Ⅱ、Ⅲ级围岩全断面法爆破开挖综合参数见表5.2-2。地下硐室A型水幕通道Ⅱ、Ⅲ级围岩全断面法爆破设计见图5.2-2。

表5.2-1　　　　　地下硐室辅助通道Ⅱ、Ⅲ级围岩全断面法爆破设计参数

序号	炮孔名称	孔数/个	延时/ms	孔深/m	装药结构	装药量/kg	
						单孔	段装药
1	掏槽孔	28	5	3.55	连续	2.1	58.8
2		28	35	3.35	连续	1.8	50.4
3	辅助孔	24	65	3.05	连续	1.5	36.0
4		16	100	3.02	连续	1.2	19.2
5		5	200	3.02	连续	0.9	4.5
6	二圈孔	28	300	3.02	连续	0.7	19.6
7	周边孔	55	400	3.02	间隔	0.6	33.0
8	底板孔	10	500	3.10	连续	0.9	9.0
9	空孔						

注：空孔为解炮孔根据需要设置。

表5.2-2　　　　　地下硐室辅助通道Ⅱ、Ⅲ级围岩全断面法爆破开挖综合参数

爆破断面面积/m²	总装药量/kg	雷管总数/个	单段最大药量/kg	炮孔总数/个	设计爆破进尺/m
93.4	230.5	140	58.8	194	3.0
总延时/ms	炮孔密度/（个/m³）	雷管单耗/（个/m³）	炸药单耗/（kg/m³）	导爆索量/m	周边孔线装药量/（kg/m）
500	0.69	0.50	0.82	220	0.2

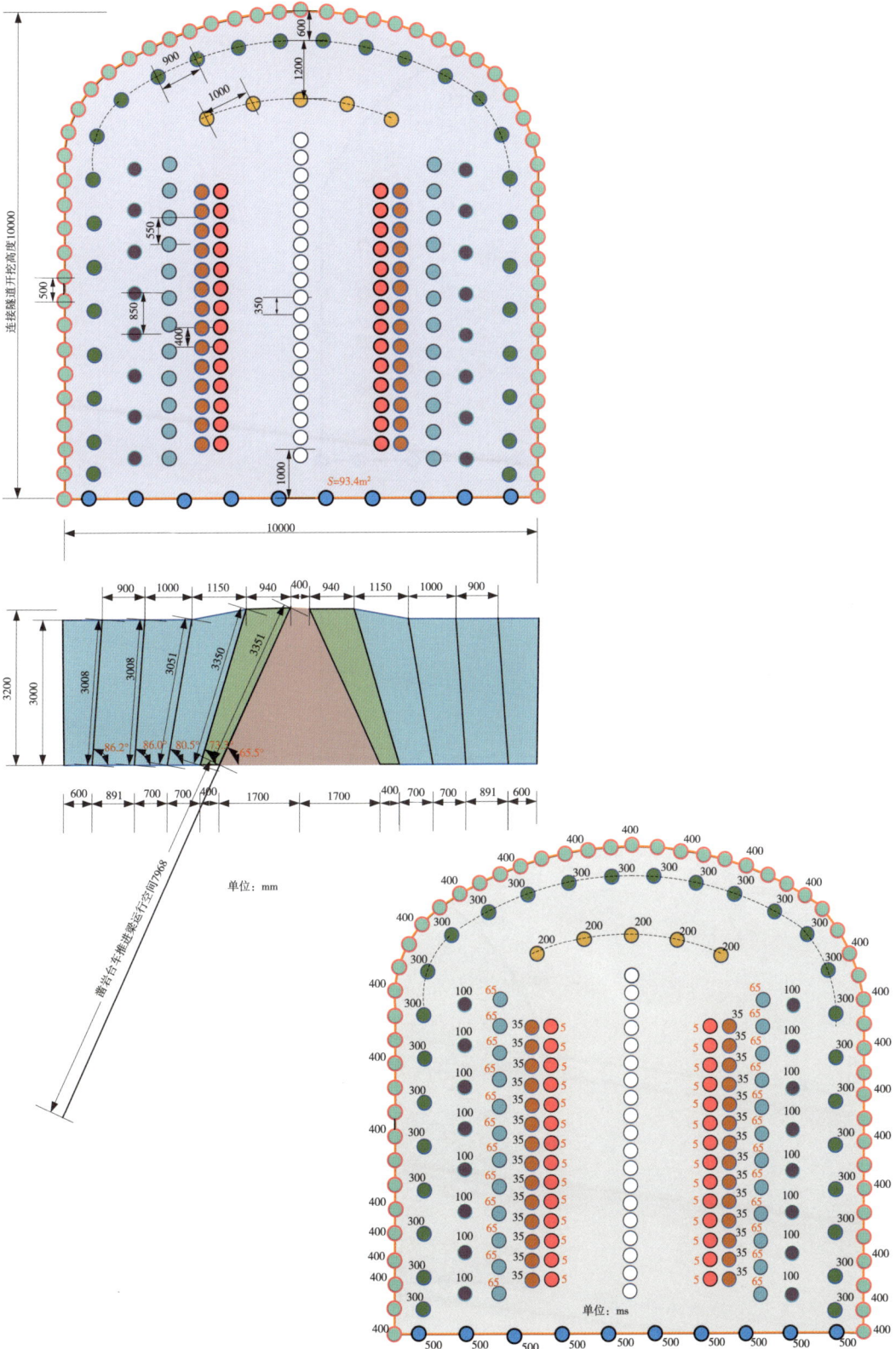

S=93.4m²

单位：mm

单位：ms

图 5.2-1　地下硐室辅助通道Ⅱ、Ⅲ级围岩全断面法爆破设计

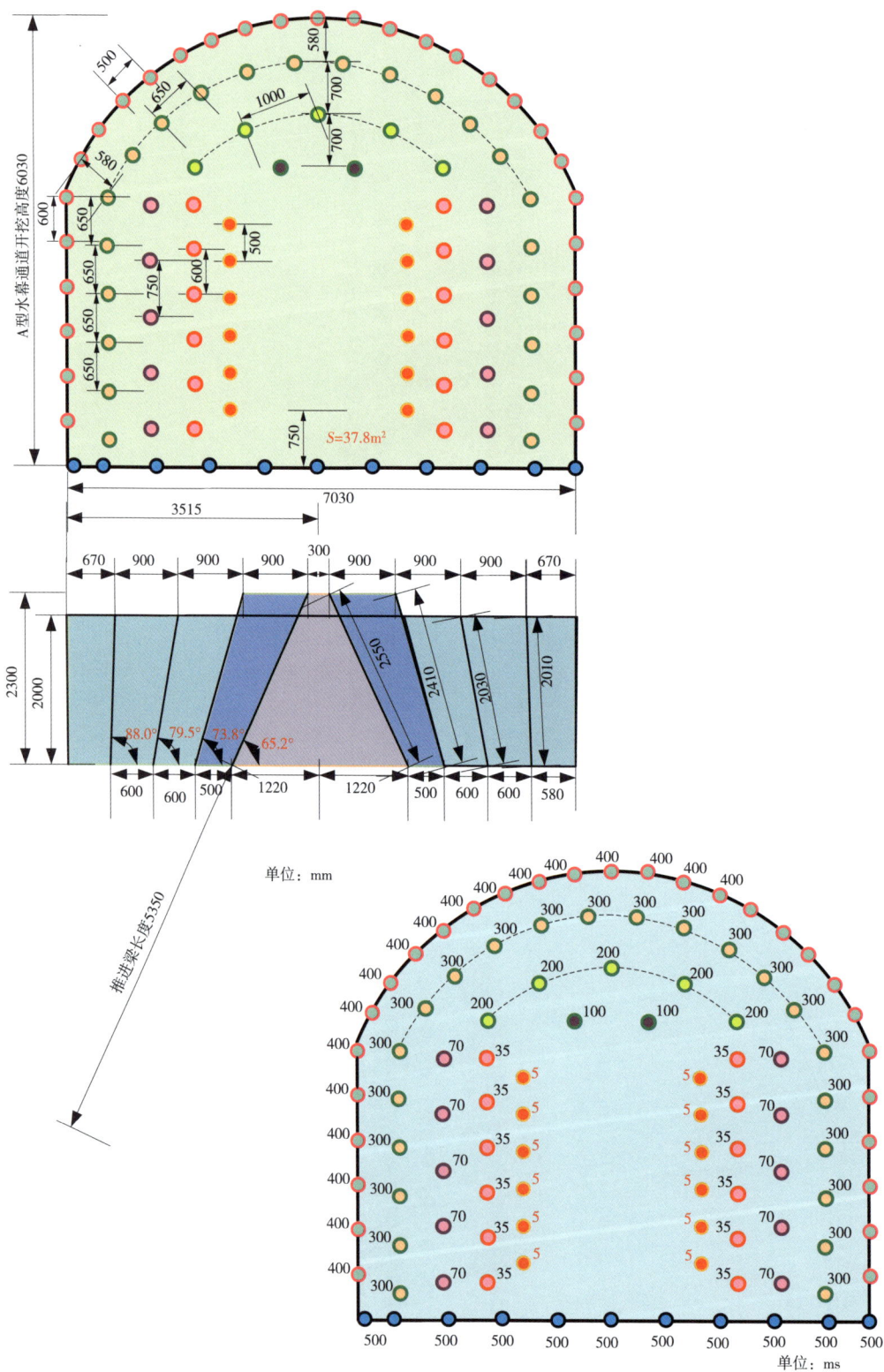

单位：mm

单位：ms

图 5.2-2　地下硐室 A 型水幕通道Ⅱ、Ⅲ级围岩全断面法爆破设计

地下硐室 A 型水幕通道Ⅱ、Ⅲ级围岩全断面法爆破设计参数见表 5.2-3。地下硐室 A 型水幕通道Ⅱ、Ⅲ级围岩全断面法爆破开挖综合参数见表 5.2-4。地下硐室 B 型水幕通道Ⅱ、Ⅲ级围岩全断面法爆破设计见图 5.2-3。地下硐室 B 型水幕通道Ⅱ、Ⅲ级围岩全断面法爆破设计参数见表 5.2-5。地下硐室 B 型水幕通道Ⅱ、Ⅲ级围岩全断面法爆破开挖综合参数见表 5.2-6。地下硐室通风通道Ⅱ、Ⅲ级围岩直眼掏槽爆破设计见图 5.2-4。地下硐室通风通道Ⅱ、Ⅲ级围岩直眼掏槽爆破设计参数见表 5.2-7。地下硐室通风通道Ⅱ、Ⅲ级围岩直眼掏槽爆破开挖综合参数见表 5.2-8。

表 5.2-3　　　　地下硐室 A 型水幕通道Ⅱ、Ⅲ级围岩全断面法爆破设计参数

序号	炮孔名称	孔数/个	延时/ms	孔深/m	装药结构	装药量 /kg	
						单孔	段装药
1	掏槽孔	12	5	2.55	连续	1.8	21.6
2		12	35	2.41	连续	1.5	18.0
3		10	70	2.03	连续	1.2	12.0
4	辅助孔	2	100	2.03	连续	1.2	2.4
5		5	200	2.03	连续	1.2	6.0
6	二圈孔	22	300	2.02	连续	0.4	8.8
7	周边孔	29	400	2.01	间隔	0.5	14.5
8	底板孔	11	500	2.10	连续	0.9	9.9

表 5.2-4　　　　地下硐室 A 型水幕通道Ⅱ、Ⅲ级围岩全断面法爆破开挖综合参数

爆破断面面积/m²	总装药量/kg	雷管总数/个	单段最大药量/kg	炮孔总数/个	设计爆破进尺/m
37.8	93.2	75	21.6	103	2.0
总延时/ms	炮孔密度/（个/m³）	雷管单耗/（个/m³）	炸药单耗/（kg/m³）	导爆索量/m	周边孔线装药量/（kg/m）
500	1.36	0.99	1.23	90	0.2

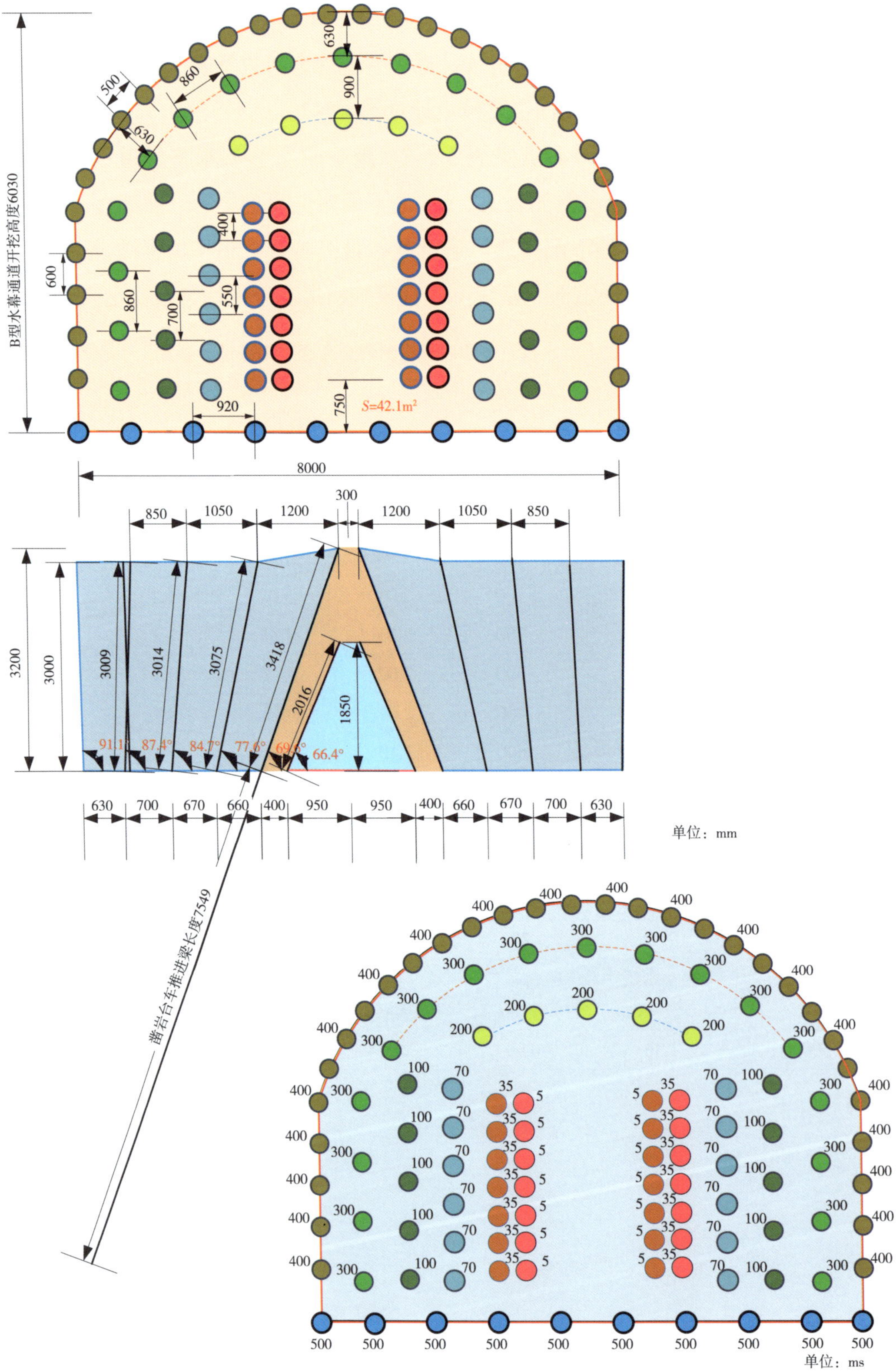

图 5.2-3　地下硐室 B 型水幕通道 II、III 级围岩全断面法爆破设计

表 5.2-5　　　　地下硐室 B 型水幕通道Ⅱ、Ⅲ级围岩全断面法爆破设计参数

序号	炮孔名称	孔数 /个	延时 /ms	孔深 /m	装药结构	装药量 /kg	
						单孔	段装药
1	掘槽孔	14	5	2.12	连续	1.5	21.0
2		14	35	3.41	连续	2.4	33.6
3		12	70	3.06	连续	1.8	21.6
4	辅助孔	12	100	3.02	连续	1.2	14.4
5		5	200	3.02	连续	1.2	6.0
6	二圈孔	17	300	3.02	连续	0.6	10.2
7	周边孔	30	400	3.02	间隔	0.6	18.0
8	底板孔	10	500	3.10	连续	1.2	12.0

表 5.2-6　　　　地下硐室 B 型水幕通道Ⅱ、Ⅲ级围岩全断面法爆破开挖综合参数

爆破断面面积 /m^2	总装药量 /kg	雷管总数 /个	单段最大药量 /kg	炮孔总数 /个	设计爆破进尺 /m
42.1	136.8	85	33.6	114	3.0
总延时 /ms	炮孔密度 /（个 /m^3）	雷管单耗 /（个 /m^3）	炸药单耗 /（kg/m^3）	导爆索量 /m	周边孔线装药量 /（kg/m）
500	0.90	0.67	1.08	120	0.2

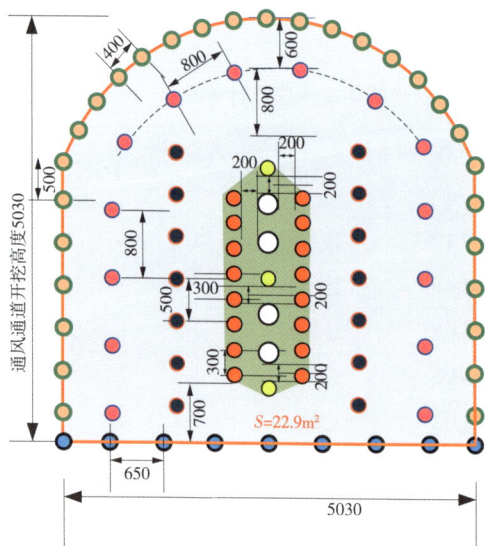

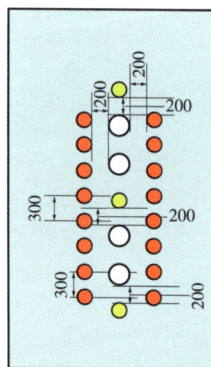

单位：mm

直眼掏槽模式

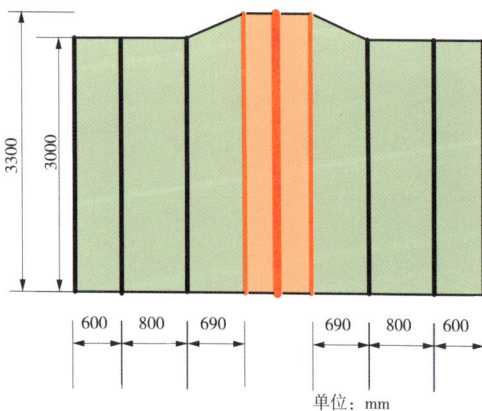

单位：mm

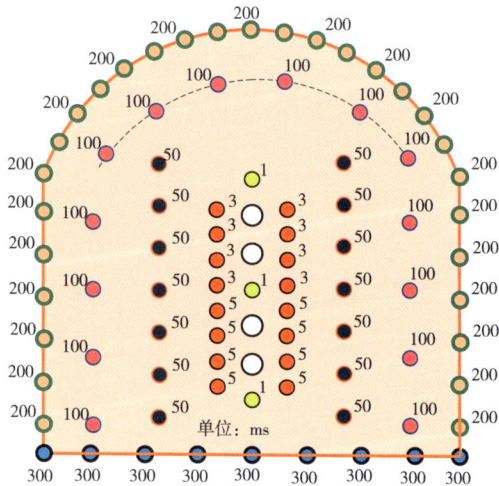

单位：ms

图 5.2-4　地下硐室通风通道Ⅱ、Ⅲ级围岩直眼掏槽爆破设计

表 5.2-7　　　　　地下硐室通风通道Ⅱ、Ⅲ级围岩直眼掏槽爆破设计参数

序号	炮孔名称	孔数/个	延时/ms	孔深/m	装药结构	装药量 /kg	
						单孔	段装药
1	φ90 空孔	4		3.30			
2	掏槽孔	3	1	3.30	连续	2.1	6.3
3		8	3	3.30	连续	1.8	14.4
4		8	5	3.30	连续	1.8	14.4
5	辅助孔	14	50	3.02	连续	1.2	16.8
6	二圈孔	14	100	3.02	连续	0.6	8.4
7	周边孔	29	200	3.02	间隔	0.6	17.4
8	底板孔	9	300	3.10	连续	1.2	10.8

表 5.2-8　　　　　地下硐室通风通道Ⅱ、Ⅲ级围岩直眼掏槽爆破开挖综合参数

爆破断面面积/m²	总装药量/kg	雷管总数/个	单段最大药量/kg	炮孔总数/个	设计爆破进尺/m
22.9	88.5	63	17.4	89	3.0
总延时/ms	炮孔密度/（个/m³）	雷管单耗/（个/m³）	炸药单耗/（kg/m³）	导爆索量/m	周边孔线装药量/（kg/m）
300	1.3	0.92	1.28	120	0.2

第3章 地下硐室爆破设计

地下储能隧洞钻爆施工

地下储能隧洞爆破开挖一般采用凿岩台车进行钻爆施工。

根据工程地质测绘和调查、工程物探和钻探成果,地下储能硐库的DD3-223段有一断裂带,断裂带的宽度为3~7m,断裂带的地面上有一座寺庙,与隧洞顶部的直线距离为183m,需要采用控制爆破,爆破振动速度小于2.5m/s。根据隧洞断面的尺寸和单段最大装药量的限制,将储能隧洞上部的开挖分为一次全断面和分部开挖两种方式。

地下硐室上断面Ⅱ、Ⅲ级围岩全断面法爆破设计见图5.3-1。地下硐室上断面Ⅱ、Ⅲ级围岩全断面法爆破设计参数见表5.3-1。地下硐室上断面Ⅱ、Ⅲ级围岩全断面法爆破开挖综合参数见表5.3-2。地下硐室上断面Ⅱ、Ⅲ级围岩中导洞法爆破设计见图5.3-2。地下硐室上断面Ⅱ、Ⅲ级围岩中导洞法爆破设计参数见表5.3-3。地下硐室上断面Ⅱ、Ⅲ级围岩中导洞法爆破开挖综合参数见表5.3-4。地下硐室下断面Ⅱ、Ⅲ级围岩1、2、7分部爆破设计见图5.3-3。

表5.3-1 　　　　地下硐室上断面Ⅱ、Ⅲ级围岩全断面法爆破设计参数

序号	炮孔名称	孔数 / 个	延时 /ms	孔深 /m	装药结构	装药量 /kg	
						单孔	段装药
1	掏槽孔	12	5	5.74	连续	3.6	43.2
2		12	25	5.48	连续	3.3	39.6
3		10	50	4.93	连续	3.0	30.0
4	辅助孔	10	100	4.64	连续	2.7	27.0
5		10	150	4.29	连续	2.1	21.0
6		5	200	4.10	连续	1.8	12.6
7		8	300	4.10	连续	1.5	12.0
8		27	400	4.15	连续	1.2	32.4
9	二圈孔	41	500	4.02	连续	1.0	41.0
10	周边孔	67	600	4.02	间隔	0.8	53.6
11	底板孔	25	700	4.20	连续	1.2	30.0
12	空孔	10		4.50			

表 5.3-2　　　地下硐室上断面Ⅱ、Ⅲ级围岩全断面法爆破开挖综合参数

爆破断面面积 /m²	总装药量 /kg	雷管总数 /个	单段最大药量 /kg	炮孔总数 /个	设计爆破进尺 /m
186.0	342.4	180	53.6	237	4.0
总延时 /ms	炮孔密度 /（个/m³）	雷管单耗 /（个/m³）	炸药单耗 /（kg/m³）	导爆索量 /m	周边孔线装药量 /（kg/m）
700	0.32	0.24	0.46	0	0.2

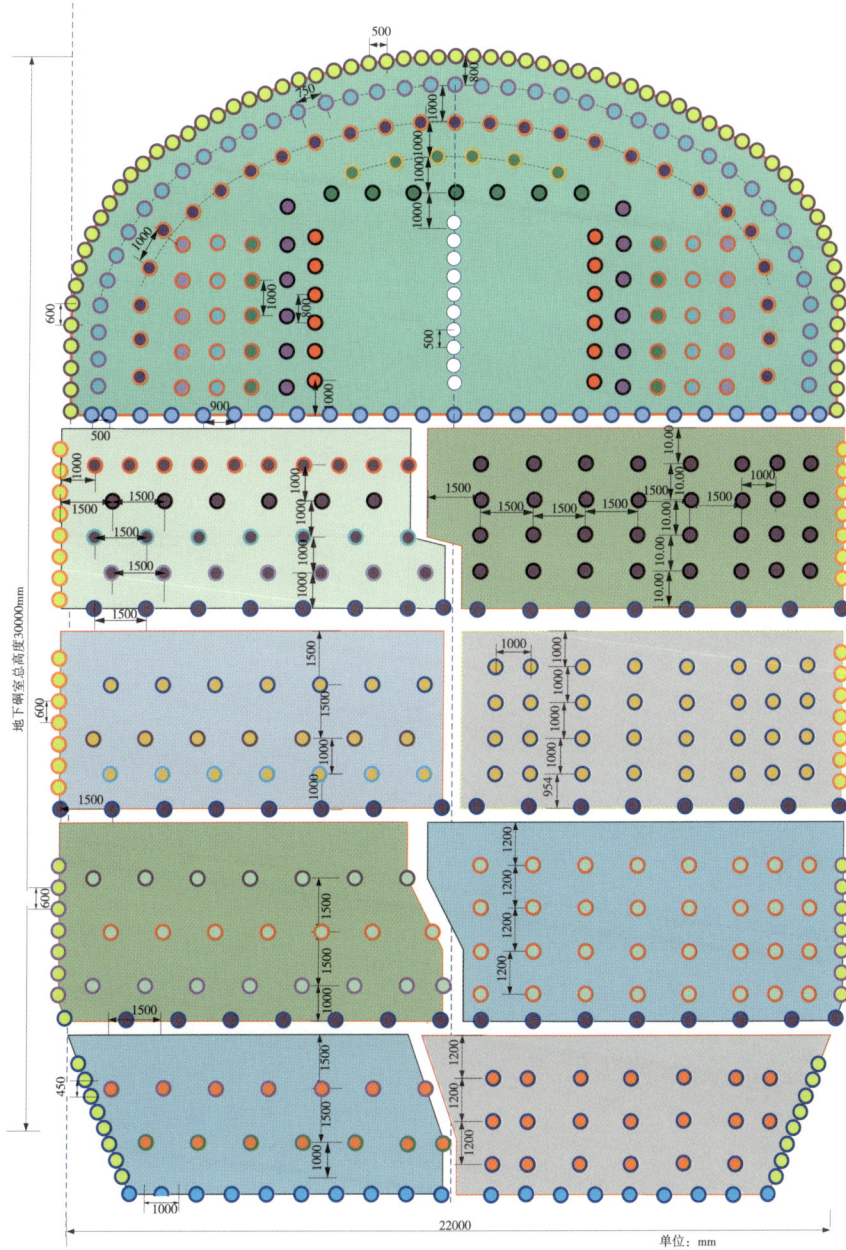

单位：mm

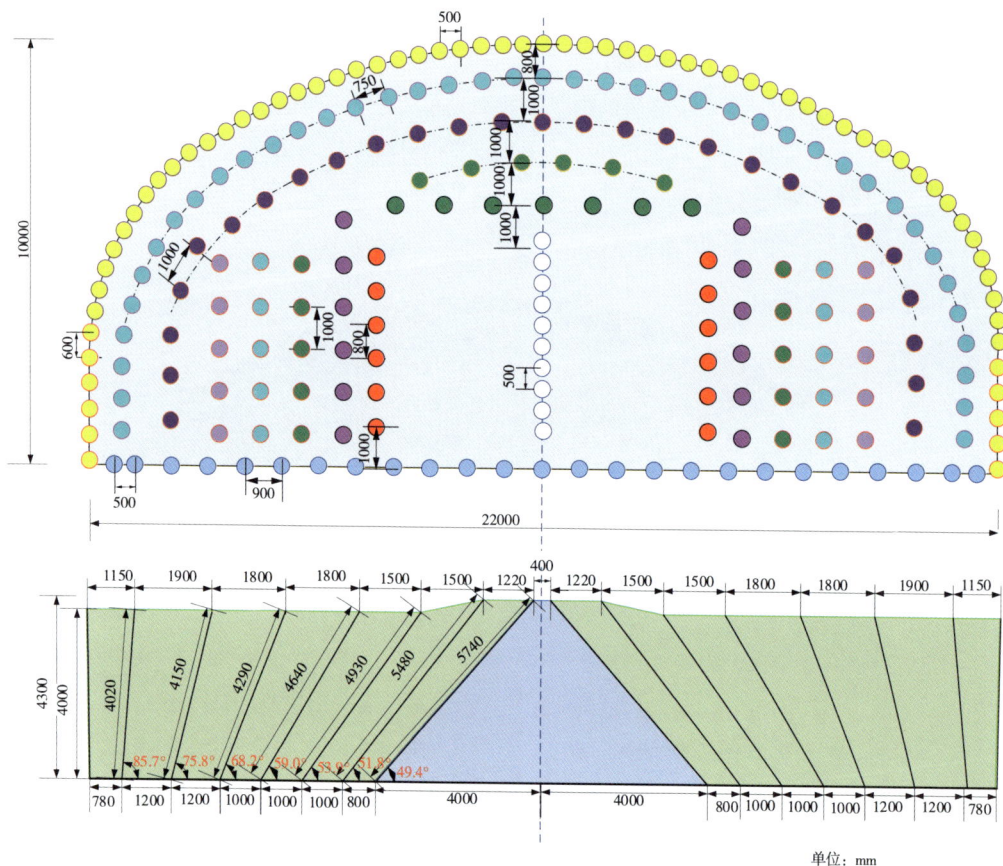

单位：mm

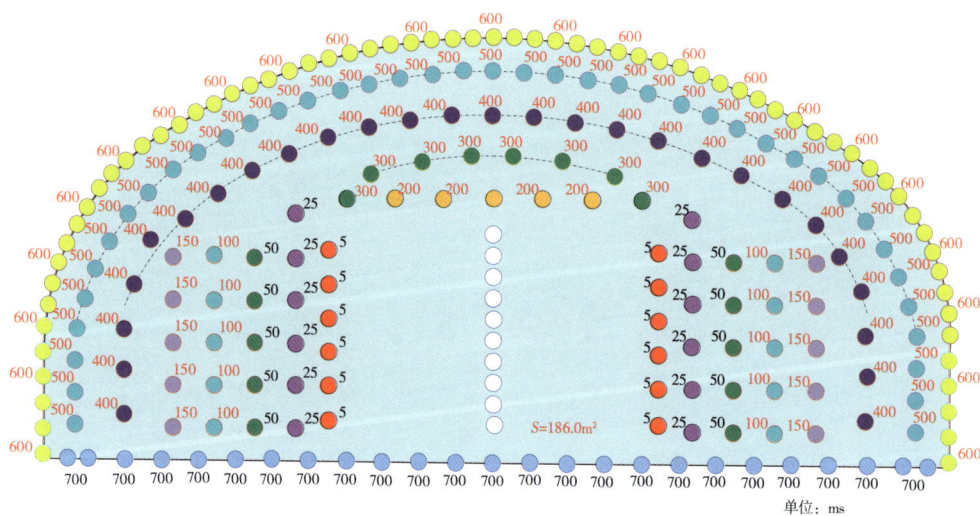

单位：ms

图 5.3-1　地下硐室上断面Ⅱ、Ⅲ级围岩全断面法爆破设计

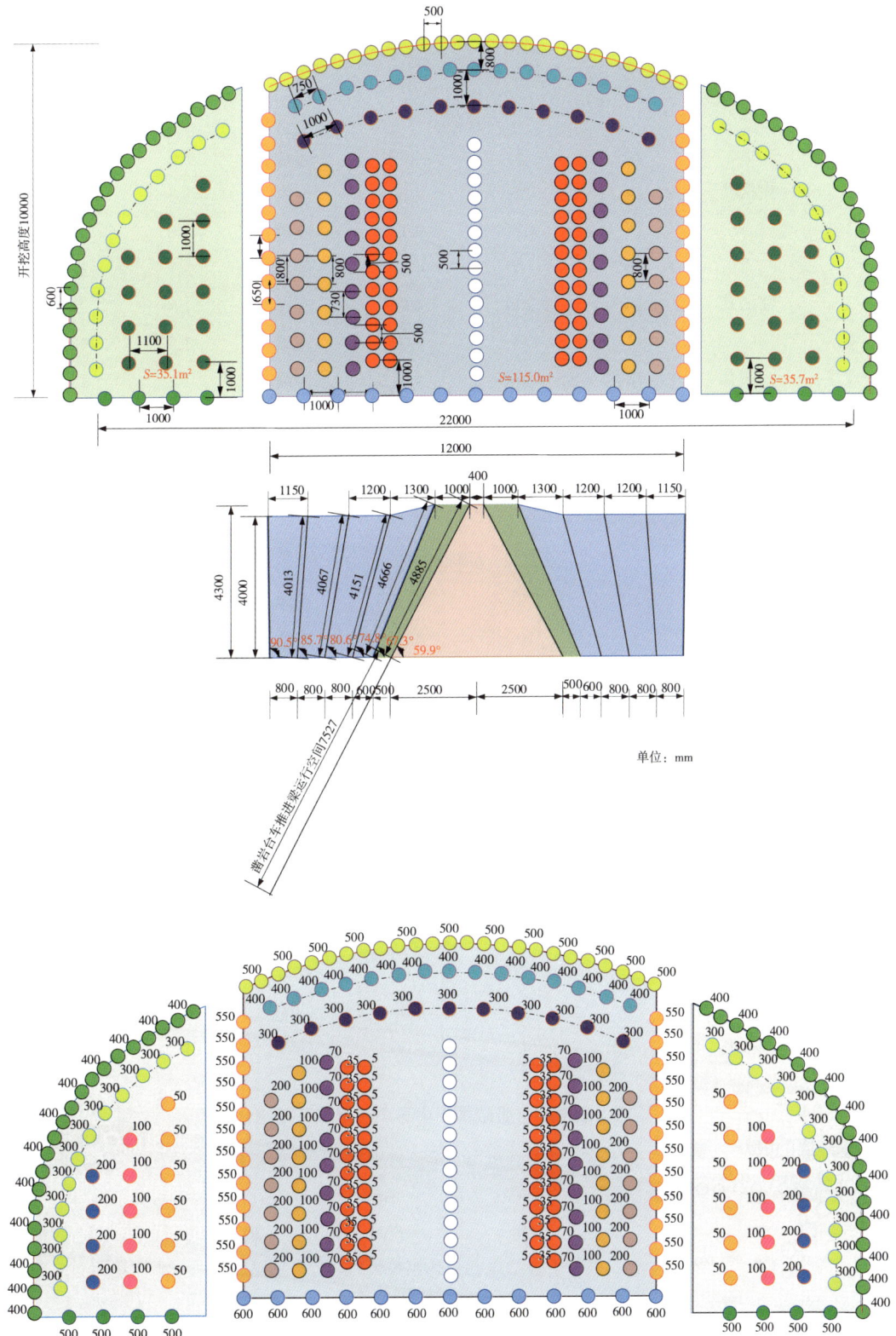

图 5.3-2　地下硐室上断面 Ⅱ、Ⅲ 级围岩中导洞法爆破设计

表 5.3-3　　　　　　　地下硐室上断面Ⅱ、Ⅲ级围岩中导洞法爆破设计参数

序号	炮孔名称	孔数/个	延时/ms	孔深/m	装药结构	装药量/kg	
						单孔	段装药
中上部							
1	掏槽孔	24	5	4.89	连续	3.6	86.4
2		24	35	4.67	连续	3.3	79.2
3		18	70	4.15	连续	3.0	54.0
4	辅助孔	16	100	4.07	连续	2.1	33.6
5		14	200	4.02	连续	1.8	25.2
6		11	300	4.02	连续	1.5	16.5
7	二圈孔	15	400	4.02	连续	1.2	18.0
8	周边孔1	26	500	4.02	间隔	0.8	20.8
9	周边孔2	24	550	4.02	间隔	0.8	19.2
10	底板孔	13	600	4.10	连续	1.2	15.6
11	空孔	13					
左上部							
12	掘进孔1	6	50	4.00	连续	1.2	7.2
13	掘进孔2	5	100	4.00	连续	1.2	6.0
14	掘进孔3	4	200	4.00	连续	1.2	4.8
15	二圈孔	12	300	4.00	连续	1.2	14.4
16	周边孔	21	400	4.00	间隔	0.8	16.8
17	底板孔	4	500	4.00	连续	1.2	4.8
右上部							
18	掘进孔4	6	50	4.00	连续	1.2	7.2
19	掘进孔5	5	100	4.00	连续	1.2	6.0
20	掘进孔6	4	200	4.00	连续	1.2	4.8
21	二圈孔	12	300	4.00	连续	1.2	14.4
22	周边孔	21	400	4.00	间隔	0.8	16.8
23	底板孔	4	500	4.00	连续	1.2	4.8

表 5.3-4　　　　　　　地下硐室上断面Ⅱ、Ⅲ级围岩中导洞法爆破开挖综合参数

爆破断面面积/m²	总装药量/kg	雷管总数/个	单段最大药量/kg	炮孔总数/个	设计爆破进尺/m
185.8	476.5	210	86.4	302	4.0
总延时/ms	炮孔密度/(个/m³)	雷管单耗/(个/m³)	炸药单耗/(kg/m³)	导爆索量/m	周边孔线装药量/(kg/m)
600	0.41	0.28	0.64	450	0.2

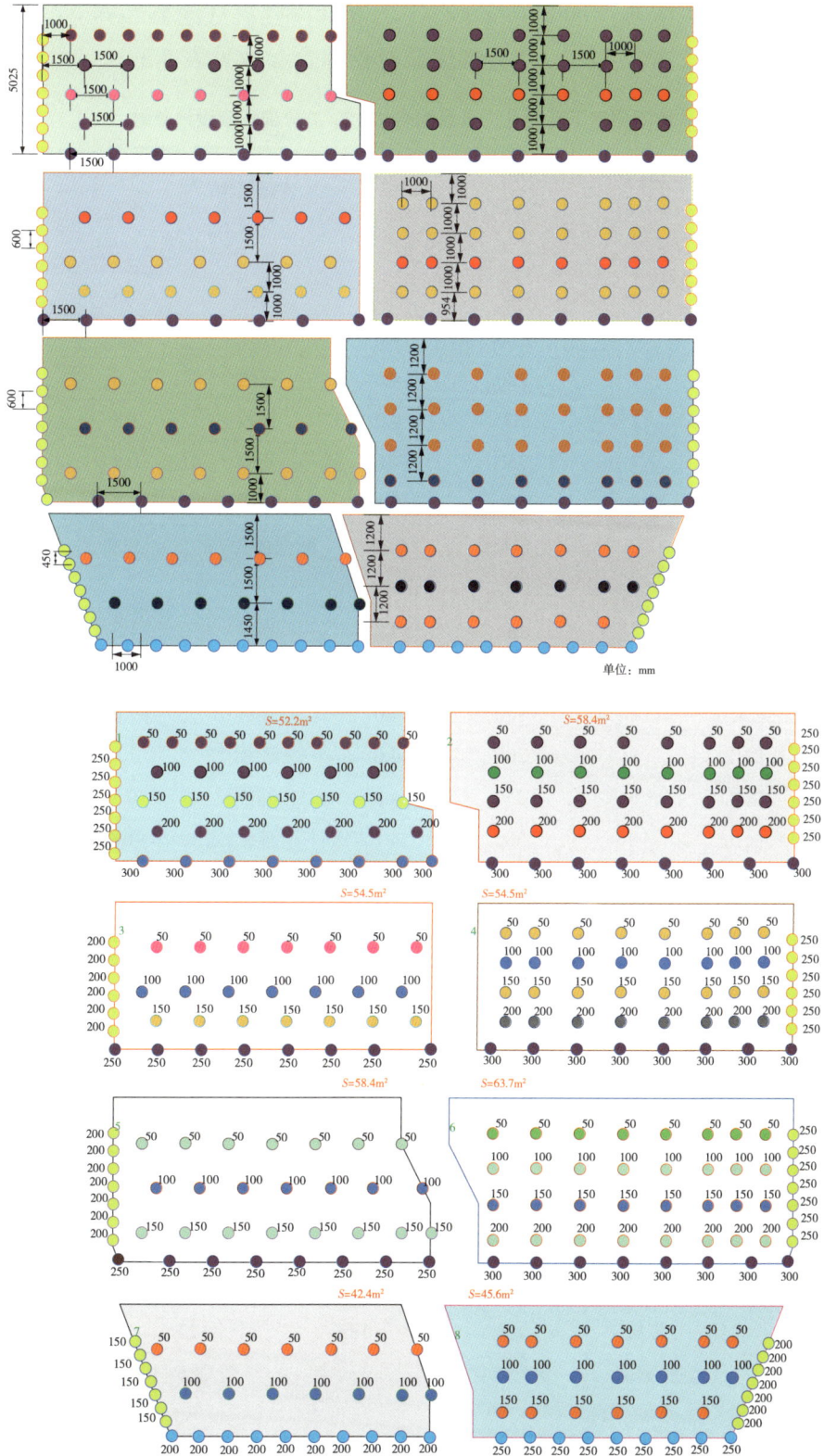

单位：mm

图 5.3-3　地下硐室下断面Ⅱ、Ⅲ级围岩 1、2、7 分部爆破设计

地下硐室下断面Ⅱ、Ⅲ级围岩1、2、7分部爆破设计参数见表5.3-5。地下硐室下断面Ⅱ、Ⅲ级围岩1、2、7分部爆破开挖综合参数见表5.3-6。

表5.3-5　　　　　地下硐室下断面Ⅱ、Ⅲ级围岩1、2、7分部爆破设计参数

序号	炮孔名称	孔数/个	延时/ms	孔深/m	装药结构	装药量/kg 单孔	装药量/kg 段装药
				1部			
1	抬炮孔1	10	50	4.0	连续	1.8	18.0
2	抬炮孔2	6	100	4.0	连续	1.8	10.8
3	抬炮孔3	7	150	4.0	连续	1.8	12.6
4	下抬孔	7	200	4.0	连续	1.8	12.6
5	周边孔	7	250	4.0	间隔	0.8	5.6
6	底板孔	8	300	4.1	连续	1.8	14.4
	小计	45	单耗	0.35	断面面积/m²	52.2	74.0
				2部			
7	抬炮孔4	8	50	4.0	连续	1.8	14.4
8	抬炮孔5	8	100	4.0	连续	1.8	14.4
9	抬炮孔6	8	150	4.0	连续	1.8	14.4
10	下抬孔	8	200	4.0	连续	1.8	14.4
11	周边孔	6	250	4.0	间隔	0.8	4.8
12	底板孔	8	300	4.1	连续	1.8	14.4
	小计	46	单耗	0.33	断面面积/m²	58.4	76.8
				7部			
13	上抬孔	7	50	4.0	连续	1.8	12.6
14	下抬孔	7	100	4.0	连续	1.8	12.6
15	周边孔	7	150	4.0	间隔	0.8	5.6
16	底板孔	10	200	4.1	连续	1.8	18.0
	小计	31	单耗	0.29	断面面积/m²	42.4	48.8

表5.3-6　　　　　地下硐室下断面Ⅱ、Ⅲ级围岩1、2、7分部爆破开挖综合参数

爆破断面面积/m²	总装药量/kg	雷管总数/个	单段最大药量/kg	炮孔总数/个	设计爆破进尺/m
153.0	199.6	105	18.0	122	4.0
总延时/ms	炮孔密度/(个/m³)	雷管单耗/(个/m³)	炸药单耗/(kg/m³)	导爆索量/m	周边孔线装药量/(kg/m)
300	0.39	0.28	0.33	450	0.2

06

第6篇

水工隧洞爆破设计

第1章 输水隧洞爆破设计

水工隧洞爆破设计特点

水工隧洞通常位于地下水位以下或靠近水体，爆破可能会影响地下水文条件或出现渗水等问题。要进行严格的防水和排水设计，防止爆破破坏防水层或引起地下水渗漏。地下厂房的尺寸较大且有许多不同的功能区域，如主厂房、副厂房、尾水调压室等，各区域的开挖轮廓和尺寸精度要求严格。爆破设计需要精确规划炮孔布置和起爆顺序，以确保开挖后的厂房形状符合设计要求，减少超挖和欠挖，如通过精确计算周边孔的间距和角度，使开挖面平整度控制在较小范围内。厂房内有大量的机电设备基础、吊车梁等结构，对基础的稳定性和表面平整度要求高。爆破时要严格控制爆破振动对这些部位的影响，避免爆破振动导致基础岩石松动或产生裂缝，影响设备的安装和运行。

水工隧洞主要包含地下厂房、厂房辅助隧洞、输水隧洞等。水工隧洞具有隧道埋深浅、隧洞断面面积差别大、隧洞断面形状多、厂房爆破开挖要求高等特点，其爆破设计有以下特点。

（1）地下厂房需要采用控制爆破技术，严格控制爆破振速，采用光面爆破设计。

（2）对于大断面的隧洞，可以采用楔形掏槽爆破模式，对于小断面的隧洞，一般采用直眼掏槽模式。

（3）穿越城区的输水隧洞不仅需要严格控制爆破振速，还需要注意对爆破冲击波及爆破噪声的安全防护。

（4）爆破设计时根据隧洞断面面积选择合适的凿岩台车设计爆破进尺。

水工隧洞管道 A 型输水隧洞Ⅲ级围岩全断面法爆破设计见图 6.1–1。

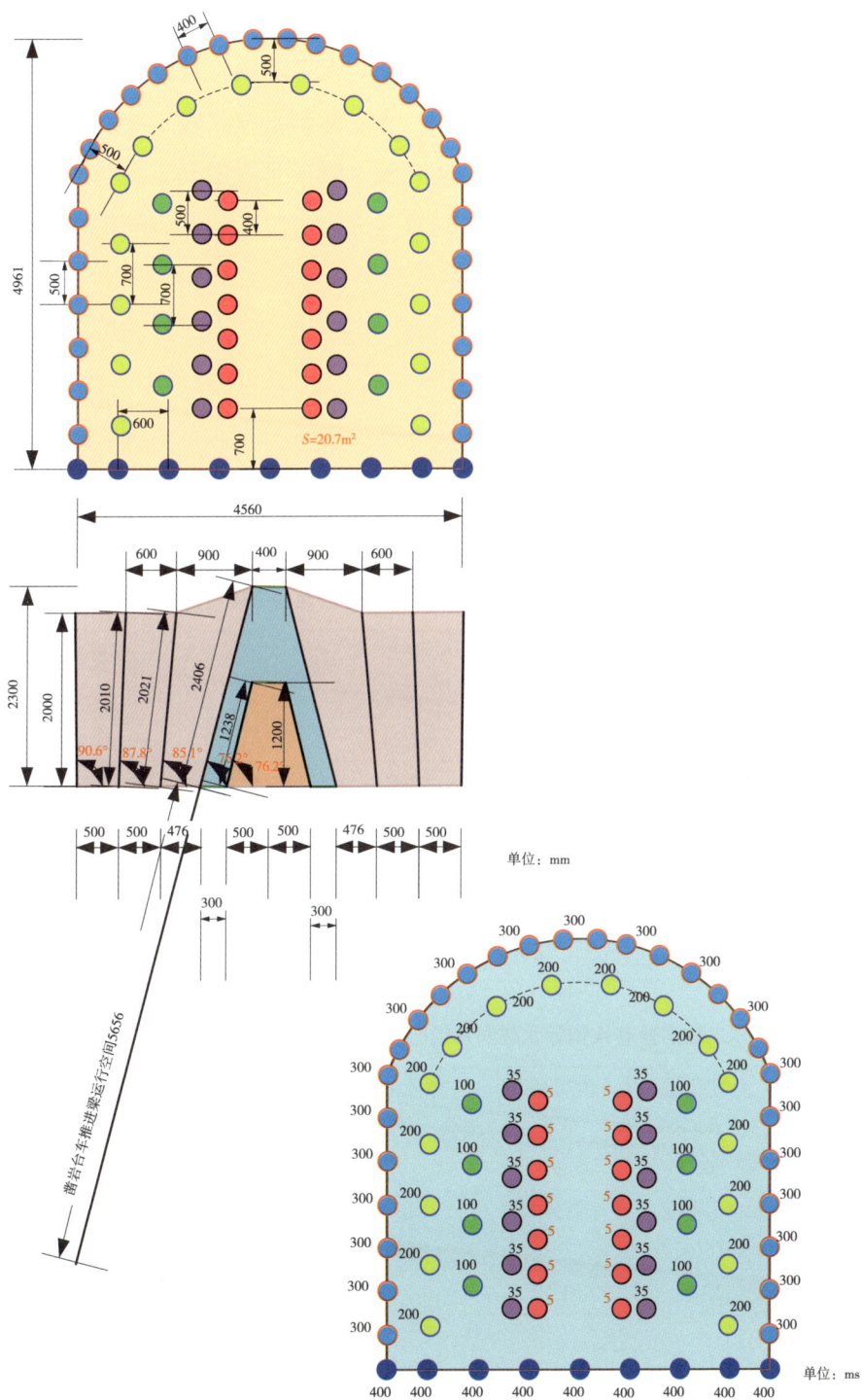

图 6.1-1　水工隧洞管道 A 型输水隧洞Ⅲ级围岩全断面法爆破设计

　　水工隧洞管道 A 型输水隧洞Ⅲ级围岩全断面法爆破设计参数见表 6.1-1。水工隧洞管道 A 型输水隧洞Ⅲ级围岩全断面法爆破开挖综合参数见表 6.1-2。水工隧洞管道 B 型输水隧洞Ⅲ级围岩全断面法爆破设计见图 6.1-2。水工隧洞管道 B 型输水隧洞Ⅲ级围岩全断面法爆破设计参数见表 6.1-3。水工隧洞管道 B 型输水隧洞Ⅲ级围岩全断面法爆破开挖综合参数见表 6.1-4。水工隧洞自流式输水隧洞Ⅲ级围岩直眼掏槽爆破设计见图 6.1-3。水工隧洞自流式输水隧洞Ⅲ级围岩直眼掏槽爆破设计参数见表 6.1-5。水工隧洞自流式输水隧洞Ⅲ级围岩直眼掏槽爆破开挖综合参数见表 6.1-6。水工隧洞城区输水隧洞Ⅲ级围岩全断面法爆破设计见图 6.1-4。水工隧洞城区输水隧洞Ⅲ级围岩全断面法爆破设计参数见表 6.1-7。水工隧洞城区输水隧洞Ⅲ级围岩全断面法爆破开挖综合参数见表 6.1-8。水工隧洞城区输水隧洞Ⅳ、Ⅴ级围岩台阶法爆破设计见图 6.1-5。水工隧洞城区输水隧洞Ⅳ、Ⅴ级围岩台阶法爆破设计参数见表 6.1-9。水工隧洞城区输水隧洞Ⅳ、Ⅴ级围岩台阶法爆破开挖综合参数见表 6.1-10。

表 6.1-1　　　　水工隧洞管道 A 型输水隧洞Ⅲ级围岩全断面法爆破设计参数

序号	炮孔名称	孔数 /个	延时 /ms	孔深 /m	装药结构	装药量 /kg	
						单孔	段装药
1	掏槽孔	14	5	1.24	连续	0.9	12.6
2		12	35	2.41	连续	1.5	18.0
3	辅助孔	8	100	2.02	连续	1.2	9.6
4	二圈孔	16	200	2.02	连续	0.6	9.6
5	周边孔	28	300	2.01	间隔	0.4	11.2
6	底板孔	9	400	2.10	连续	0.6	5.4

表 6.1-2　　　　水工隧洞管道 A 型输水隧洞Ⅲ级围岩全断面法爆破开挖综合参数

爆破断面面积 /m²	总装药量 /kg	雷管总数 /个	单段最大药量 /kg	炮孔总数 /个	设计爆破进尺 /m
20.7	66.4	62	18.0	87	2.0
总延时 /ms	炮孔密度 /（个/m³）	雷管单耗 /（个/m³）	炸药单耗 /（kg/m³）	导爆索量 /m	周边孔线装药量 /（kg/m）
400	2.10	1.50	1.60	170	0.2

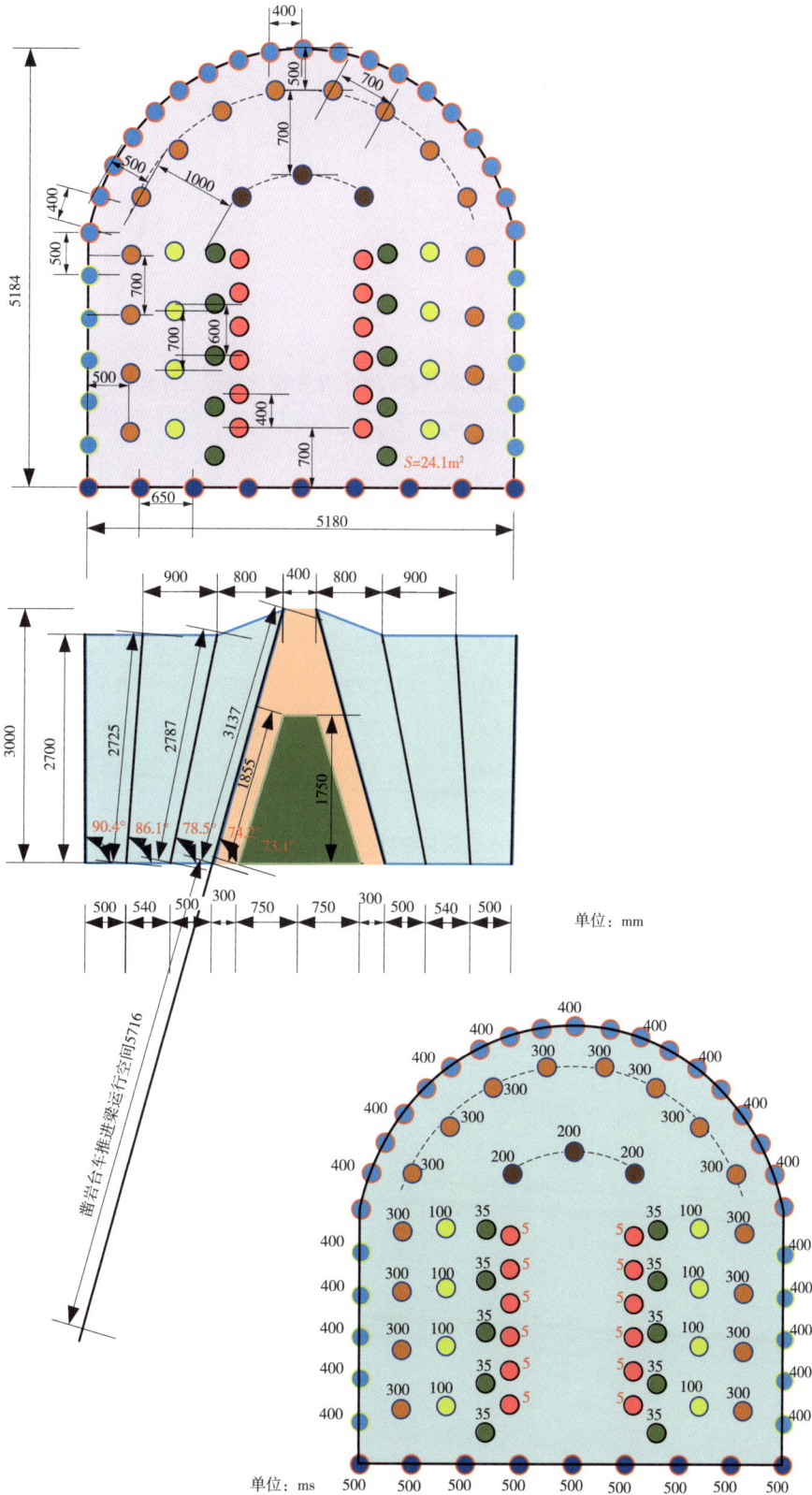

图 6.1-2　水工隧洞管道 B 型输水隧洞Ⅲ级围岩全断面法爆破设计

表 6.1-3 水工隧洞管道 B 型输水隧洞 Ⅲ 级围岩全断面法爆破设计参数

序号	炮孔名称	孔数 /个	延时 /ms	孔深 /m	装药结构	装药量 /kg	
						单孔	段装药
1	掏槽孔	12	5	1.86	连续	1.2	14.4
2		10	35	3.14	连续	2.1	21.0
3	辅助孔	8	100	2.79	连续	1.5	12.0
4		3	200	2.72	连续	0.9	2.7
6	二圈孔	16	300	2.72	连续	0.6	9.6
7	周边孔	29	400	2.72	间隔	0.5	14.5
8	底板孔	9	500	2.80	连续	0.9	8.1

表 6.1-4 水工隧洞管道 B 型输水隧洞 Ⅲ 级围岩全断面法爆破开挖综合参数

爆破断面面积 /m²	总装药量 /kg	雷管总数 /个	单段最大药量 /kg	炮孔总数 /个	设计爆破进尺 /m
24.1	82.3	60	21.0	87	2.7
总延时 /ms	炮孔密度 /（个 /m³）	雷管单耗 /（个 /m³）	炸药单耗 /（kg/m³）	导爆索量 /m	周边孔线装药量 /（kg/m）
500	1.34	0.92	1.26	120	0.2

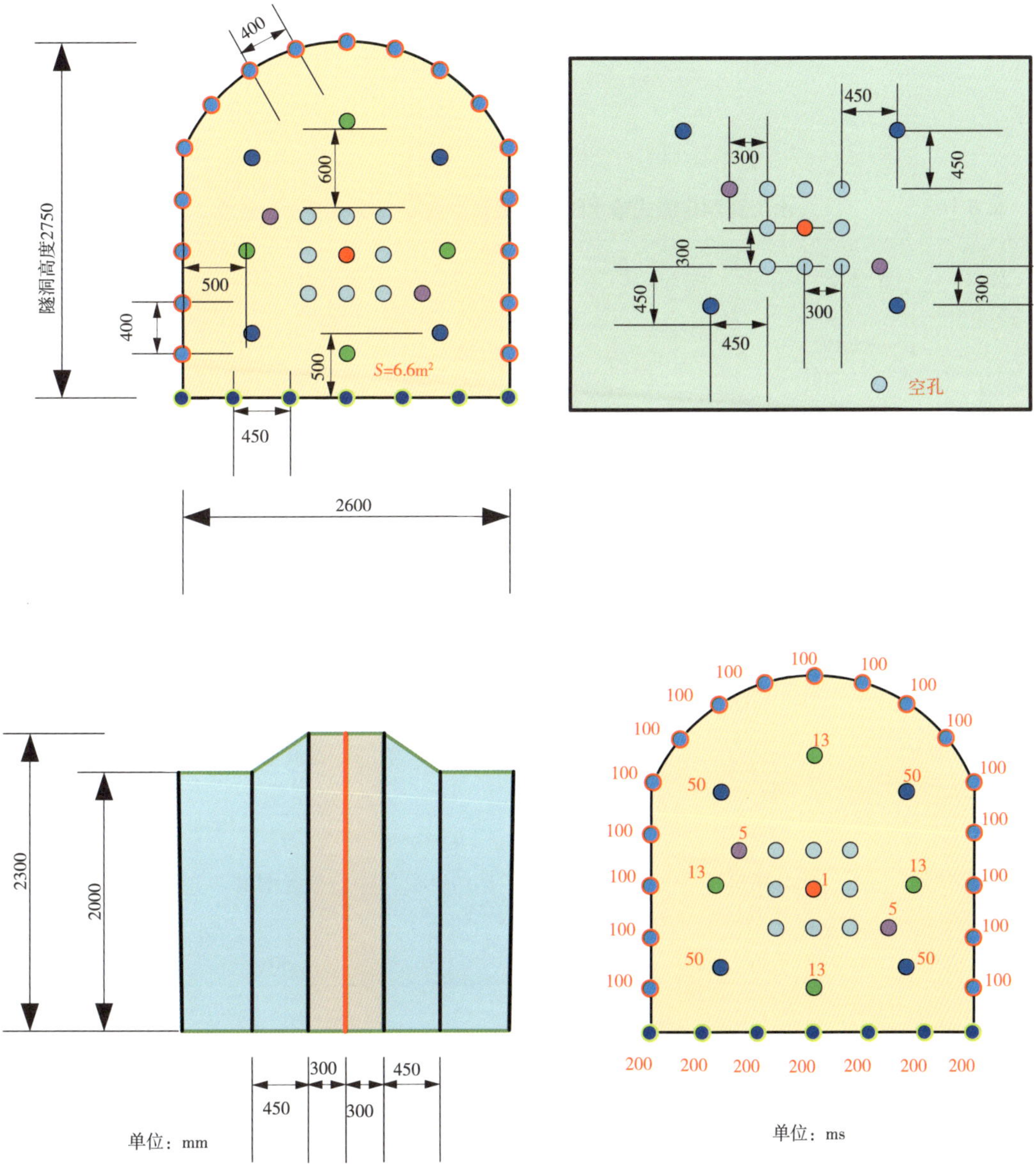

图 6.1-3　水工隧洞自流式输水隧洞Ⅲ级围岩直眼掏槽爆破设计

表 6.1-5　　　　　　　　　水工隧洞自流式输水隧洞Ⅲ级围岩直眼掏槽爆破设计参数

序号	炮孔名称	孔数 /个	延时 /ms	孔深 /m	装药结构	装药量 /kg	
						单孔	段装药
1	φ50空孔	8	0	2.50			
2	掏槽孔	1	1	2.30	连续	1.8	1.8
3		2	5	2.10	连续	1.8	3.6
4	辅助孔	4	13	2.10	连续	1.5	6.0
5		4	50	2.10	连续	1.2	4.8
6	周边孔	17	100	2.05	间隔	0.5	6.8
7	底板孔	7	200	2.10	连续	1.2	4.2

表 6.1-6　　　　　　　　　水工隧洞自流式输水隧洞Ⅲ级围岩直眼掏槽爆破开挖综合参数

爆破断面面积 /m^2	总装药量 /kg	雷管总数 /个	单段最大药量 /kg	炮孔总数 /个	设计爆破进尺 /m
6.6	27.2	30	6.8	43	2.0
总延时 /ms	炮孔密度 /（个/m^3）	雷管单耗 /（个/m^3）	炸药单耗 /（kg/m^3）	导爆索量 /m	周边孔线装药量 /（kg/m）
200	3.26	2.27	2.06	50	0.2

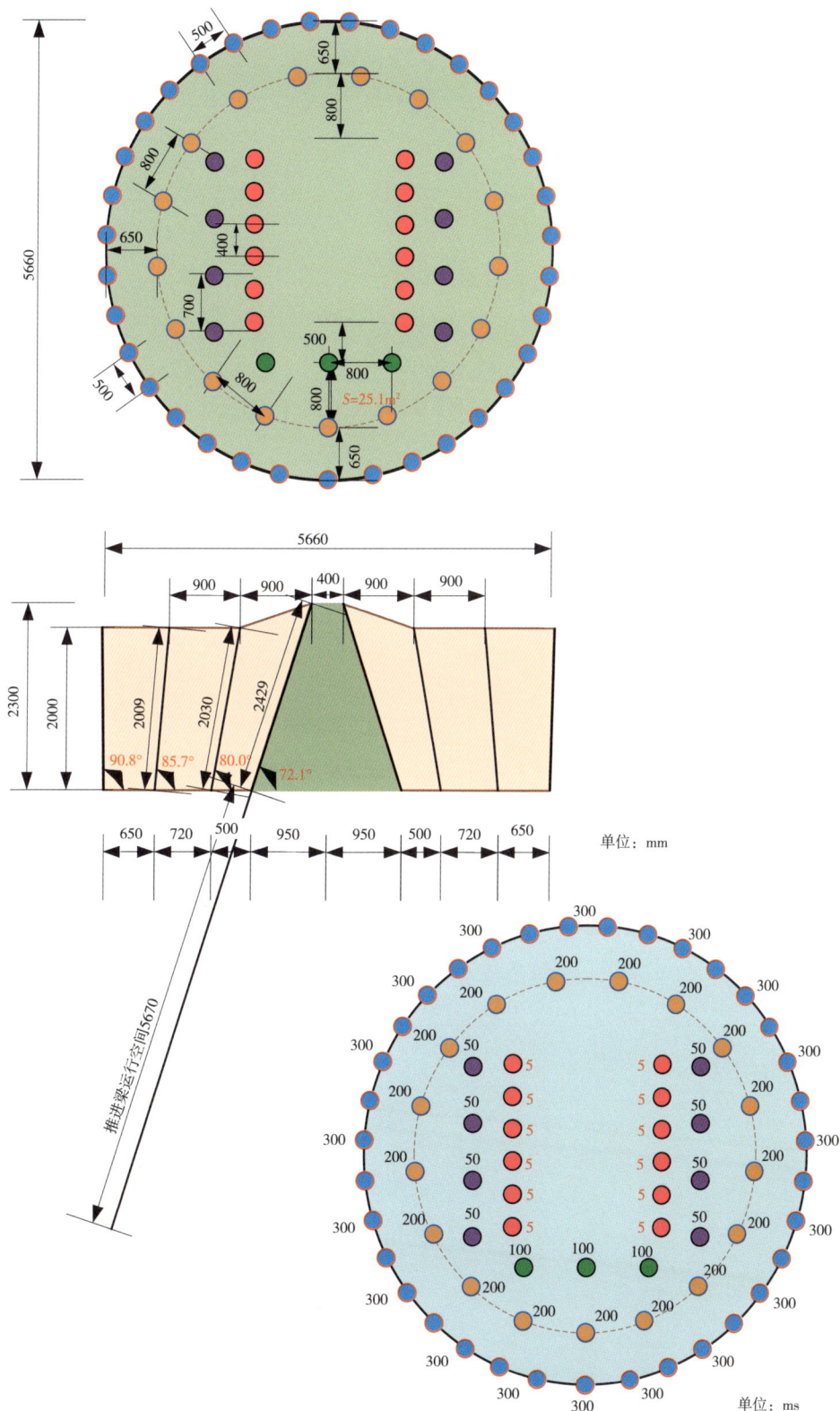

图 6.1–4　水工隧洞城区输水隧洞Ⅲ级围岩全断面法爆破设计

表 6.1-7　　　　　　　水工隧洞城区输水隧洞Ⅲ级围岩全断面法爆破设计参数

序号	炮孔名称	孔数 /个	延时 /ms	孔深 /m	装药结构	装药量 /kg	
						单孔	段装药
1	掏槽孔	12	5	2.53	连续	1.8	21.6
2		8	35	2.03	连续	1.2	9.6
3	辅助孔	3	100	2.03	连续	1.2	3.6
4	二圈孔	17	200	2.02	连续	0.6	10.2
5	周边孔	36	300	2.03	间隔	0.4	14.4

表 6.1-8　　　　　　　水工隧洞城区输水隧洞Ⅲ级围岩全断面法爆破开挖综合参数

爆破断面面积 /m²	总装药量 /kg	雷管总数 /个	单段最大药量 /kg	炮孔总数 /个	设计爆破进尺 /m
25.1	59.4	44	21.6	76	2.0
总延时 /ms	炮孔密度 /（个/m³）	雷管单耗 /（个/m³）	炸药单耗 /（kg/m³）	导爆索量 /m	周边孔线装药量 /（kg/m）
300	1.51	0.87	1.18	100	0.2

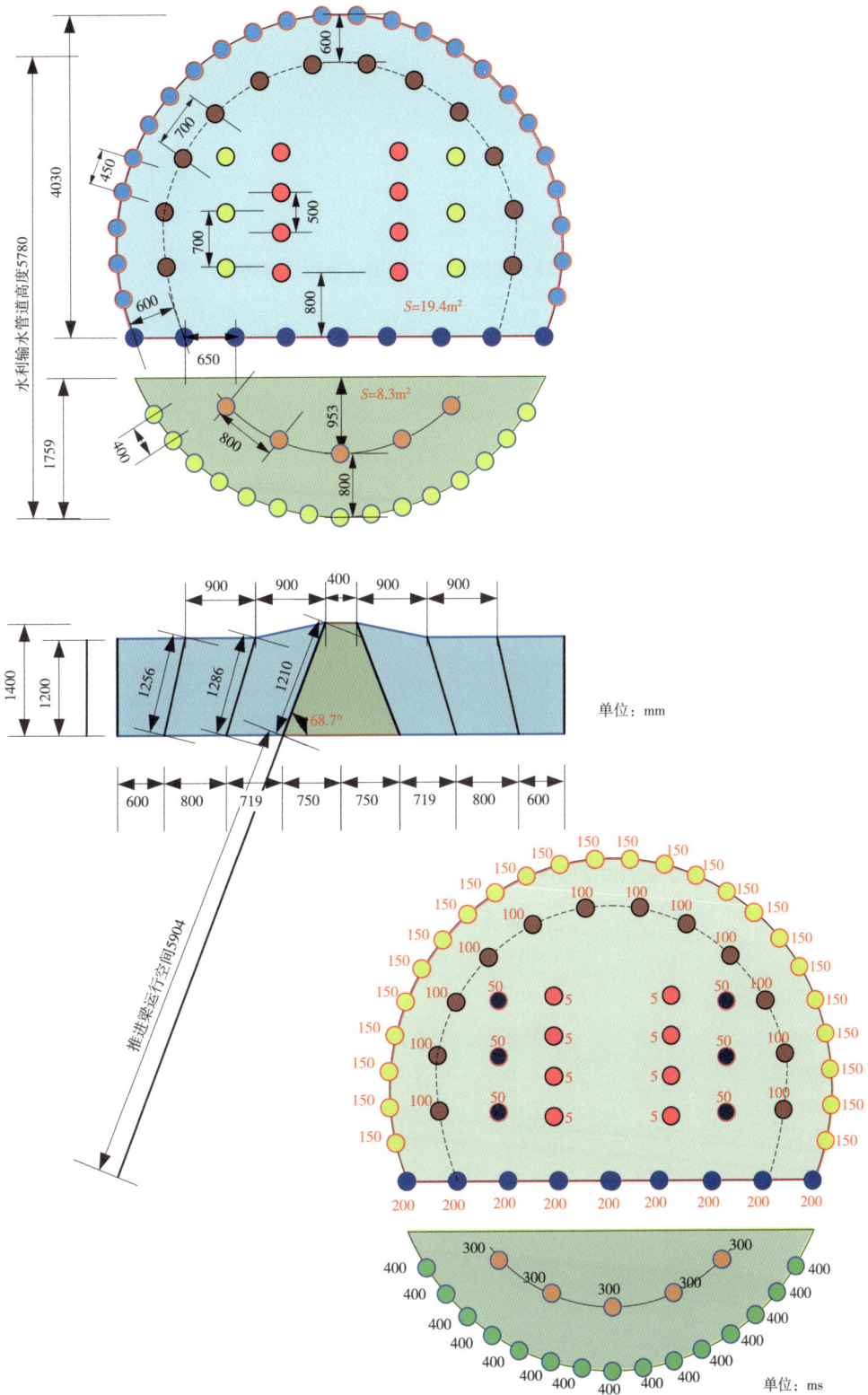

图 6.1-5　水工隧洞城区输水隧洞Ⅳ、Ⅴ级围岩台阶法爆破设计

表 6.1-9　　　　　　水工隧洞城区输水隧洞Ⅳ、Ⅴ级围岩台阶法爆破设计参数

序号	炮孔名称	孔数 /个	延时 /ms	孔深 /m	装药结构	装药量 /kg	
						单孔	段装药
上台阶							
1	掏槽孔	8	5	1.51	连续	1.2	9.6
2		6	50	1.27	连续	0.9	5.4
3	二圈孔	12	100	1.22	连续	0.6	7.2
4	周边孔	24	150	1.22	间隔	0.4	9.6
5	底板孔	9	200	1.26	连续	0.6	5.4
小计		59	单耗	1.60	断面面积 /m²	19.4	37.2
下台阶							
6	抬炮孔	5	300	2.00	连续	0.9	4.5
7	底板孔	15	400	2.10	连续	0.4	6.0
小计		20	单耗	0.63	断面面积 /m²	8.3	10.5

表 6.1-10　　　水工隧洞城区输水隧洞Ⅳ、Ⅴ级围岩台阶法爆破开挖综合参数

爆破断面面积 /m²	总装药量 /kg	雷管总数 /个	单段最大药量 /kg	炮孔总数 /个	设计爆破进尺 /m
27.7	47.7	60	9.6	79	1.2
总延时 /ms	炮孔密度 /（个/m³）	雷管单耗 /（个/m³）	炸药单耗 /（kg/m³）	导爆索量 /m	周边孔线装药量 /（kg/m）
400	1.98	1.50	1.20	50	0.2

第 2 章　辅助隧洞爆破设计

水工隧洞溢洪道Ⅲ级围岩全断面法爆破设计见图 6.2-1。水工隧洞溢洪道Ⅲ级围岩全断面法爆破设计参数见表 6.2-1。水工隧洞溢洪道Ⅲ级围岩全断面法爆破开挖综合参数见表 6.2-2。水工隧洞溢洪道Ⅳ、Ⅴ级围岩台阶法爆破设计见图 6.2-2。水工隧洞溢洪道Ⅳ、Ⅴ级围岩台阶法爆破设计参数见表 6.2-3。水工隧洞溢洪道Ⅳ、Ⅴ级围岩台阶法 爆破开挖综合参数见表 6.2-4。

表 6.2-1　　　　　　　水工隧洞溢洪道Ⅲ级围岩全断面法爆破设计参数

序号	炮孔名称	孔数 /个	延时 /ms	孔深 /m	装药结构	装药量 /kg	
						单孔	段装药
1	掏槽孔	20	5	3.81	连续	2.4	48.0
2		18	50	3.65	连续	1.8	32.4
3		12	100	3.15	连续	1.5	18.0
4	辅助孔	12	150	3.04	连续	1.2	14.4
5	掘进孔 1	8	200	3.02	连续	0.9	7.2
6	掘进孔 2	8	250	3.02	连续	0.9	7.2
7	掘进孔 3	8	300	3.02	连续	0.9	7.2
8	掘进孔 4	8	350	3.02	连续	0.9	7.2
9	掘进孔 5	6	400	3.02	连续	0.9	5.4
10	二圈孔	39	450	3.02	连续	0.7	27.3
11	周边孔	51	500	3.02	间隔	0.6	30.6
12	底板孔	13	600	3.10	连续	0.9	11.7

表 6.2-2　　　　　　　水工隧洞溢洪道Ⅲ级围岩全断面法爆破开挖综合参数

爆破断面面积 /m²	总装药量 /kg	雷管总数 /个	单段最大药量 /kg	炮孔总数 /个	设计爆破进尺 /m
100.3	216.6	160	48.0	203	3.0
总延时 /ms	炮孔密度 /（个/m³）	雷管单耗 /（个/m³）	炸药单耗 /（kg/m³）	导爆索量 /m	周边孔线装药量 /（kg/m）
600	0.67	0.53	0.72	200	0.2

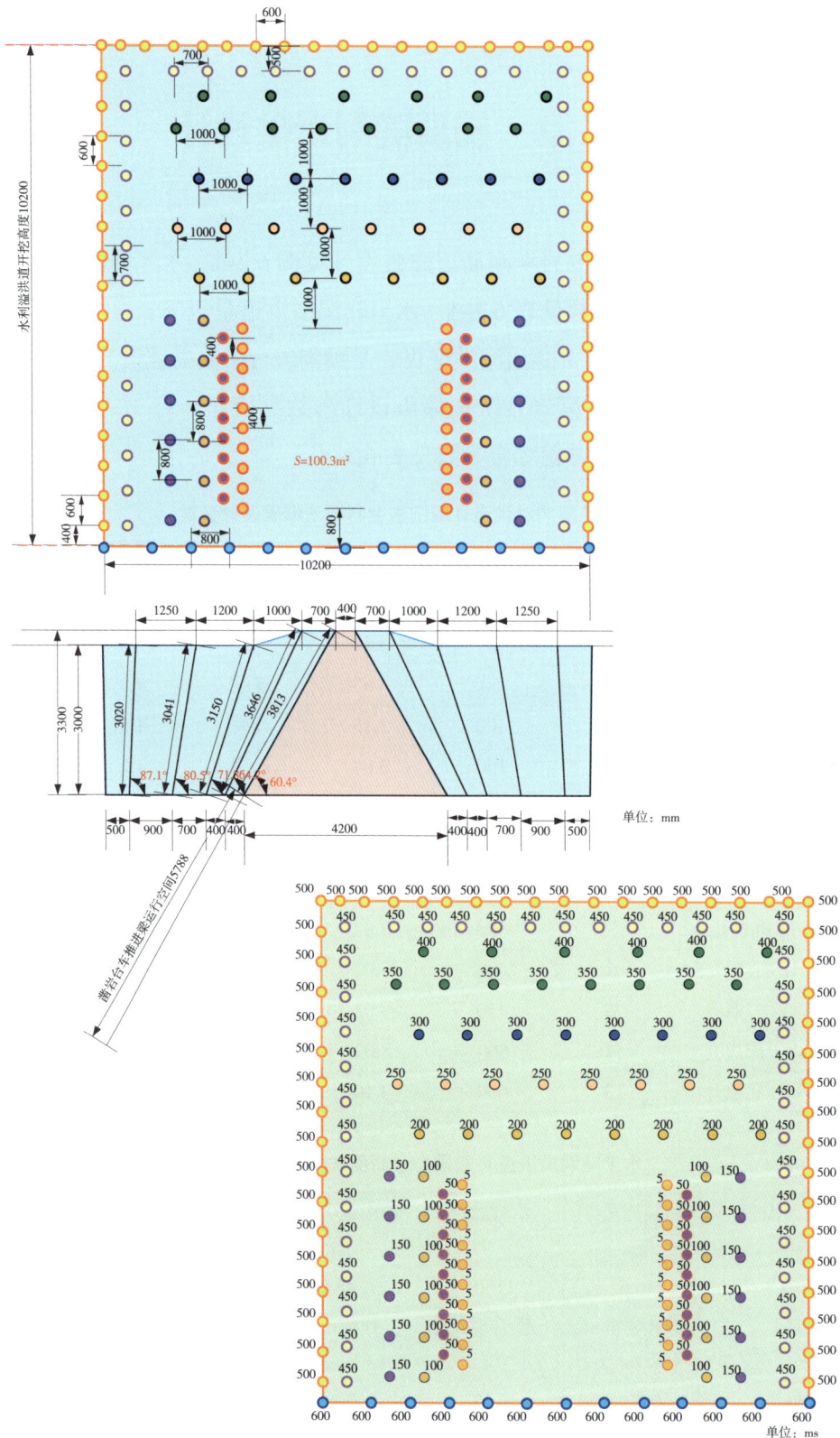

图 6.2-1　水工隧洞溢洪道 Ⅲ 级围岩全断面法爆破设计

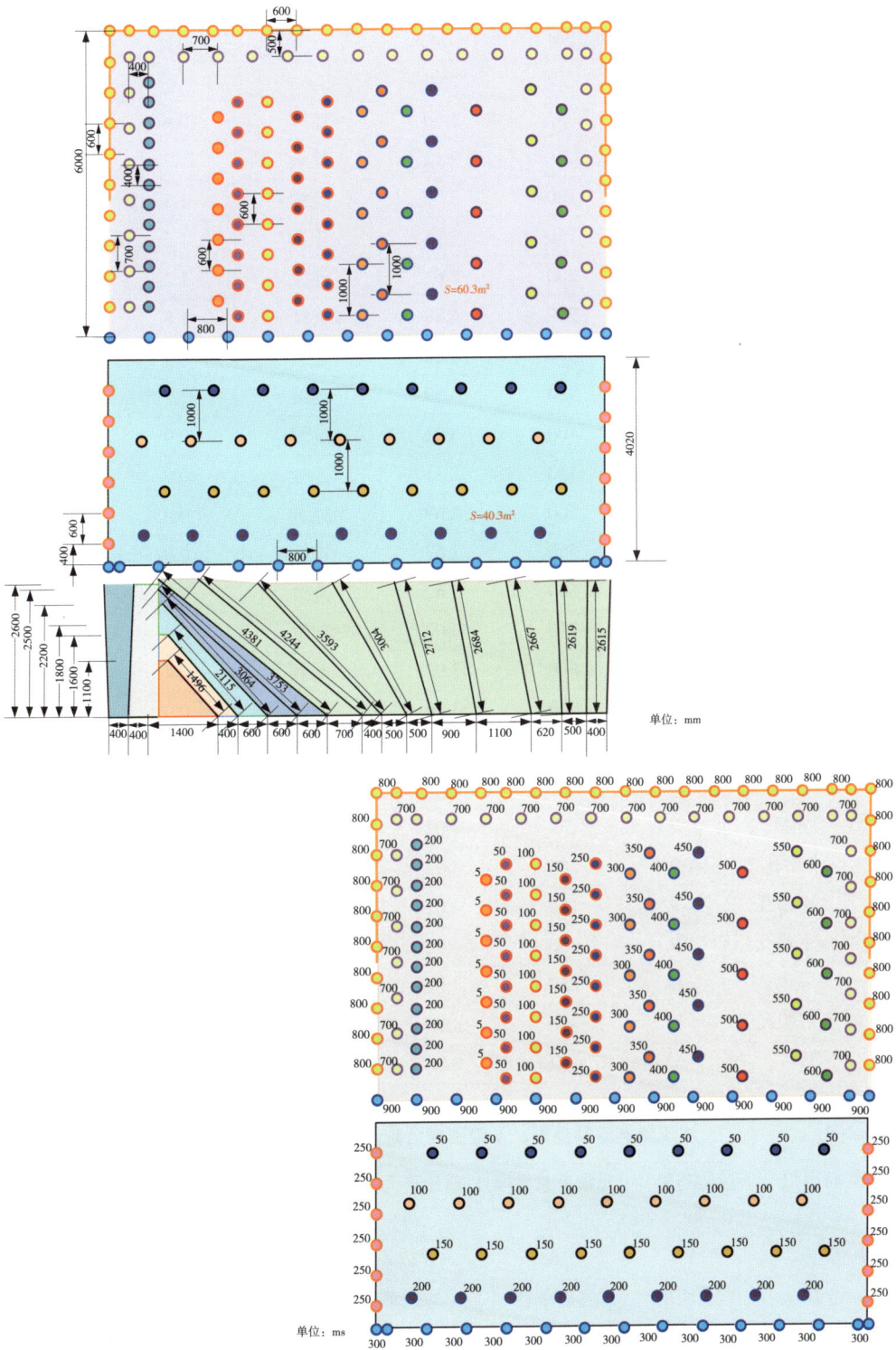

单位：mm

单位：ms

图 6.2-2　水工隧洞溢洪道Ⅳ、Ⅴ级围岩台阶法爆破设计

表 6.2-3　　　　　水工隧洞溢洪道Ⅳ、Ⅴ级围岩台阶法爆破设计参数

序号	炮孔名称	孔数/个	延时/ms	孔深/m	装药结构	装药量/kg 单孔	段装药
上台阶							
1	掏槽孔	7	5	1.50	连续	0.9	6.3
2		8	50	2.12	连续	1.2	9.6
3		8	100	3.06	连续	1.5	12.0
4	辅助孔	7	150	3.75	连续	1.5	10.5
5		12	200	2.61	连续	1.2	14.4
6		8	250	4.38	连续	1.8	14.4
7		6	300	4.24	连续	1.5	9.0
8		5	350	3.59	连续	1.2	9.0
9	掘进孔1	5	400	3.01	连续	0.9	4.5
10	掘进孔2	5	450	2.71	连续	0.9	4.5
11	掘进孔3	5	500	2.69	连续	0.9	4.5
12	掘进孔4	5	550	2.67	连续	0.9	4.5
13	掘进孔5	5	600	2.62	连续	0.9	4.5
14	二圈孔	29	700	3.02	连续	0.6	17.4
15	周边孔	37	800	3.02	间隔	0.4	14.8
16	底板孔	14	900	3.10	连续	0.9	12.6
小计		166	单耗	0.97	断面面积/m²	60.3	152.5
下台阶							
17	上抬孔1	9	50	4.02	连续	1.2	10.8
18	上抬孔2	9	100	4.02	连续	1.2	10.8
19	中抬孔	9	150	4.02	连续	1.2	10.8
20	下抬孔	9	200	4.02	连续	1.2	10.8
21	周边孔	12	250	4.02	间隔	0.4	4.8
22	底板孔	15	300	4.10	连续	0.9	13.5
小计		63	单耗	0.38	断面面积/m²	40.3	61.5

表 6.2-4　　　　　水工隧洞溢洪道Ⅳ、Ⅴ级围岩台阶法爆破开挖综合参数

爆破断面面积/m²	总装药量/kg	雷管总数/个	单段最大药量/kg	炮孔总数/个	设计爆破进尺/m
100.6	214.0	185	17.4	229	2.6
总延时/ms	炮孔密度/(个/m³)	雷管单耗/(个/m³)	炸药单耗/(kg/m³)	导爆索量/m	周边孔线装药量/(kg/m)
900	0.72	0.58	0.67	180	0.2

第 3 章　地下厂房爆破设计

水电站地下厂房硐室爆破开挖概况

水电站地下厂房硐室一般是发电设备的安装运行的地下空间，对于地下硐库的爆破开挖质量要求严格，周边轮廓的平顺度和边墙的光面爆破垂直度都必须达到设计标准。

水电站地下厂房硐室的开挖一般上部硐室采用凿岩台车开挖，上部硐室开挖完成后，下部硐室采用潜孔钻和凿岩台车按台阶法分部由上朝下依次开挖。上部硐室的爆破开挖一般采用全断面法和分部法开挖。当上部硐室面积较大时，采用分部法开挖，一般采用中导洞开挖，两边再分部开挖。

地下厂房上部中导洞Ⅲ级围岩爆破设计见图 6.3-1。地下厂房上部中导洞Ⅲ级围岩爆破设计参数见表 6.3-1。地下厂房上部中导洞Ⅲ级围岩爆破开挖综合参数见表 6.3-2。地下厂房上部中导洞扩挖部分爆破设计见图 6.3-2。地下厂房上部中导洞扩挖部分爆破设计参数见表 6.3-3。

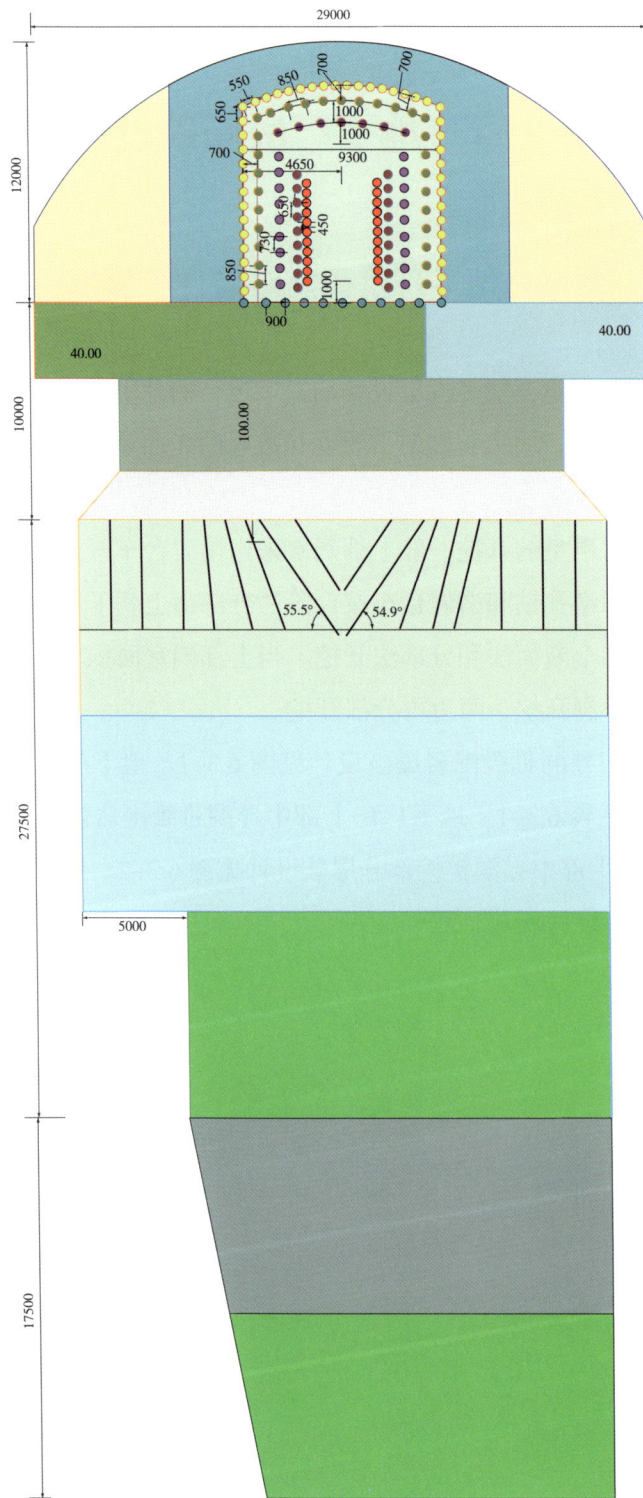

单位：mm

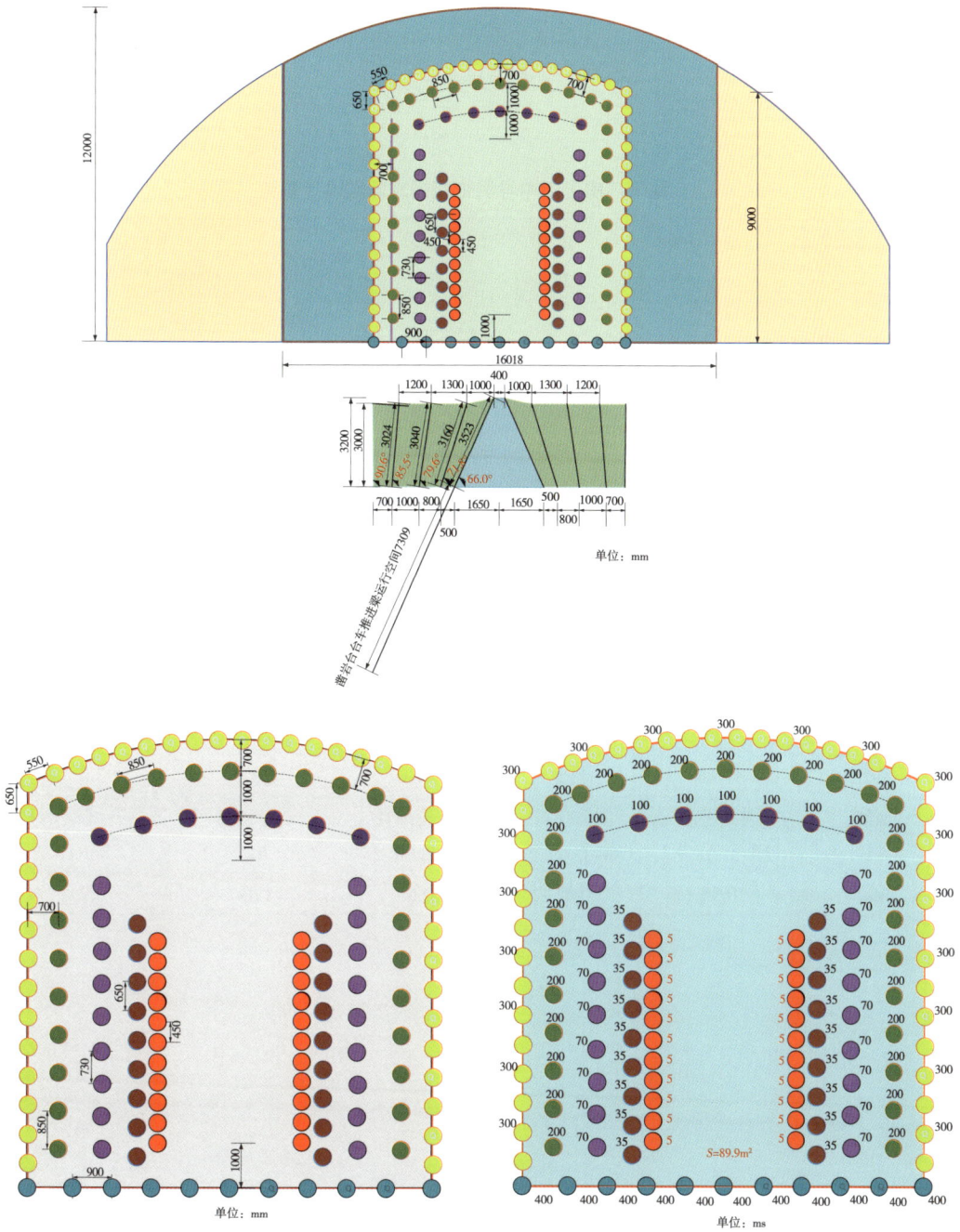

图 6.3-1　地下厂房上部中导洞Ⅲ级围岩爆破设计

表 6.3-1　　　　　　　　　　地下厂房上部中导洞Ⅲ级围岩爆破设计参数

序号	炮孔名称	孔数 /个	延时 /ms	孔深 /m	装药结构	装药量 /kg	
						单孔	段装药
1	掏槽孔	20	5	3.52	连续	2.1	42.0
2		18	35	3.16	连续	1.8	32.4
3	辅助孔	18	70	3.04	连续	1.5	27.0
4		7	100	3.02	连续	1.2	8.4
5	二圈孔	29	200	3.02	连续	0.9	26.1
6	周边孔	44	300	3.02	间隔	0.6	26.4
7	底板孔	11	400	3.10	连续	1.2	13.2

表 6.3-2　　　　　　　　　　地下厂房上部中导洞Ⅲ级围岩爆破开挖综合参数

爆破断面面积 /m²	总装药量 /kg	雷管总数 /个	单段最大药量 /kg	炮孔总数 /个	设计爆破进尺 /m
89.9	175.5	110	42.0	147	3.0
总延时 /ms	炮孔密度 /（个 /m³）	雷管单耗 /（个 /m³）	炸药单耗 /（kg/m³）	导爆索量 /m	周边孔线装药量 /（kg/m）
400	0.55	0.41	0.65	170	0.2

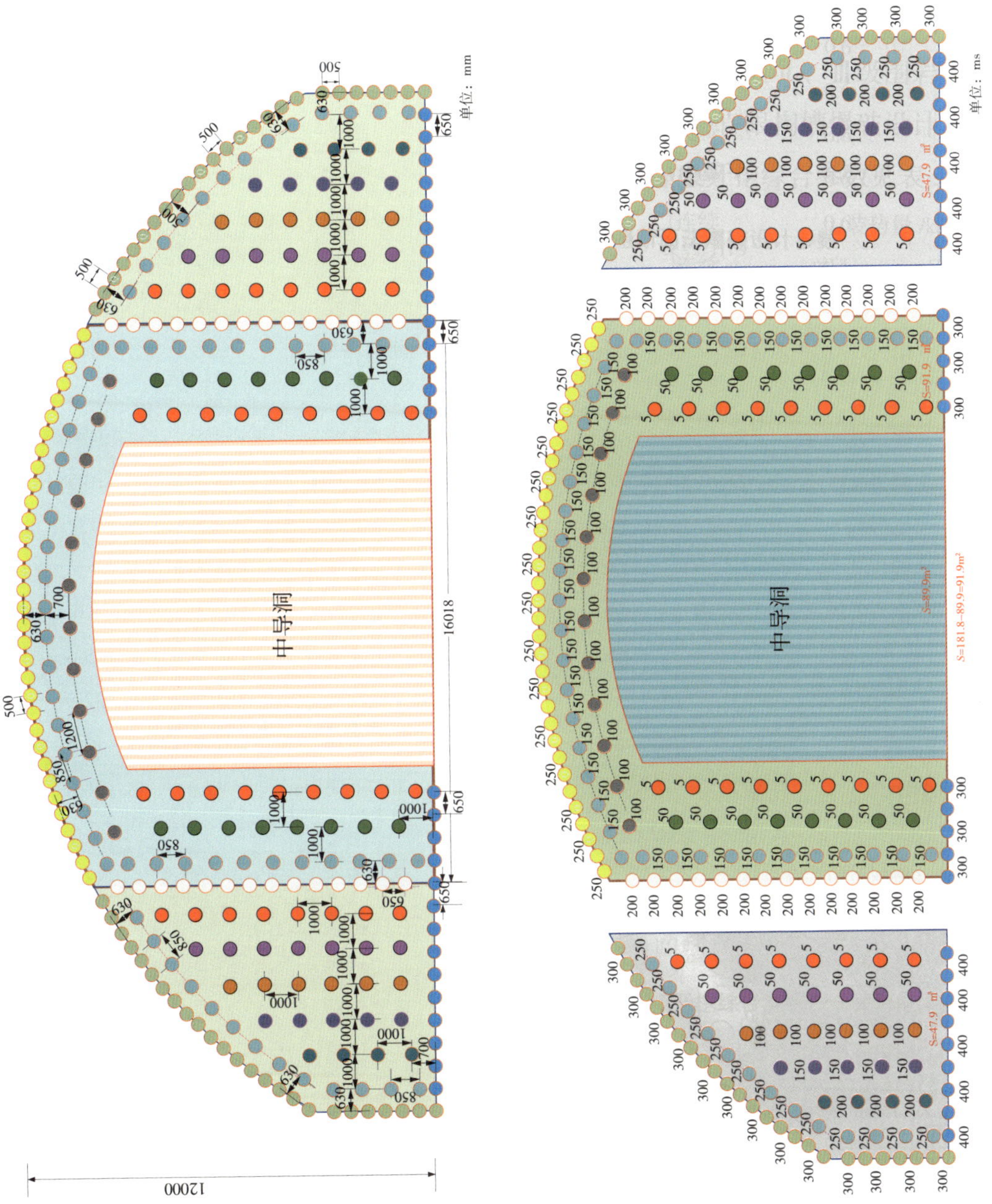

图 6.3-2 地下厂房上部中导洞扩挖部分爆破设计

表 6.3-3 地下厂房上部中导洞扩挖部分爆破设计参数

序号	炮孔名称	孔数/个	延时/ms	孔深/m	装药结构	装药量/kg 单孔	装药量/kg 段装药
中导洞							
1	掘进孔 1	18	5	4.0	连续	1.5	27.0
2	掘进孔 2	16	50	4.0	连续	1.5	24.0
3	掘进孔 3	12	100	4.0	连续	1.5	18.0
4	二圈孔	41	150	4.0	连续	1.2	49.2
5	周边孔 1	28	200	4.0	间隔	0.9	25.2
6	周边孔 2	33	250	4.0	连续	0.9	29.7
7	底板孔	10	300	4.1	连续	1.5	15.0
小计		158	单耗	0.51	断面面积 /m²	91.9	188.1
左断面							
8	掘进孔 4	8	5	4.0	连续	1.5	12.0
9	掘进孔 5	7	50	4.0	连续	1.5	10.5
10	掘进孔 6	6	100	4.0	连续	1.5	9.0
11	掘进孔 7	5	150	4.0	连续	1.5	7.5
12	掘进孔 8	4	200	4.0	连续	1.5	6.0
13	二圈孔	13	250	4.0	连续	1.2	15.6
14	周边孔	25	300	4.0	间隔	0.9	22.5
15	底板孔	9	400	4.1	连续	1.5	13.5
小计		77	单耗	0.50	断面面积 /m²	47.9	96.6
右断面							
16	掘进孔 9	8	5	4.0	连续	1.5	12.0
17	掘进孔 10	7	50	4.0	连续	1.5	10.5
18	掘进孔 11	6	100	4.0	连续	1.5	9.0
19	掘进孔 12	5	150	4.0	连续	1.5	7.5
20	掘进孔 13	4	200	4.0	连续	1.5	6.0
21	二圈孔	13	250	4.0	连续	1.2	15.6
22	周边孔	25	300	4.0	间隔	0.9	22.5
23	底板孔	9	400	4.1	连续	1.5	13.5
小计		77	单耗	0.50	断面面积 /m²	47.9	96.6

第7篇

穿江越海隧道爆破设计

第1章 水下铁路隧道爆破设计

水下铁路隧道爆破开挖特点

水下铁路隧道上方通常有水体和河床覆盖层，爆破振动可能会对河床结构和水体生态造成影响。需要根据隧道的埋深、河床地质条件、周边环境等因素，精确计算允许的爆破振动速度，并严格控制单段起爆药量。在靠近水体和河床的部位，适当增加炮孔数量分段爆破，减少单孔装药量，根据地质勘察结果，对不同的地质区域采用不同的爆破设计方案。考虑并分析地下水的压力和流动特性对爆破效果和围岩稳定性的影响。要提前制定相应的处理措施，如采用预填充、绕避等方法，同时，在爆破作业的过程中，实时监测爆破振动数据，根据监测结果及时调整爆破参数。

水下铁路隧道的爆破设计具有以下特点。

（1）穿江隧道通常位于复杂的地质环境中，包括软土、硬岩、断层等。这些不同的地质条件对爆破技术提出了很高的要求，需要精确控制爆破参数以确保安全和效率。

（2）由于隧道穿越江河，因此水压和水流对爆破作业的影响较大。需要采取特殊的防水措施，防止水流进入隧道，同时还要考虑水压对爆破效果的影响。

（3）在江河中进行爆破作业，必须严格控制爆破产生的振动和噪声，以减少对周围环境和水生生物的影响。这通常需要采用低振动、低噪声的爆破技术。

（4）穿江隧道的爆破作业涉及大量的人员和设备，一旦发生事故，后果严重。因此，必须制定详细的安全措施和应急预案，确保施工安全。

（5）穿江隧道的爆破作业需要综合考虑多种因素，如地质条件、水文环境、环境保护等，技术难度较大。需要经验丰富的专业团队进行设计和施工。

综上所述，穿江隧道的爆破施工是一项技术复杂、要求高的工程，需要综合考虑多种因素，确保安全、高效地完成施工任务。

下穿珠江水道的铁路水下斜井Ⅲ级围岩全断面法爆破设计见图7.1–1。

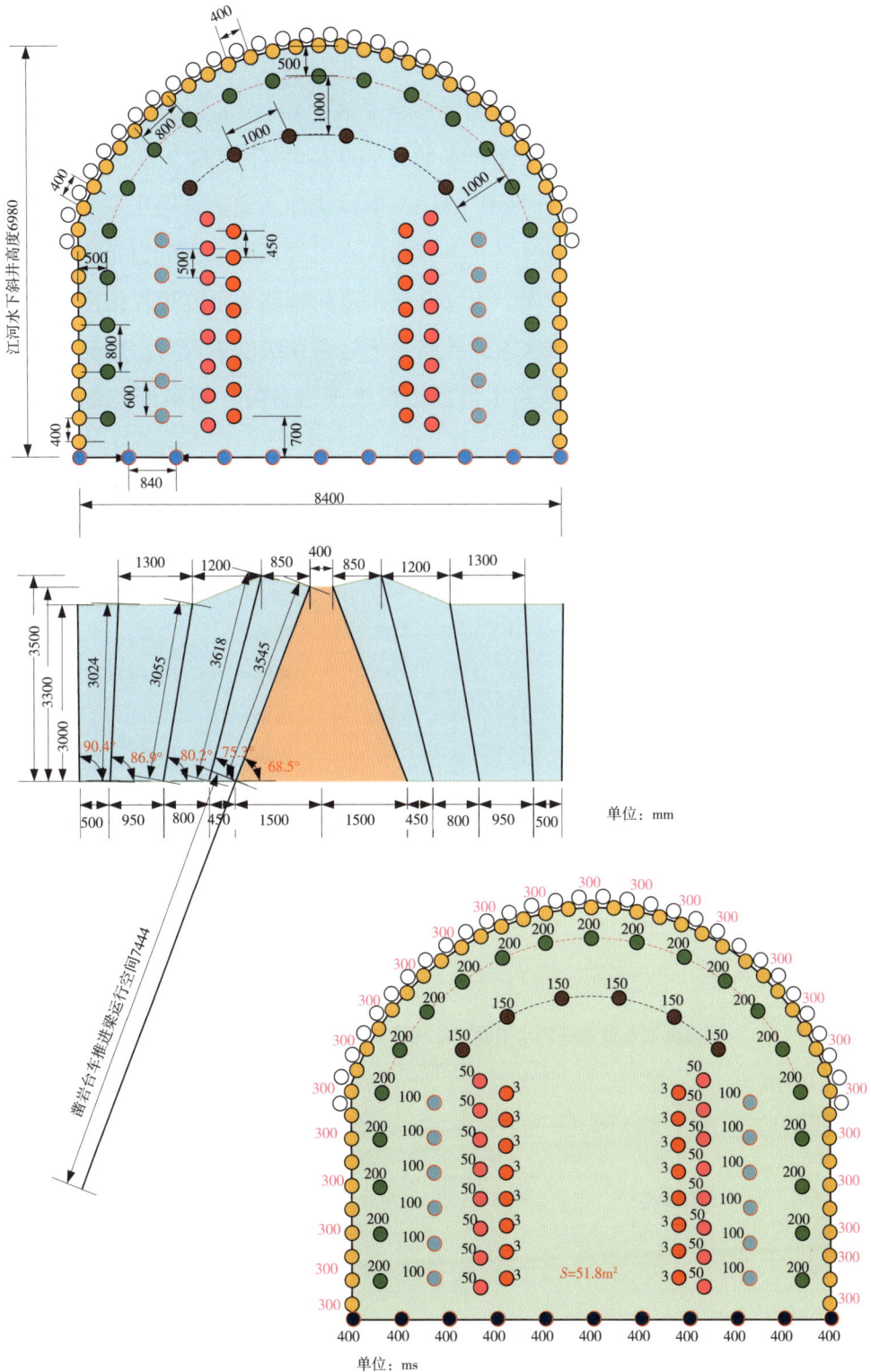

图 7.1-1　下穿珠江水道的铁路水下斜井Ⅲ级围岩全断面法爆破设计

　　下穿珠江水道的铁路水下斜井Ⅲ级围岩全断面法爆破设计参数见表7.1-1。下穿珠江水道的铁路水下斜井Ⅲ级围岩全断面法爆破开挖综合参数见表7.1-2。下穿珠江水道的铁路水下斜井Ⅳ级围岩台阶法爆破设计见图7.1-2。下穿珠江水道的铁路水下斜井Ⅳ级围岩台阶法爆破设计参数见表7.1-3。下穿珠江水道的铁路水下斜井Ⅳ级围岩台阶法爆破开挖综合参数见表7.1-4。下穿珠江水道的铁路水下隧道Ⅲ级围岩全断面法爆破设计见图7.1-3。下穿珠江水道的铁路水下隧道Ⅲ级围岩全断面法爆破设计参数见表7.1-5。下穿珠江水道的铁路水下隧道Ⅲ级围岩全断面法爆破开挖综合参数见表7.1-6。下穿珠江水道的铁路水下隧道Ⅳ级围岩台阶法爆破设计见图7.1-4。下穿珠江水道的铁路水下隧道Ⅳ级围岩台阶法爆破设计参数见表7.1-7。下穿珠江水道的铁路水下隧道Ⅳ级围岩台阶法爆破开挖综合参数见表7.1-8。

表 7.1-1　　　　下穿珠江水道的铁路水下斜井Ⅲ级围岩全断面法爆破设计参数

序号	炮孔名称	孔数 /个	延时 /ms	孔深 /m	装药结构	装药量 /kg	
						单孔	段装药
1	掏槽孔	16	3	3.55	连续	2.1	33.6
2		16	50	3.62	连续	2.4	38.4
3	辅助孔	12	100	3.06	连续	1.5	18.0
4		6	150	3.03	连续	1.2	7.2
5	二圈孔	21	200	3.03	连续	0.9	18.9
6	周边孔	47	300	3.02	间隔	0.6	28.2
7	底板孔	11	400	3.10	连续	0.9	9.9
8	空孔	30					

注：空孔为减振孔。

表 7.1-2　　　　下穿珠江水道的铁路水下斜井Ⅲ级围岩全断面法爆破开挖综合参数

爆破断面面积 /m²	总装药量 /kg	雷管总数 /个	单段最大药量 /kg	炮孔总数 /个	设计爆破进尺 /m
51.8	154.2	90	38.4	159	3.0
总延时 /ms	炮孔密度 /（个/m³）	雷管单耗 /（个/m³）	炸药单耗 /（kg/m³）	导爆索量 /m	周边孔线装药量 /（kg/m）
400	1.02	0.58	0.99	180	0.2

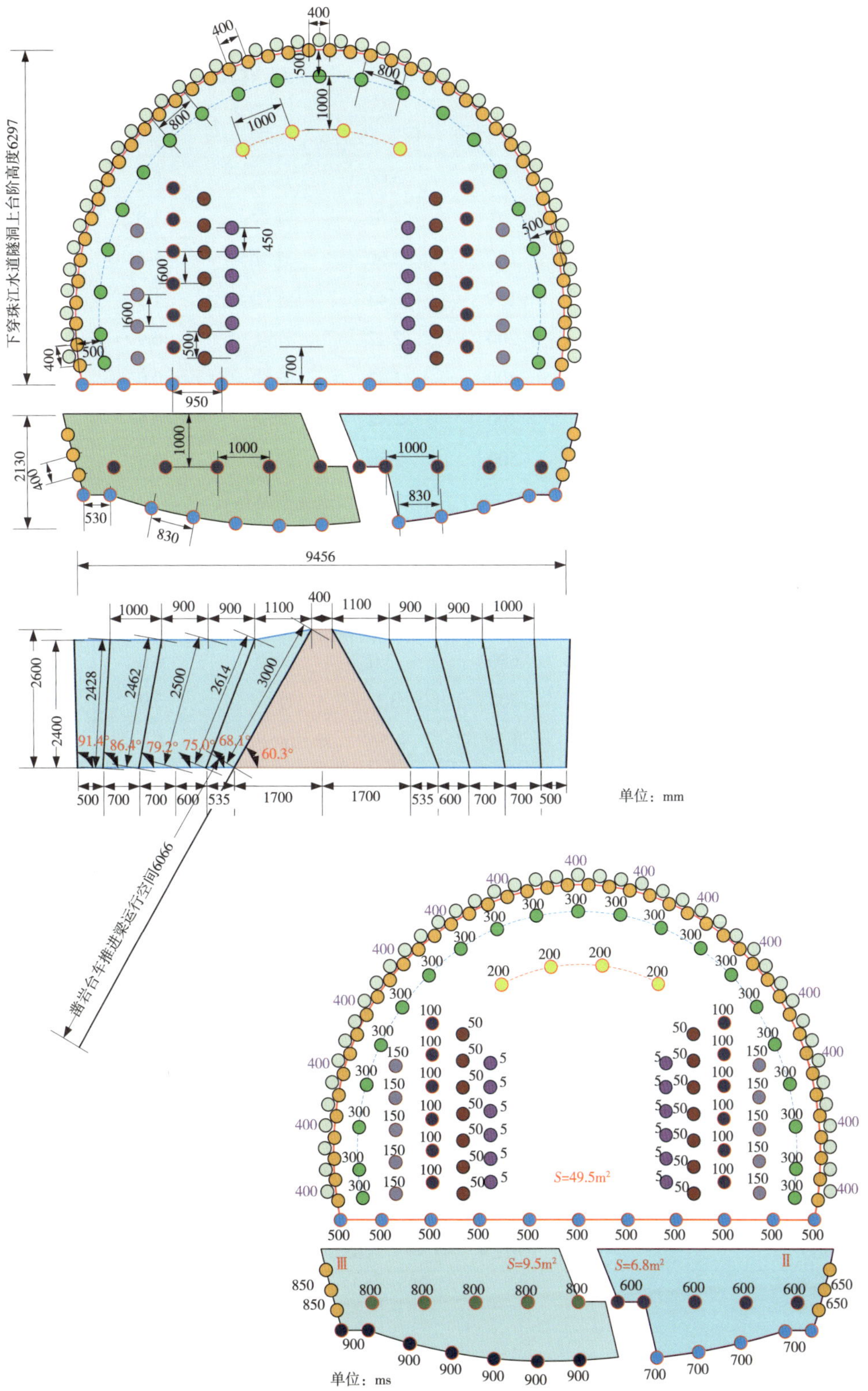

图 7.1-2　下穿珠江水道的铁路水下斜井Ⅳ级围岩台阶法爆破设计

表 7.1-3　　　　　下穿珠江水道的铁路水下斜井 IV 级围岩台阶法爆破设计参数

序号	炮孔名称	孔数 /个	延时 /ms	孔深 /m	装药结构	装药量 /kg 单孔	装药量 /kg 段装药
上台阶							
1	掏槽孔	12	5	3.00	连续	2.1	25.2
2	掏槽孔	14	50	2.61	连续	1.8	25.2
3	掏槽孔	12	100	2.50	连续	1.5	18.0
4	辅助孔	10	150	2.43	连续	1.2	12.0
5	辅助孔	4	200	2.42	连续	0.9	3.6
6	二圈孔	21	300	2.42	连续	0.6	12.6
7	周边孔	42	400	2.42	间隔	0.5	21.0
8	底板孔	11	500	2.50	连续	0.6	6.6
9	空孔	42	空孔为减振孔				
小计		168	单耗	1.05	断面面积 /m²	49.5	124.2
下台阶 II 部							
10	抬炮孔	5	600	3.0	连续	0.9	4.5
11	周边孔	3	650	3.0	间隔	0.6	1.8
12	底板孔	5	700	3.1	连续	0.9	4.5
小计		13	单耗	0.53	断面面积 /m²	6.8	10.8
下台阶 III 部							
13	抬炮孔	5	800	3.0	连续	0.9	4.5
14	周边孔	3	850	3.0	间隔	0.6	1.8
15	底板孔	7	900	3.1	连续	0.9	6.3
小计		15	单耗	0.44	断面面积 /m²	9.5	12.6

表 7.1-4　　　　　下穿珠江水道的铁路水下斜井 IV 级围岩台阶法爆破开挖综合参数

爆破断面面积 /m²	总装药量 /kg	雷管总数 /个	单段最大药量 /kg	炮孔总数 /个	设计爆破进尺 /m
65.8	147.6	120	25.2	196	2.4
总延时 /ms	炮孔密度 /(个/m³)	雷管单耗 /(个/m³)	炸药单耗 /(kg/m³)	导爆索量 /m	周边孔线装药量 /(kg/m)
900	1.17	0.72	0.88	150	0.2

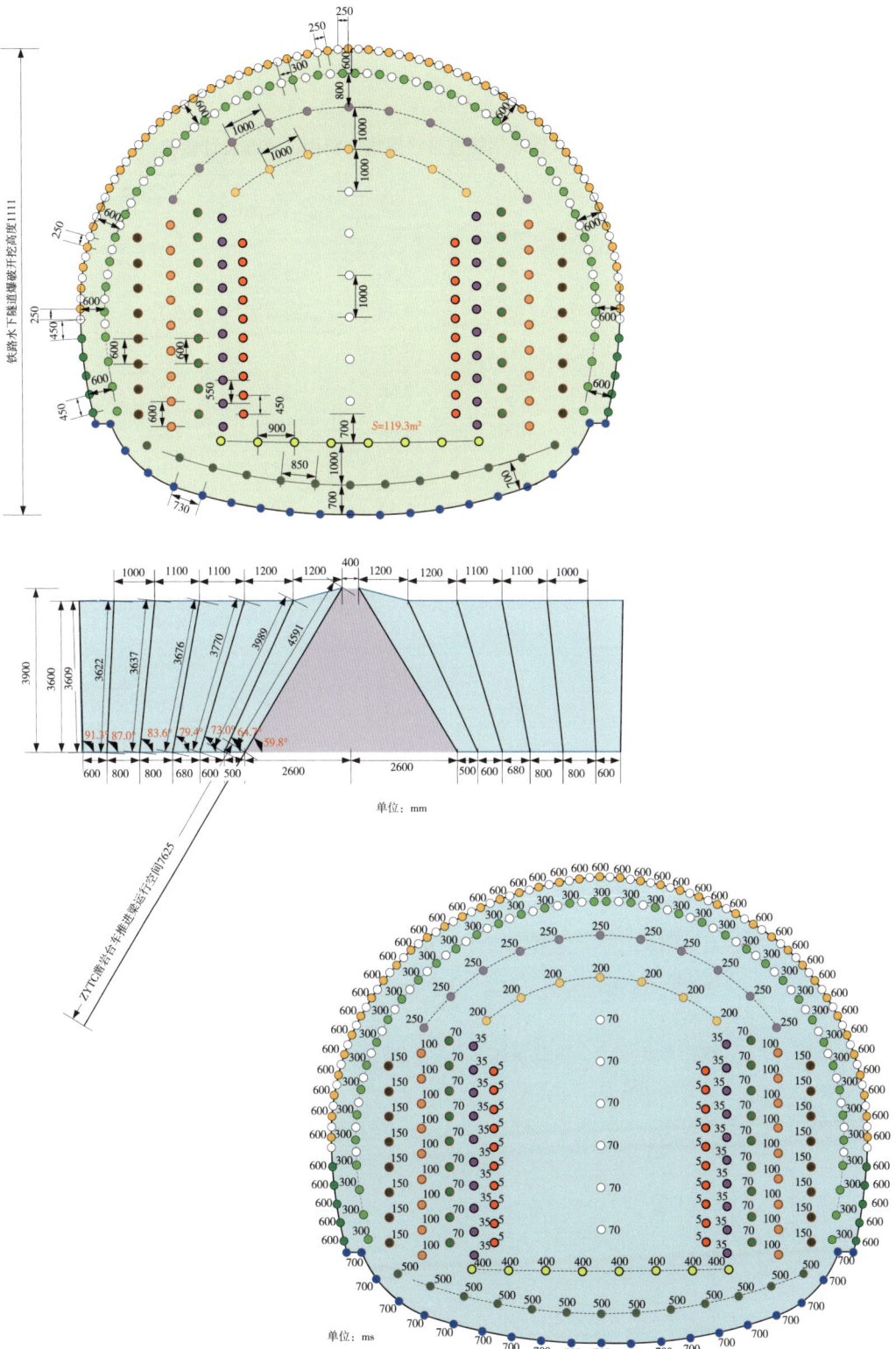

图 7.1-3　下穿珠江水道的铁路水下隧道Ⅲ级围岩全断面法爆破设计

表 7.1-5 　　　　　下穿珠江水道的铁路水下隧道Ⅲ级围岩全断面法爆破设计参数

序号	炮孔名称	孔数 /个	延时 /ms	孔深 /m	装药结构	装药量 /kg 单孔	装药量 /kg 段装药
1	掏槽孔	20	5	4.59	连续	3.0	60.0
2	掏槽孔	20	35	3.99	连续	2.7	54.0
3	掏槽孔	18	70	3.77	连续	2.4	43.2
4	解炮孔	6	70	2.66	连续	1.2	7.2
5	辅助孔	18	100	3.68	连续	2.4	43.2
6	辅助孔	16	150	3.64	连续	2.1	33.6
7	辅助孔	7	200	3.62	连续	1.8	12.6
8	辅助孔	11	250	3.62	连续	1.5	16.5
9	辅助孔	8	400	3.65	连续	1.2	9.6
10	二圈孔	40	300	3.63	连续	0.9	36.0
11	二圈孔空孔	32		3.63	连续		
12	抬炮孔	13	500	3.65	连续	1.2	15.6
13	周边孔	51	600	3.62	间隔	0.6	30.6
14	周边孔空孔	42		3.62	连续		
15	底板孔	21	700	3.70	连续	0.9	18.9

表 7.1-6 　　　　　下穿珠江水道的铁路水下隧道Ⅲ级围岩全断面法爆破开挖综合参数

爆破断面面积 /m^2	总装药量 /kg	雷管总数 /个	单段最大药量 /kg	炮孔总数 /个	设计爆破进尺 /m
119.3	381.0	198	60.0	323	3.6
总延时 /ms	炮孔密度 /（个/m^3）	雷管单耗 /（个/m^3）	炸药单耗 /（kg/m^3）	导爆索量 /m	周边孔线装药量 /（kg/m）
700	0.77	0.47	0.91	220	0.2

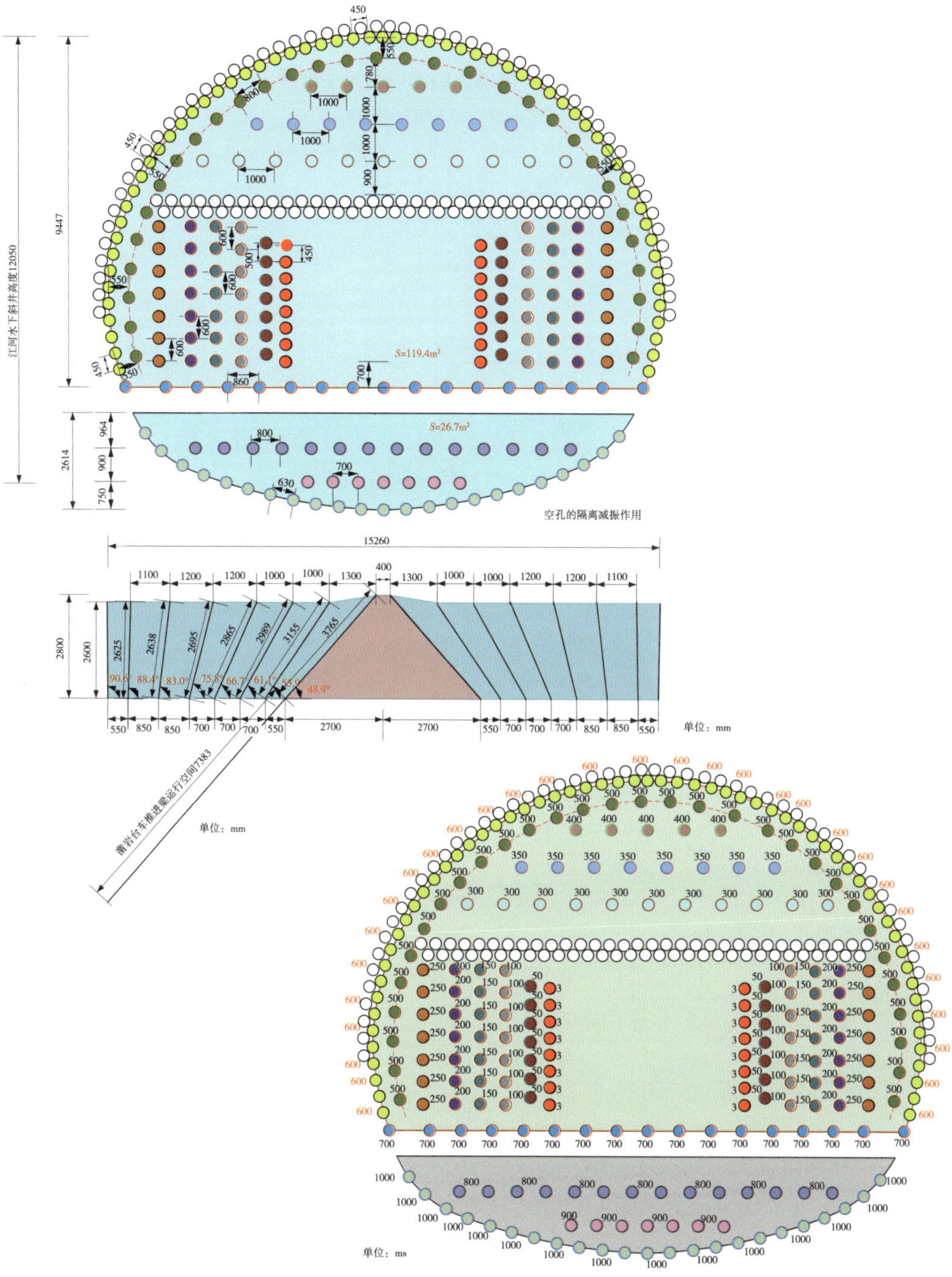

图 7.1-4　下穿珠江水道的铁路水下隧道Ⅳ级围岩台阶法爆破设计

表 7.1-7　　　　　下穿珠江水道的铁路水下隧道Ⅳ级围岩台阶法爆破设计参数

序号	炮孔名称	孔数/个	延时/ms	孔深/m	装药结构	装药量/kg	
						单孔	段装药
上台阶							
1	掏槽孔	16	3	3.77	连续	2.7	43.2
2		14	50	3.16	连续	2.4	33.6
3		14	100	2.99	连续	2.1	29.4
4	辅助孔	14	150	2.87	连续	1.8	25.2
5		14	200	2.70	连续	1.5	21.0
6		14	250	2.64	连续	1.2	16.8
7		空孔 67		2.64	上台阶减振孔		
8		11	300	2.64	连续	0.9	9.9
9		8	350	2.64	连续	0.9	7.2
10		5	400	2.64	连续	0.9	4.5
11	二圈孔	31	500	2.63	连续	0.9	27.9
12	周边孔	62	600	2.62	间隔	0.5	31.0
13	周边孔空孔	56		2.62	周边孔减振孔		
14	底板孔	17	700	2.70	连续	0.9	15.3
小计		343	单耗	0.85	断面面积/m²	119.4	265.0
下台阶Ⅱ部							
15	上抬孔	14	800	3.0	连续	0.9	12.6
16	下抬孔	7	900	3.0	间隔	0.9	6.3
17	底板孔	23	1000	3.0	连续	0.6	13.8
小计		44	单耗	0.41	断面面积/m²	26.7	32.7

表 7.1-8　　　　　下穿珠江水道的铁路水下隧道Ⅳ级围岩台阶法爆破开挖综合参数

爆破断面面积/m²	总装药量/kg	雷管总数/个	单段最大药量/kg	炮孔总数/个	设计爆破进尺/m
146.1	297.7	210	43.2	387	2.6
总延时/ms	炮孔密度/(个/m³)	雷管单耗/(个/m³)	炸药单耗/(kg/m³)	导爆索量/m	周边孔线装药量/(kg/m)
1000	0.99	0.54	0.76	230	0.2

第 2 章　水下高速公路隧道爆破设计

海底地质条件复杂多变，可能存在海底断层、破碎带、软弱夹层，以及不同类型的海底沉积物等。在爆破设计前，需要进行详细的海洋地质勘察，包括高精度的地震勘探、地质钻探等，准确掌握地质情况。针对不同的地质区域，制定相应的爆破方案。例如，在软弱夹层区域，采用小药量、密炮孔的爆破方式，避免爆破振动导致夹层失稳。考虑海底地质的动态变化，如海底地震活动、海浪冲刷等因素对隧道围岩稳定性的影响，在爆破设计中，预留一定的安全余量，适当提高围岩的支护强度和稳定性，以应对可能出现的地质灾害。水下高速公路隧道爆破设计有以下特点。

（1）由于是在水下环境中施工，因此在爆破过程中需要采取严格的防水措施，以防止水流进入隧道结构，影响施工安全和工程质量。

（2）为了减少对周围环境的影响，特别是对水体的扰动，水下隧道爆破需要更加精确的控制，包括爆破最大单段药量、精确的延时时间和爆破顺序等。

（3）可能会使用一些特殊的爆破器材，如防水炸药和专用的起爆系统，以适应水下环境。

（4）水下隧道爆破需要特别关注环境保护，避免对水生生物和水质造成不良影响。

（5）水下隧道的施工本身就比陆地隧道更为复杂和困难，爆破作业需要克服更多的技术难题。

横穿海底的高速公路水下隧道Ⅲ级围岩全断面法爆破设计见图 7.2-1。横穿海底的高速公路水下隧道Ⅲ级围岩全断面法爆破设计参数见表 7.2-1。横穿海底的高速公路水下隧道Ⅲ级围岩全断面法爆破开挖综合参数见表 7.2-2。横穿海底的高速公路水下隧道Ⅳ级围岩台阶法爆破设计见图 7.2-2。横穿海底的高速公路水下隧道Ⅳ级围岩台阶法爆破设计参数见表 7.2-3。横穿海底的高速公路水下隧道Ⅳ级围岩台阶法爆破开挖综合参数见表 7.2-4。

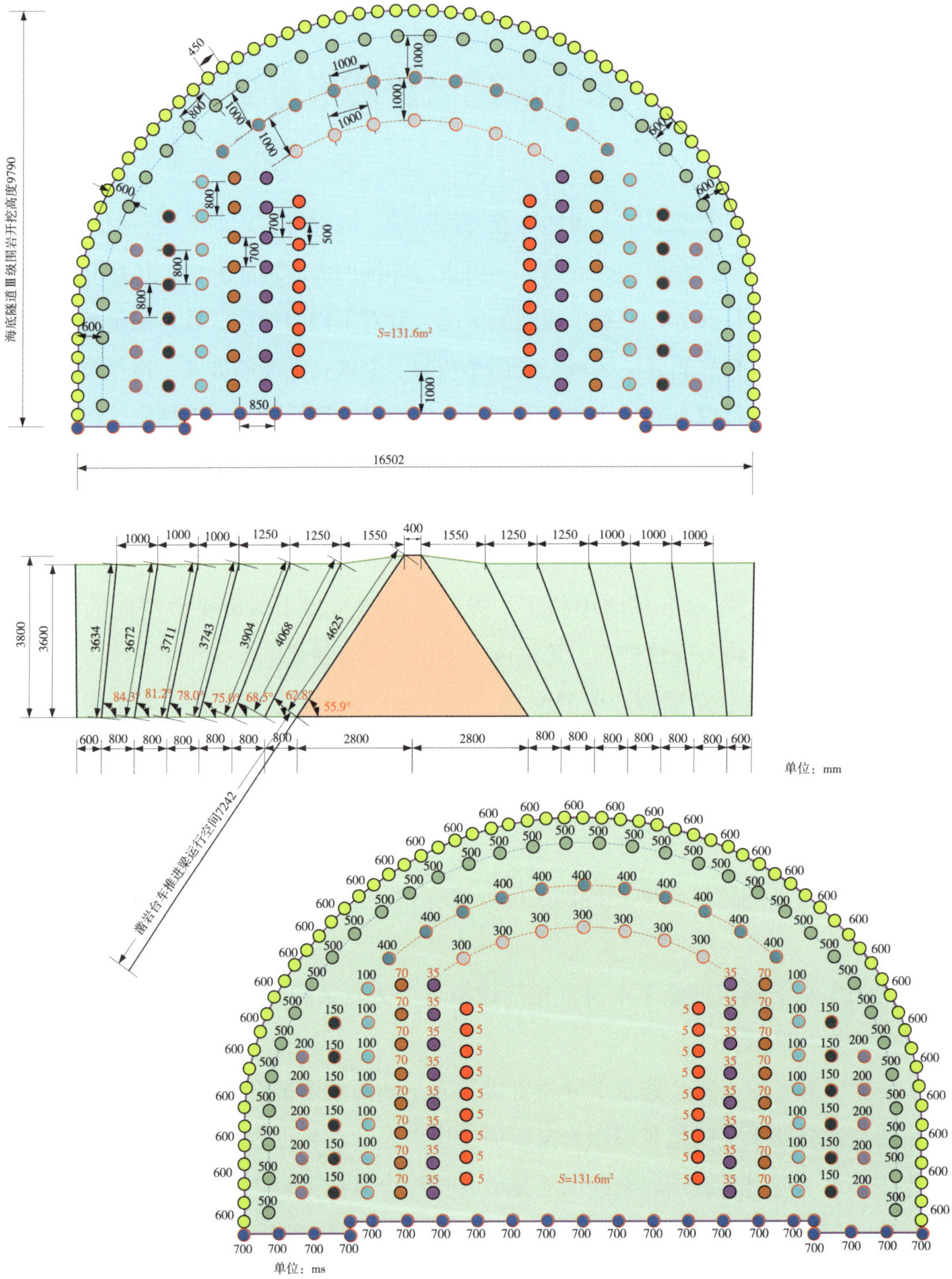

图 7.2-1 横穿海底的高速公路水下隧道Ⅲ级围岩全断面法爆破设计

表 7.2–1　　　　　横穿海底的高速公路水下隧道 Ⅲ 级围岩全断面法爆破设计参数

序号	炮孔名称	孔数 /个	延时 /ms	孔深 /m	装药结构	装药量 /kg	
						单孔	段装药
1	掏槽孔	18	5	4.63	连续	2.4	43.2
2		16	35	4.07	连续	2.1	33.6
3		16	70	3.91	连续	1.8	28.8
5	辅助孔	16	100	3.74	连续	1.5	24.0
6		12	150	3.72	连续	1.2	14.4
7		10	200	3.72	连续	1.2	12.0
8		7	300	3.62	连续	1.2	8.4
9		11	400	3.62	连续	0.9	9.9
10	二圈孔	34	500	3.64	连续	0.9	30.6
11	周边孔	65	600	3.61	间隔	0.6	39.0
12	底板孔	23	700	3.70	连续	1.2	27.0

表 7.2–2　　　　　横穿海底的高速公路水下隧道 Ⅲ 级围岩全断面法爆破开挖综合参数

爆破断面面积 /m²	总装药量 /kg	雷管总数 /个	单段最大药量 /kg	炮孔总数 /个	设计爆破进尺 /m
131.6	270.9	170	43.2	228	3.6
总延时 /ms	炮孔密度 /（个 /m³）	雷管单耗 /（个 /m³）	炸药单耗 /（kg/m³）	导爆索量 /m	周边孔线装药量 /（kg/m）
700	0.48	0.36	0.57	300	0.2

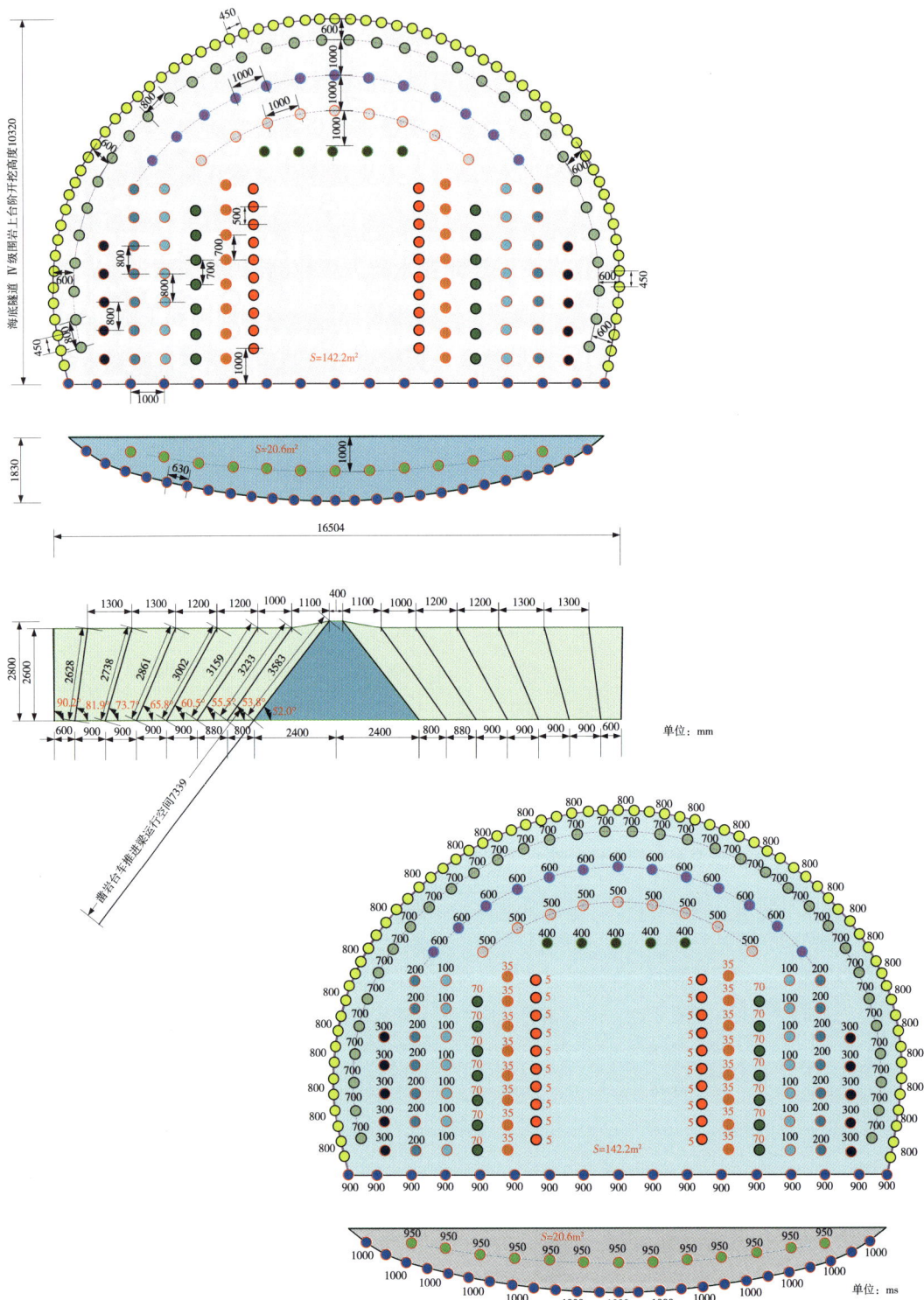

图 7.2-2　横穿海底的高速公路水下隧道Ⅳ级围岩台阶法爆破设计

表 7.2-3　　　　横穿海底的高速公路水下隧道Ⅳ级围岩台阶法爆破设计参数

序号	炮孔名称	孔数/个	延时/ms	孔深/m	装药结构	装药量 /kg	
						单孔	段装药
上台阶							
1	掏槽孔	20	5	3.58	连续	2.4	48.0
2		16	35	3.23	连续	2.1	33.6
3		14	70	3.16	连续	1.8	25.2
5	辅助孔	14	100	3.01	连续	1.5	21.0
6		14	200	2.86	连续	1.2	16.8
7		10	300	2.74	连续	1.2	12.0
8		5	400	2.62	连续	1.2	6.0
9		9	500	2.62	连续	1.2	10.8
10		13	600	2.62	连续	1.2	15.6
11	二圈孔	34	700	2.63	连续	0.9	30.6
12	周边孔	67	800	2.61	间隔	0.5	33.5
13	底板孔	17	900	2.70	连续	1.2	20.4
小计		233	单耗	0.73	断面面积 /m²	142.2	273.5
下台阶							
14	上抬孔	13	950	3.0	连续	0.9	11.7
15	底板孔	25	1000	3.1	连续	0.9	22.5
小计		38	单耗	0.55	断面面积 /m²	20.6	34.2

表 7.2-4　　　　横穿海底的高速公路水下隧道Ⅳ级围岩台阶法爆破开挖综合参数

爆破断面面积/m²	总装药量/kg	雷管总数/个	单段最大药量/kg	炮孔总数/个	设计爆破进尺/m
162.8	307.7	204	48.0	271	2.6
总延时/ms	炮孔密度/（个/m³）	雷管单耗/（个/m³）	炸药单耗/（kg/m³）	导爆索量/m	周边孔线装药量/（kg/m）
1000	0.62	0.47	0.71	200	0.2

QZ 海底公路隧道大 V 型台阶法爆破地质情况简介

由地质资料和钻爆段裂隙统计结果可以看出，孔壁结构面以中等倾角和陡倾角为主，走向以 NE 和 NW 为主，优势走向为 NE ～ NNE，与钻爆段场区主要断裂构造优势走向基本一致。

里　程　SK8+310~SK8+370、SK12+360~SK12+400、SK12+890~SK12+950、SK13+350~SK13+400 段洞身位于破碎中—微风化花岗岩中，岩体节理发育—极发育，中微风化破碎带发育—极发育，碎裂岩发育，局部发育辉绿岩、正长岩脉、破碎，稳定性差，综合围岩分级为 IV_3。

里程 SK8+245~SK8+270、SK8+370~SK8+450 段洞身位于破碎中—微风化花岗岩、碎裂岩中岩体节理极发育，局部发育辉绿岩、正长岩脉，极破碎，稳定性极差，综合围岩分级为 V_1。为了避免爆破振动产生裂隙的扩张，以此本段的爆破开挖采用大 V 型台阶法。

横穿海底的高速公路水下隧道IV级围岩大 V 型上台阶爆破设计见图 7.2-3。

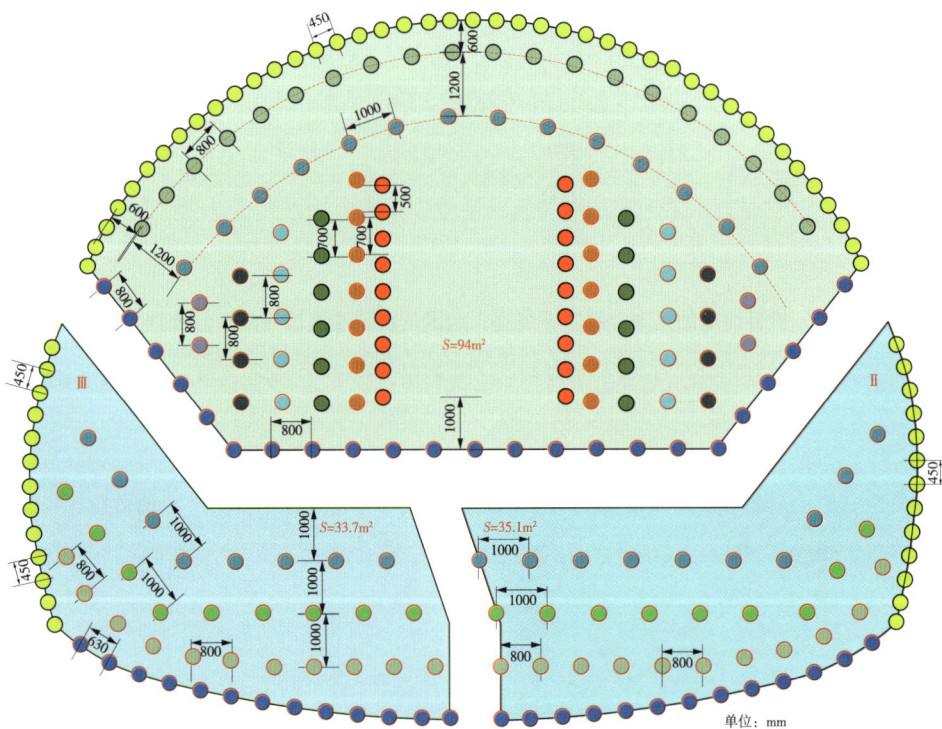

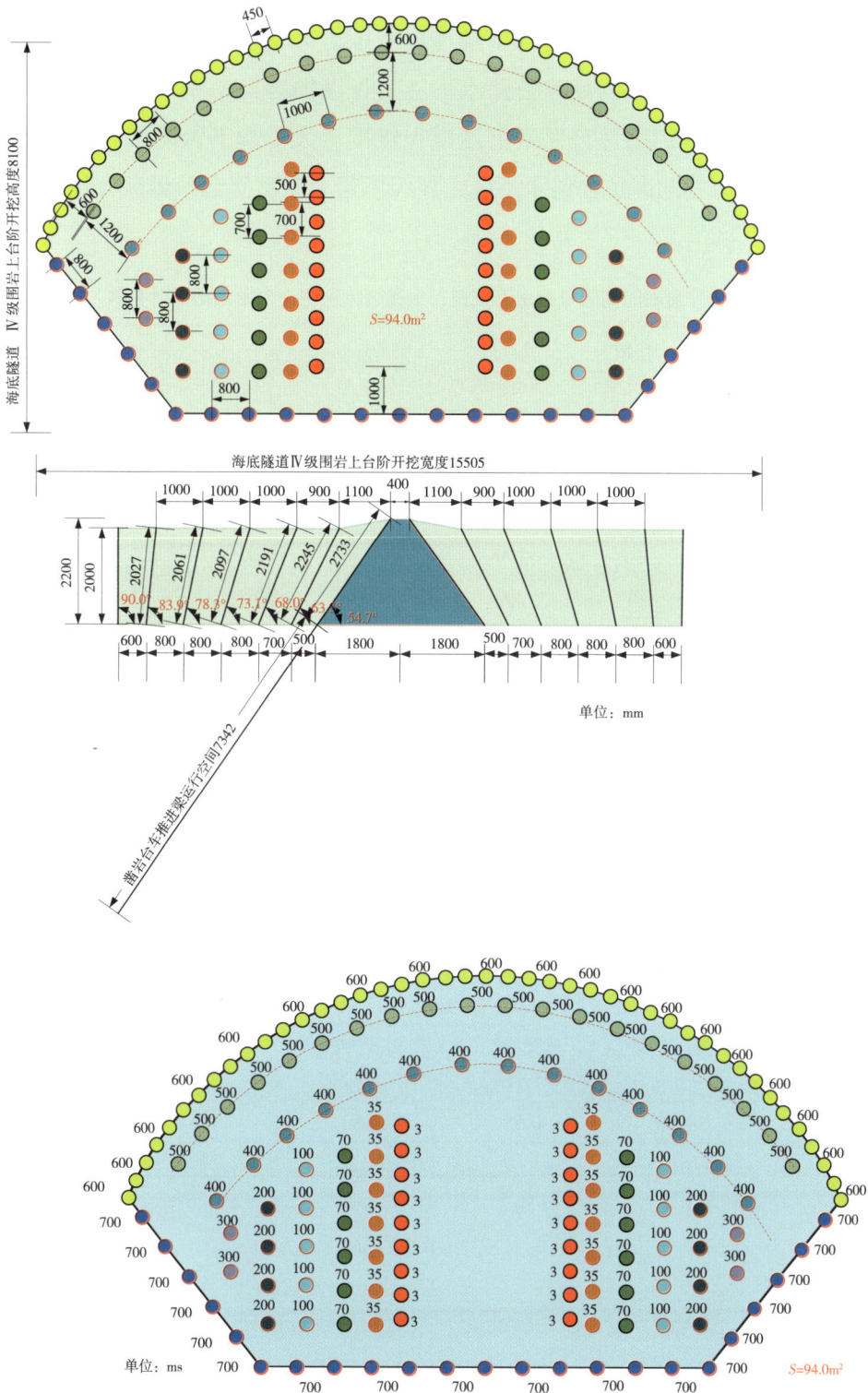

图 7.2-3　横穿海底的高速公路水下隧道Ⅳ级围岩大 V 型上台阶爆破设计

横穿海底的高速公路水下隧道Ⅳ级围岩大Ⅴ型上台阶爆破设计参数见表 7.2-5。横穿海底的高速公路水下隧道Ⅳ级围岩大Ⅴ型上台阶爆破开挖综合参数见表 7.2-6。横穿海底的高速公路水下隧道Ⅳ级围岩大Ⅴ型下台阶爆破设计见图 7.2-4。横穿海底的高速公路水下隧道Ⅳ级围岩大Ⅴ型下台阶爆破设计参数见表 7.2-7。横穿海底的高速公路水下隧道Ⅳ级围岩大Ⅴ型下台阶爆破开挖综合参数见表 7.2-8。

表 7.2-5　　　　横穿海底的高速公路水下隧道Ⅳ级围岩大Ⅴ型上台阶爆破设计参数

序号	炮孔名称	孔数/个	延时/ms	孔深/m	装药结构	装药量 /kg	
						单孔	段装药
1	掏槽孔	18	5	2.73	连续	1.8	32.4
2		14	35	2.25	连续	1.5	21.0
3		12	70	2.19	连续	1.2	14.4
4	辅助孔	10	100	2.06	连续	1.2	12.0
5		8	200	2.03	连续	1.2	9.6
6		4	300	2.02	连续	0.9	3.6
7		14	400	2.02	连续	0.9	12.6
8	二圈孔	20	500	2.02	连续	0.6	12.0
9	周边孔	43	600	2.02	间隔	0.4	17.2
10	底板孔	23	700	2.10	连续	0.9	20.7

表 7.2-6　　　　横穿海底的高速公路水下隧道Ⅳ级围岩大Ⅴ型上台阶爆破开挖综合参数

爆破断面面积/m²	总装药量/kg	雷管总数/个	单段最大药量/kg	炮孔总数/个	设计爆破进尺/m
94.0	155.5	123	32.4	166	2.0
总延时/ms	炮孔密度/（个/m³）	雷管单耗/（个/m³）	炸药单耗/（kg/m³）	导爆索量/m	周边孔线装药量/（kg/m）
700	0.88	0.65	0.83	110	0.2

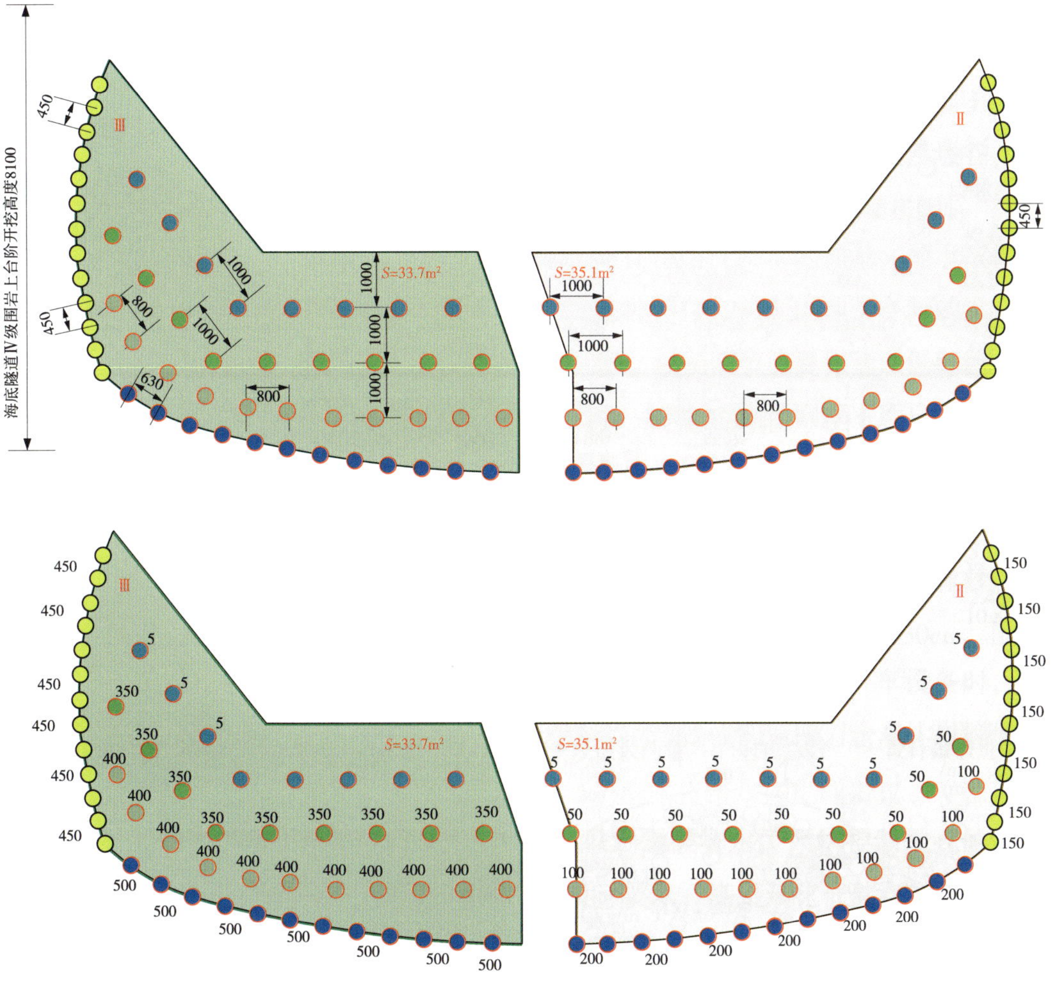

图 7.2-4　横穿海底的高速公路水下隧道Ⅳ级围岩大 V 型下台阶爆破设计

表 7.2-7　　　横穿海底的高速公路水下隧道Ⅳ级围岩大Ⅴ型下台阶爆破设计参数

序号	炮孔名称	孔数/个	延时/ms	孔深/m	装药结构	装药量/kg 单孔	段装药
下台阶Ⅱ部							
1	上抬孔	10	5	2.0	连续	0.9	9.0
2	中抬孔	9	50	2.0	连续	0.9	8.1
3	下抬孔	11	100	2.0	连续	0.9	9.9
4	周边孔	13	150	2.0	间隔	0.4	5.2
5	底板孔	13	200	2.1	连续	0.9	11.7
小计		56	单耗	0.62	断面面积/m²	35.1	43.9
下台阶Ⅲ部							
6	上抬孔	8	300	2.0	连续	0.9	7.2
7	中抬孔	9	350	2.0	连续	0.9	8.1
8	下抬孔	11	400	2.0	连续	0.9	9.9
9	周边孔	13	450	2.0	间隔	0.4	5.2
10	底板孔	12	500	2.1	连续	0.9	10.8
小计		53	单耗	0.61	断面面积/m²	33.7	41.2

表 7.2-8　　　横穿海底的高速公路水下隧道Ⅳ级围岩大Ⅴ型下台阶爆破开挖综合参数

爆破断面面积/m²	总装药量/kg	雷管总数/个	单段最大药量/kg	炮孔总数/个	设计爆破进尺/m
68.8	85.1	83	11.7	109	2.0
总延时/ms	炮孔密度/(个/m³)	雷管单耗/(个/m³)	炸药单耗/(kg/m³)	导爆索量/m	周边孔线装药量/(kg/m)
500	0.79	0.60	0.62	70	0.2

第3章　水下地铁隧道爆破设计

海底地铁隧道爆破开挖设计特点

由于海底地铁隧道对线路精度要求高，因此要特别关注地层的不均匀性和微小地质变化对隧道稳定性的影响，细致评估不同地质段的爆破难度和风险。需要综合运用多种先进勘察手段，如高分辨率的海洋地球物理勘探、多波束测深、浅地层剖面测量等，精确查明海底地质构造、地层分布、岩土力学性质和可能存在的不良地质体，为爆破设计提供详细准确的地质资料。

海底地铁隧道爆破具有以下几个显著特点。

（1）多变性。海底隧道爆破受制于各种地质和水下环境，水流、水压等因素对爆破效果影响较大，需要考虑水下爆破的特殊性。

（2）高风险。爆破作业可能造成环境污染、水下生态破坏，甚至引发海啸等次生灾害，对安全保障要求极高。

（3）技术精。海底隧道爆破需要采用专门的爆破设备和技术，对爆破人员的专业素质要求也更高。

（4）安全保障要求严格。由于海底环境的特殊性，因此在爆破过程中需要采取严格的减振措施、防冲击波措施和通风措施，以确保爆破的安全性。

（5）精确控制。为了减少对周围环境的影响，需要精确控制爆破方向和爆破范围，通常需要采用先进的爆破技术和设备。

（6）环保要求。现代海底隧道爆破越来越注重环保，采用低粉尘、低噪声、低污染的爆破器材，以减少对海洋生态环境的影响。

以上特点反映了海底地铁隧道爆破的复杂性和挑战性，需要专业的技术和设备以及严格的安全管理措施。

贯穿海域的水下地铁隧道Ⅲ级围岩全断面法爆破设计见图 7.3-1。

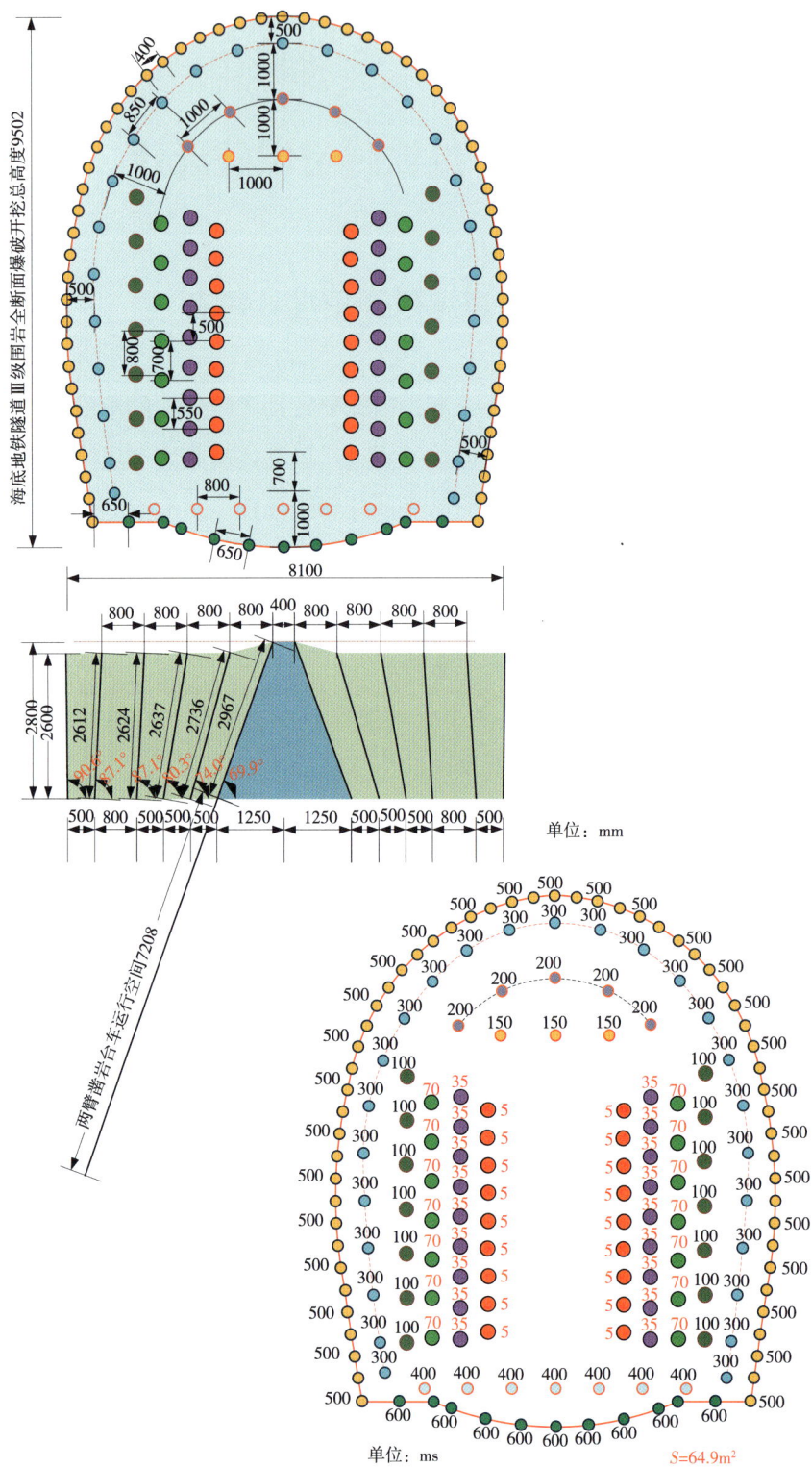

图 7.3-1　贯穿海域的水下地铁隧道Ⅲ级围岩全断面法爆破设计

　　贯穿海域的水下地铁隧道Ⅲ级围岩全断面法爆破设计参数见表7.3-1。贯穿海域的水下地铁隧道Ⅲ级围岩全断面法爆破开挖综合参数见表7.3-2。

表 7.3-1　　　　　贯穿海域的水下地铁隧道Ⅲ级围岩全断面法爆破设计参数

序号	炮孔名称	孔数/个	延时/ms	孔深/m	装药结构	装药量/kg	
						单孔	段装药
1	掏槽孔	18	5	2.97	连续	1.8	32.4
2		18	35	2.74	连续	1.5	27.0
3		14	70	2.64	连续	1.2	16.8
4	辅助孔	14	100	2.62	连续	1.0	14.0
5		3	150	2.62	连续	0.9	2.7
6		5	200	2.62	连续	0.9	4.5
7	二圈孔	25	300	2.62	连续	0.6	15.0
8	下抬孔	7	400	2.62	连续	0.6	4.2
9	周边孔	57	500	2.62	间隔	0.4	22.8
10	底板孔	11	600	2.70	连续	0.9	9.9

表 7.3-2　　　　　贯穿海域的水下地铁隧道Ⅲ级围岩全断面法爆破开挖综合参数

爆破断面面积/m²	总装药量/kg	雷管总数/个	单段最大药量/kg	炮孔总数/个	设计爆破进尺/m
64.9	149.3	165	32.4	172	2.6
总延时/ms	炮孔密度/（个/m³）	雷管单耗/（个/m³）	炸药单耗/（kg/m³）	导爆索量/m	周边孔线装药量/（kg/m）
600	1.02	0.98	0.88	200	0.2

参考文献

［1］ 中华人民共和国国家质量监督检验检疫总局，中国国家标准化管理委员会.爆破安全规程:GB 6722—2014［S］.北京:中国标准出版社，2014.

［2］ 中华人民共和国交通部.公路隧道设计规范:JTG D70—2004［S］.北京:人民交通出版社，2004.

［3］ 国家铁路局.铁路隧道设计规范:TB 10003—2016［S］.北京:中国铁道出版社，2017.

［4］ 中华人民共和国交通运输部.公路隧道施工技术规范:JTG/T 3660—2020［S］.北京:人民交通出版社，2020.

［5］ 铁道部经济规划研究院.铁路隧道钻爆法施工工序及作业指南:TZ 231—2007［S］.北京:中国铁道出版社，2007.

［6］ 国家铁路局.铁路大型施工机械隧道凿岩台车:TB/T 3557—2020［S］.北京:中国铁道出版社，2020.

［7］ 国家能源局.水电水利工程施工机械安全操作规程 凿岩台车:DL/T 5280—2012［S］.北京:中国电力出版社，2012.

［8］ 刘飞香.隧道全电脑凿岩台车技术及应用［M］.北京:人民交通出版社，2019.

［9］ 卓越，宋华，丛春.铁路隧道钻爆法施工机械化配套技术［M］.北京:人民交通出版社，2018.

［10］ 何清华.隧道凿岩机器人［M］.长沙:中南大学出版社，2005.

［11］ 贵州路桥集团有限公司.公路瓦斯隧道施工及安全技术［M］.北京:人民交通出版社，2013.

［12］ 蒲传金，周冠南，肖定军，等.裂隙岩体隧道光面爆破技术及应用［M］.北京:中国建筑工业出版社，2023.

［13］ 吴晓东，龚敏，吴昊骏，等．超大断面分岔隧道安全爆破开挖技术［M］.北京：冶金工业出版社，2024.

［14］ 洪开荣，冯欢欢．近2年我国隧道及地下工程发展与思考（2019—2020年）［J］.隧道建设（中英文），2021，41（8）:1259–1280.

［15］ 曲海锋．扁平特大断面隧道修筑及研究概述［J］.隧道建设，2009，29（2）:166–171.

［16］ 夏保祥，程崇国．三车道大断面公路隧道研究现状综述［J］.地下空间，2002（4）:360–366+373.

［17］ 李文江．大跨隧道的研究［D］.成都：西南交通大学，2001.

［18］ 刘鹏．胶州湾隧道浅埋分岔段的设计及施工关键技术［J］.隧道建设，2013，33（6）:474–480.

［19］ 刘光唯，丁志亮．高速铁路超大断面隧道CRD施工技术［J］.铁道建筑，2010（5）:43–47.

［20］ 王明年，路军富，刘大刚，等．大断面海底隧道CRD法绝对位移控制基准建立及应用研究［J］.岩土力学，2010，31（10）:3354–3360.

［21］ 李铁．大断面地铁隧道暗挖新工法的研究及应用［D］.北京：北京交通大学，2018.

［22］ 丁睿．小净距隧道建设关键技术［M］.西安：西安交通大学出版社，2020.

［23］ 石洪超．层状围岩小净距隧道掘进爆破振动效应及围岩稳定性研究［D］.成都：西南交通大学，2017.

［24］ 康永全，孟海利，薛里，等．浅埋隧道爆破施工电子雷管降振延时时间的分析［J］.铁道建筑，2016（1）:38–42.

［25］ 李清，于强，张迪，等．地铁隧道精确控制爆破延期时间优选及应用［J］.振动与冲击，2018，37（13）:135–140+170.

［26］ 杨年华，张志毅．隧道爆破振动控制技术研究［J］.铁道工程学报，2010，27（1）:82–86.

［27］ 杨仁树，车玉龙，孙强，等．城市地铁电子雷管爆破降振技术试验研究［J］.岩石力学与工程学报，2014，33（A2）:9.

［28］ 钮强．岩石爆破机理［M］.北京：中国建筑工业出版社，1990.

［29］　王旭光.爆破手册［M］.北京：冶金工业出版社，2010.

［30］　史雅语，刘慧.招宝山超小净距隧道开挖爆破技术［J］.工程爆破，1997（4）:31–36.

［31］　郭华杰，袁绍国.电子雷管在地铁隧道爆破降振中的应用［J］.工程爆破，2016，22（1）:56–60.

［32］　何川，李玉文，姚勇，等.公路小净距隧道［M］.北京:人民交通出版社，2015.

［33］　陈小雄.隧道施工技术［M］.北京：人民交通出版社，2011.

［34］　孟维军，王国博.高速铁路隧道工程施工技术［M］.北京：中国铁道出版社，2015.

［35］　齐景嶽，刘正雄，张儒林，等.隧道爆破现代技术［M］.北京：中国铁道出版社，1995.

图书在版编目（CIP）数据

隧道与地下工程凿岩台车施工工法爆破设计图册 / 刘江涛，姚文杰著.
武汉：长江出版社，2025. 3. -- ISBN 978-7-5804-0071-0

Ⅰ．U455-64；TU94-64

中国国家版本馆 CIP 数据核字第 2025EH8144 号

隧道与地下工程凿岩台车施工工法爆破设计图册
SUIDAOYUDIXIAGONGCHENGZAOYANTAICHESHIGONGGONGFABAOPOSHEJITUCE
刘江涛　姚文杰　著

责任编辑：	郭利娜　吴明洋	
装帧设计：	彭　微　肖乙冰	
出版发行：	长江出版社	
地　　址：	武汉市江岸区解放大道 1863 号	
邮　　编：	430010	
网　　址：	https://www.cjpress.cn	
电　　话：	027-82926557（总编室）	
	027-82926806（市场营销部）	
经　　销：	各地新华书店	
印　　刷：	武汉市卓源印务有限公司	
规　　格：	787mm×1092mm	
开　　本：	16	
印　　张：	15	
字　　数：	290 千字	
版　　次：	2025 年 3 月第 1 版	
印　　次：	2025 年 3 月第 1 次	
书　　号：	ISBN 978-7-5804-0071-0	
定　　价：	128.00 元	